Yokohama F·Marinos

PRIDE OF TRICOLORE

我がマリノスに
優るあらめや

横浜F・マリノス30年の物語

二宮寿朗

集英社

はじめに

２０２２年10月8日、日産スタジアムから見上げるでっかい空は一面、雲に覆われていた。煮え切らない天気のせいか、簡単には物事が運ばないクラブの歴史のせいか、きょうの優勝はないような気がしてくる。世代交代に直面した１９９５年だって、２００３、２００４年の２連覇だって、前年残留争いした２０１９年の優勝だって紆余曲折あって栄光にたどり着いたのだから。雲なく、もとい、苦もなく頂点に辿りつくのは何だかイメージが湧いてこない。

状況を整理すると、首位をひた走る横浜F・マリノスがホームに迎えるガンバ大阪との一戦に勝ち、２位の川崎フロンターレが引き分け以下なら、３試合を残して３年ぶり５度目のリーグ制覇が決まる。ところが、開始早々にセットプレーから失点を許し、終盤にも追加点を奪われて０－２で敗れてしまう。優勝のプレッシャーからか、いつにない硬さがチームから感じ取れただけに、さもありなんと思えた。

スタンドには50年前に日産自動車サッカー部を立ち上げた老紳士、安達二郎の姿があった。NHKの解説席にレジェンド、木村和司がいて、記者席にはクラブアンバサダーの波戸康広がいる。先ほど廊下ではハマの番長、栗原勇蔵クラブシップ・キャプテンにも会った。ミックスゾーン（取材エリア）に向かう途中には、ピッチから引きあげたばかりの榎本哲也アシスタントＧＫコーチ、その隣に木村と同じく日産、マリノス両方でプレーした松永成立《しげたつ》ＧＫコーチがせわしそうに動いている。スタンドに目を移せば、天国の松田直樹が吼える横断幕が掲げられてある。ミックスゾーンでは親子２代にわたってトリコロールのユニフォームを着て戦う水沼貴史の長男、宏太が集まったメディアの取材に応じている……。

日産サッカー部創設から50年、マリノス誕生から30年。紡いできた悲喜こもごものドラマがある。２０１３年には目の前でスルリと優勝が逃げていった。この日負けたとあっても、キャプテンの喜田拓也しかり、水沼しかり、ミックスゾーンに並ぶ選手たちが前を向けているのは、積み上げてきたクラブの歴史がそうさせているのだろう。

次節のジュビロ磐田戦にも敗れて結局、優勝は最終節のアウェイ、ヴィッセル神戸戦まで待たなければならなかったものの、アンジェ・ポステコグルーが植えつけてきたアタッキングフットボールを引き継いだケヴィン・マスカットのもとで最後は力強く駆け抜けてみせている。

本書は日産自動車サッカー部立ち上げからの50年、横浜マリノス誕生からの30年を、「一人の視点」に立って、ノンフィクションで描いたものだ。一人ひとりの点と点を合わせていけば、線となって見えてくるのではないか。それを狙いとしている。

選手、監督のみならず、社長、社員、チームスタッフ、オフィシャルカメラマンと、30年にちなんで30人以上の方に登場していただいた。部の創設、優勝、残留争い、マリノスタウンの誕生、シティ・フットボール・グループ（CFG）との提携など、クラブのエポックメイキングとなる出来事にかかわってきた人を中心に人選し、「その1年」を深掘りする構成にしている。

リスペクトをこめて言わせていただくが、横浜F・マリノスに携わる者は、面白いほどにクセが強い。カズシさんだって、シゲさんだって、ハマの番長だって。裏方のスタッフだって、社員だって。愛すべきクセ者が見事なばかりにそろっている。

水兵帽をかぶったカモメのマスコット「マリノス君」だってそうだ。

１９９３年のJリーグ開幕から登場して、ホームゲームは30年間ずっと登場している凄いヤツ。選手の記念撮影には必ず入っている凄いヤツ。来場するファン・サポーターを迎え入れ、最後のお客さんが帰るまでスタジアムで見届ける凄いヤツ。背番号0のユニフォームをまとい、自分のサインを持っている凄いヤツ。

試合はベンチ横に用意される「特別席」に座って見守る。ゴールが決まったらでんぐり返し、勝利したらみんなとハイタッチだ。ヒーローインタビューでも隣にいる。結果が出なかったら選手の肩をポンポンと優しく叩いて寄り添おうとする。栗原曰く、選手たちには伝わる〝トリ語〟で話しかけながら。

こんなマスコット、ほかにはいない。こだわりは強いわ、愛は深いわ。でもマリノス君みたいなキャラクターが、このクラブには集まっているのだと気づかされる。マリノス君はマスコットにとどまらず、クラブの「シンボル（象徴）」だと感じてならない。

なぜここに集う人は、横浜F・マリノスを愛してやまないのか。ここから離れてしまった人も、なぜ変わらぬ思いがあるのか。

一つひとつのストーリーは、今、そして未来へとつながる――。

目次

F・Marinos

2章 1999-2006

横浜F・マリノス誕生、完全制覇ふくむ2連覇へ

3章 2007-2013

マリノスタウン誕生と届かなかった一勝

Yokohama

4章

2014-2019

CFGとの提携、アタッキングフットボール革命

5章

2020-2022

コロナ禍の進化、30周年と5度目の優勝

F・Marinos

・文中敬称は略します。
・各クラブ名やスタジアム名、人物の肩書きなどは基本的に言及する文中当時の名称で表します。
・各ポジション名は下記を示します。ＧＫ（ゴールキーパー）、ＤＦ（ディフェンダー）、ＭＦ（ミッドフィルダー）、ＦＷ（フォワード）。

序章

1972年～1992年

日産自動車サッカー部設立と
横浜マリノス誕生

安達二郎
加茂周

1972年

日産自動車サッカー部設立

「港町の気性、〝先進性、先駆者〟はマリノスの特色。横浜F・マリノスには永遠の存在になってほしい」

——安達二郎

すべてはこの人から始まった。

彼がいなければ、日産自動車サッカー部は、そして今の横浜F・マリノスは生まれることもなかった。

1971年初夏のことだった。マクドナルドの第1号店が東京・銀座にオープンし、「仮面ライダー」が子どもたちの話題をさらっていたころ、日産自動車の横浜事業部に勤務していた安達二郎は銀座にある本社に呼び出され、思いがけない提案を受けた。

「近い将来、日本リーグに入れるようなサッカー部をつくってみないか」

日本にプロスポーツが野球しかない時代。企業が野球、サッカー、ラグビー、アイスホッケー、バレーボールなど競技力に長けた人を社員として雇用し、部として運営していく形が主流であった。部の応援を通じて社員の連帯感、結束を強めていくという狙いのもと、日産自動車は野球部に続いてサッカー部の創設を考えるようになっていた。というのも、浦和高時代に全国高校選手権で優勝経験があり、東大サッカー部でも主将を務めていた安達は横浜工場のサッカー部（横浜サッカー部）に所属して、社内の工場対抗サッカー大会でも中心的な役割を担い、何より日本蹴球協会（現・日本サッカー協会）とのパイプがあった。安達なしでは進められないプロジェクトだった。

２０２２年、安達は80歳を過ぎてなお、F・マリノスの試合があれば日産スタジアムに足を運び、試合を見届けている。それが立ち上げた人の責任とでも言うように。

部の立ち上げの記憶は、今も鮮明にある。

「ラグビー、バレーボール、サッカーが候補だったそうですよ。大学選手権や日本選手権で国立競技場を満員にできるラグビーは魅力的でしたが、いかんせん会社のなかでやっている人が少なかった。バレーボールも１９６４年の東京オリンピック以降、女子バレーが人気がありました。最もマイナーだったのがサッカーです。私は工場対抗サッカー大会の企画などもあってちょくちょく本社に顔を出していましたから、適任と見たのでしょう。〝部をやってみないか〟って言われたんです。サッカーは世界のスポーツだし、ワールドカップの盛り上がりを見ても、どうして日本に根づかないんだろう、日本のサッカーがもっと強くなって欲しい、と思っていました。漠然とではあったけど何かサッカーに貢献できるなら、という潜在的な思いもあって〝じゃあ受けましょう〟となったんです」
安達は7年目に日本サッカーリーグ（ＪＳＬ）１部に入る「7年計画」を作成する。目標になるべく早く到達するため、神奈川県2部リーグに所属し、自分もプレーしていた横浜サッカー部を引き継ぐ形にした。新たな部を創設してしまうと、一番下のリーグから始めなければならないためである。部のメンバーを入れ替えるために、大部分に辞めてもらわなければならなかった。つらい仕事ではあったが、誠意を伝えるほかに手立てはなかった。

「部員のみんなに事情を説明していき〝分かった〟と受け入れてくれました。そして〝強いチームになるんだったら〟と応援してくれるようにもなったんです」

次に有望な選手を社員として迎えなければならなかった。

東大サッカー部の大先輩、竹腰重丸《たけのこししげまる》（元日本代表監督、２００５年に日本サッカー殿堂入り）のもとを訪ねた。「チームの核となる人材は技術よりも人柄で選べ。頭でっかちの大卒チームをつくらぬこと」とアドバイスを受け、肝に銘じた。

その教えどおり、同郷の浦和市出身で立教大サッカー部の主将を務めた鈴木保（元日本女子代表監督）をスカウトし、有望とみるや九州から北海道まで足を運んで高卒選手に声を掛けた。だが、いくら大企業の日産といっても、世間では企業が部を中途半端に投げ出す事例が多かったために「どうせ長続きしない」と断られることも少なくなかったという。

それでも18人の部員を編成して１９７２年4月1日に、「横浜サッカー部」を引き継いだ「日産自動車サッカー部」が産声を挙げるところまでこぎつけた。

初代監督の安達はスカウトのみならず、会社や各部署との調整役など一人で何役もこなさなければならなかった。寮もなかったため、野球部の寮を借りることにした。人事部出身ゆえにいろんな部署に顔が利いた。

「選手を預かるのは各職場なので、それぞれの上司に理解を得ることは大変でした。新子安（横浜市神奈川区）にあった日産のグラウンドを確保することだってひと苦労。社会貢献活動で地域にも提供していましたから調整が難しかったんです」

朝8時から夕方4時まで働いて、5時から練習となる。立ち上げから1カ月後、今度は部員から不満が飛び出してくる。グラウンドも石拾いから始めて自分たちで整備しなければならない。サッカー中心だと聞いて入ったのに〝なぜここまでガッツリと仕事をやらされるんだ〟と練習ボイコット騒ぎが起こったのだ。さすがの安達も困り果てた。しかし頭を抱えたところで何の解決にもならない。電球一つぶら下がった寮の一室で一人ひとり説得して何とか騒ぎを収めた。

辛抱強くチームづくりを推し進めて、監督就任2年目で神奈川県1部リーグを無敗で優勝する。スカウティングでも関東、関西の名門大学のキャプテンやマネージャーなどを呼び入れて、チームの柱となる人材を確保して組織の基盤をつくった。選手からの不満の声は次第になくなり、会社の各部署も理解を示してくれるようになった。安達の活動が、会社組織内にようやく認知されるようになってきたというわけだ。

次のステップに移行する時期が来たと、彼はすぐに行動に移す。本格的にチームを強くできる監督探しである。

１９７３年夏、東大サッカー部の先輩である岡野俊一郎（元日本代表監督、元日本サッカー協会会長、２００５年に殿堂入り）に相談することにした。すると、ＪＳＬ１部の強豪・ヤンマーディーゼルサッカー部のヘッドコーチを辞めていた加茂周の名前が飛び出した。加茂と同じ関西学院大ＯＢの平木隆三（元名古屋グランパスエイト監督、２００５年に殿堂入り）から紹介してもらい、すぐ大阪に会いに行った。

運命の出会いであった。

同じ１９３９年生まれとあって、打ち解けるには時間を要さなかった。職場があってサッカーがあること、養成校出身で現場仕事の核となる人もチームに入っていることなど、部の事情を説明すると、納得し受け入れてくれた。会った日に、兵庫にある加茂の自宅に招いてもらって痛飲した。他からも声が掛かっていたようだが、日産を選ぶと言ってくれた。

加茂からの条件は一つだけ。

「退職金は要らないし、成績が悪ければどうぞクビにしてください、良ければ給料を上げてください、と。この人は本物のプロだなって、改めて心を引き締めました」

つまりはプロ契約。だが、会社の人事担当取締役にこの話を持ち込むと突っぱねられてしまう。

「当時はどの会社でも同じだったと思うんですけど、正社員にすることで雇用を保障するのが当たり前。プロだとそれができないから、なぜなんだと理解してもらえない。窮余《きゅうよ》の策として、私は当時プロのレーシングドライバーとして日産と契約していた星野一義さん、高橋国光さんというトップドライバーの契約書を持ち出して〝こういった事例があるじゃないですか。どうしてダメなんですか〟と粘りに粘ってやっとのことで認めてもらいました」

かくして１９７４年に日本サッカー史上初の日本人プロ監督が誕生する。バトンを加茂に渡した安達は裏方に回って部を支えることになる。戦力外になった選手への退部通告は人に任せず、安達自らが対応することにした。

「嫌な仕事でしたけど、チームを強くしていくためには避けられないこと。本人に泣かれたり、選手のお母さんから手紙をもらったりしたこともあります。会社を辞める人もいましたけど、残ってくれた人とは今も親しい関係が続いています」

安達の誠意と加茂の熱意。

加茂に委ねたチームは順調に結果を残していき、１９７７年にＪＳＬ２部昇格を果たす。そして１９７９年には入れ替え戦に勝利して念願のＪＳＬ１部昇格を決めた。「７年計画」そのとおりになったのだ。

「そのころ私は会社で労務課長をやっていて、対組合関係の業務にほぼ掛かりきりになっていました。加茂さんもそこは分かってくれていたので、これはというところの判断を聞いてくるくらい。私の東大サッカー部の同僚が厚生課長だったので、彼が加茂さんの相談に乗っていました。現場の泥臭い工場と結びついた日産自動車サッカー部でしたけど、ヤンマーも同じ製造業。加茂さんもヤンマーでサラリーマンをやっていましたから、会社とは、現場の仕事とはどういうものかもよく分かってくれていました。そこも大きかったと思いますよ。みんなを集めて飲んだりもしていました。どうやってマネジメントしていくか。私と加茂さんはそういう部分でも最初から考えが一致していたように思うんです」

　１９８３年度の天皇杯決勝、加茂の古巣であるヤンマーとの一戦が忘れられない試合だという。釜本邦茂の引退試合としても注目された試合に２－０で勝利して、日産は初制覇を成し遂げる。金田喜稔《のぶとし》、木村和司、水沼貴史、柱谷幸一らが奏でる攻撃サッカーによる栄冠は、日本サッカーに新しい風を吹かせることにもなった。

「あれほど嬉しい瞬間はなかったですよ。私が日産サッカー部という点をつくり、加茂さんが点をつなげて太い線を引いてくれました。選手をスカウトするときでも加茂さんは颯爽とフェアレディZで駆けつけて、〝俺もいつかは乗りたいな〟と気を引くのも上手でした。日産サッカー部の歴史をつくってくれたのは、やっぱり加茂さんなんです。そして会社自体もおおらかだったとは思いますね」

　その後、日産自動車サッカー部は日本サッカーをけん引する立場になっていく。２年連続の3冠達成など黄金時代を迎え、Jリーグ開幕前年の１９９２年4月１日に誕生する横浜マリノスに引き継がれた。タネを蒔いて加茂につなげた安達の２年間があったからこそ、点が線となったのだ。

日産スタジアムにある貴賓席の一角が安達の指定席である。

Ｊリーグが開幕した１９９３年にニッサンモータースポーツインターナショナル（愛称ニスモ）の社長になってからも、ホームの試合だけはなるべく足を運んで試合を見るようにした。貴賓席にいてもＶＩＰという感覚はない。スタッフの一人として眺めるようにしている。立ち上げの功労者だからといって、クラブ経営に口を挟んだこともない。

ただし、単に試合を見ているわけではない。ピッチ内も、ピッチ外も。どのようにチームをつくっているか、クラブ自体の現状はどうか、どこに課題があるのか、あらゆるものに目を向けている。

「２０２２年までクラブがやってこれたのは、ひとえに伝統の力。加茂さんが太い線を引いてくれて、マリノスになってからはそれが面になり大きく広がりました。マリノスの特色は何といっても、日本プロサッカーにおいて、その誕生と発展、成長と進化の先陣を走ってきた〝先進性、先駆者〟ということに尽きるような気がします。この気性や意欲は、文明開化に大きな役割を果たした港町・横浜の気性そのもの。だからこそ〝横浜にはマリノスがある〟んです。でも、残念ながらまだ立体にはなっていない。横浜のファンが心を一つにして応援できる空間、互いに寄り合い、語りあえるクラブ、日産時代からの輝かしい歴史を伝承し、子や孫に語り継げる場所……そういったものが、まだ、ここにはありません。先輩として一言申し上げるとしたら、やはりクラブの〝故郷〟〝母港〟というものがなくてはならないと思っています。そうなれば横浜F・マリノスは永遠の存在になっていくのではないでしょうか。歴代社長のことも私はよく知っています。これからにも、とても期待しているんです」

心臓に持病を抱えているためコロナ禍が始まった２０２０年、２０２１年の２シーズンは来場できなかった。日産自動車サッカー部創設50周年のメモリアルイヤーとなる２０２２年から、ようやく観戦を再開することができた。

背筋をピンと伸ばして、真っ直ぐに向ける視線。

〝始まりの人〟は50年を過ぎた航路の行方もじっと見守っている――。

1983年～1984年

天皇杯初優勝

「日産サッカー部は読売クラブより1センチでもいいから前に行きたい。その思いを会社に応援していただいた」

——加茂周

1973年夏のことだった。

加茂周の運命を変える一本の電話が入った。

ヤンマーディーゼルサッカー部のヘッドコーチとして釜本邦茂、ネルソン吉村らを指導してJSL（日本サッカーリーグ）屈指の強豪チームに仕立て上げることに貢献してきたが、その年の1月に退社していた。関西学院大学を卒業後、現役、コーチと10年間在籍。コーチ業を離れてからは弟が経営するサッカーショップを手伝っていた。そろそろ指導者として次のステップに進んで勝負したいとの思いが膨らんでいた時期でもあった。

聞き慣れない声のその人は「日産自動車サッカー部の監督を務めている安達二郎と申します」と名乗った。その日のうちに、大阪で会うことになった。

いくら大企業の日産が母体といっても、神奈川県リーグ1部に所属する無名のチーム。予期しなかったところから監督オファーが届いた。

会うと、ありったけの熱意を伝えられた。ストレートな安達をすぐに気に入り、そのまま兵庫の自宅に呼んで腹を割って話し合った。

加茂は懐かしそうに振り返る。

「もちろん覚えとるよ。安達さんから、とにかく部を強くしたいんだ、と言われてね。情熱を感じましたよ、そりゃあね」

同時期に他の企業からも部長職待遇でのオファーをもらった。すぐに結論を出せなかったものの、関西を離れて首都圏での挑戦、7年目にＪＳＬ1部に入る「7年計画」も魅力的に映った。

一つ決めていたことがあった。サッカー界に持ち込まれていなかったプロ契約にしてもらうことだ。安達に相談すると驚かれはしたが、理解してくれた。会社からの了承も取りつけたという。勝負の世界に身を置くものとしては、こっちのほうが自分としてもやりやすい。もう悩む必要はなかった。腹は固まった。

1974年1月、〝加茂ニッサン〟が船出した。

練習場は新子安の日産横浜工場近くにあるグラウンド。選手たちは朝から夕方までみっちり働いた後、2時間の練習が組みこまれるスケジュールだ。時間が延びると寮の食事時間に間に合わなくなるため、居残りで練習することもできなかった。照明もあるにはあったが、どうにも薄暗い。サッカーをやる環境としてはヤンマーと比べてしまうとどうしても見劣りがする。それでも不満はなかった。郷に入っては郷に従え。安達からも丁寧に事情をレクチャーされており、むしろこの環境からのし上がっていこうと発奮材料にもなった。

家族を残しての単身赴任。社宅に住んでいたが、選手の寮が近かったことで練習後は食事も風呂も選手とともにした。34歳の青年指揮官はそうやって少しずつ選手たちとの距離を縮めていく。

一様に選手たちの体つきは細く、体力的に物足りなさを感じた。激しいトレーニングを課すと、疲労が抜けきらないため次の日にも影響したこともあった。

このままではダメだ。しっかり体をつくるには食事が大切になる。寮のメニューを変えてもらう必要があった。

「いまの選手は栄養士さんがきちんと指導してくれますし、いいものをたくさん食べられる時代。昔はそうじゃなかったからね。ご飯、味噌汁、納豆、サンマ一匹、そんな時代ですよ。あれだけ体力を消費するサッカー選手としては十分とは言えなかった」

安達や人事部の小川肇に掛け合って週に最低一度は肉料理を出してもらうことにした。栄養を摂らないと体力もつかない。一緒に食事をしながら選手たちに食事の大切さを口酸っぱく言い聞かせた。

月に一度は選手たちの職場を訪れるようにもした。選手たちの状況を把握するためだけではなく、彼らの上司に直接会ってサッカー部に対する理解を求めることもできたからだ。朝から夕方まで目いっぱい仕事になってしまうと、トレーニングでのパフォーマンスに響く。疲労が抜けない一因にもなっていた。

「サラリーマンとしてもやっていけるような真面目な選手が多かったからですね。仕事の時間は当初、かなり長かったんです。勤務時間を段々と短くして、サッカーの時間を長くしてもらうようにしました」

ヘッドコーチを務めたヤンマーは午前中だけが勤務時間だった。そうすることがベストであっても、会社事情を踏まえながらやっていかないといけない。安達らと相談しながら、そして自らも動きながら、職場の理解を少しずつ得ていく。一気にではなく段々と、というところに加茂のマネジメントの妙があった。

午前中は決まって銀座にある本社の厚生課に出向いた。そこでトレーニングメニューをつくり、芝のグラウンドやクラブハウスの建設など環境面の改革案も作成した。

30代半ばの青年監督はとにかく張り切っていた。ピッチ内もピッチ外も、何か問題が発生すれば先頭に立って解決しようとした。

「大将が気合い入ってないと、下はついてこないから。やっぱり、うん、気合い入れてやってましたよ。若かったというのもあるけどね（笑）。寮に戻ったら選手たちと腹割って話したつもりだし、社宅はもう寝に帰るだけだったから」

加茂率いる日産サッカー部は順調に成果を上げていく。就任2年目の1975年に、前年に敗れた関東リーグ入れ替え戦に勝利して関東リーグ昇格を決める。その後の全国社会人大会でも優勝し、1977年にJSL2部へと駆け上がった。2部の1年目は苦しむかと思いきや、昇格一番手と目されていた読売クラブに勝利するなど2位と躍進。1部との入れ替え戦で富士通に敗れてしまったが、加茂からすれば上出来であった。早野《はやの》宏史、下條佳明《しもじょうよしあき》らが加入した1978シーズンでも入れ替え戦に再チャレンジし、またも相手は富士通に。見事リベンジを果たして就任5年目で目標のトップリーグにたどり着くというトントン拍子ぶりであった。

ここでようやく壁にブチ当たる。1979年、強豪が集う1部ではそう簡単にいかなかった。昇格初年度はまったく勝てず、最終戦になってやっと1勝を挙げたほど。結果は最下位に終わった。

守備型のチームとして粘り強い戦いをモットーとしてきたが、それではタフな戦いを切り抜けられない。日本代表にも選ばれた大物ルーキー、金田喜稔を中央大学から獲得できたことで、攻撃サッカーに切り替える決断を下す。

その転換期に2部に落ちてしまったものの、1981年には明治大学からまたもや大物の木村和司の加入にこぎつけた。日本代表の肩書きを持つ2人によって攻撃スタイルがかみ合い始め、わずか1年で1部復帰を果たした。

選手の獲得も実質的にGM業を兼任していた加茂の大きな仕事の一つだった。毎年、有望な選手に声を掛けて勧誘する。金田にも木村にも、自ら熱意を伝えていた。

「いい選手を集めないと日本一にはなれませんから。コーチやマネージャーとも協力していろんな情報を集めて、日産に合うなと思ったら声を掛けるようにしていました」

「メキシコ日産」のルートからは研修生として、のちにメキシコ代表となるフェリックス・クルスら3人の選手を呼ぶことにも成功している。

加茂は人間性を大事にした。サッカーの技術が高ければいいわけではなかった。

「メキシコ人選手も朝は仕事をやらなきゃいけない。そういう意味では真面目で誠実な人が望ましい。その点、クルスは素晴らしかったですね。確か19歳で来日したんですよ。真面目で、一生懸命でね。彼は日本で伸びていった選手なんです」

加茂の人柄、大企業、攻撃サッカー、その魅力が人材を集めたことは間違いなかった。そしてもう一つ、会社に要望していた専用グラウンドとクラブハウスの構想が実現に動き出したことも、選手獲得に大きな役割を果たしていくことになる。

イングランドやドイツなど欧州のクラブを視察して、専用グラウンドとクラブハウスの必要性を理解していた。その思いが実り、１９７８年に横浜市鶴見区・獅子ヶ谷の広大なエリアに建設地が決まった。しかし予想外のことが起こる。

「いやね、縄文時代、弥生時代の遺跡が見つかって、調査が必要になったんですよ。でも調査は大学の先生が平日にやるから、土日じゃないと（工事を）やれない。だからなかなか進んでいかない。当初の予定より１年、いや２年遅れたんじゃないかな。あれには参った（笑）。でもね、会社はいい施設をつくってくれましたよ」

いずれスクールやファームをつくって欧州にならったピラミッド型の組織づくりを考えていた。これものちに「日産フットボールクラブ」として実現する。加茂は単なる監督ではなく、部を永続的に発展させていく「将来構想」を日産自動車サッカー部で実現しようとしていたのだった。

数年かかって完成したのは１９８１年のこと。クラブハウスでは選手一人ひとりにロッカーが用意され、トレーニングルームなど欧州のクラブ並みに完備された。当時としては画期的な施設であった。

ＪＳＬの新興勢力ながら、日産人気は抜群に高まっていく。１９８３年には水沼貴史、柱谷幸一、杉山誠、越田《こしだ》剛史《たけし》、田中真二ら１９７９年ワールドユース出場組がごそっと加入してきた。黄金期の幕開けを告げるかのように。

その年、リーグは過去最高の２位となり、その勢いもあって天皇杯を決勝まで勝ち進んだ。１９８４年元日、場所は東京・国立競技場。それも相手は古巣であるヤンマーだ。コーチとして指導してきたエースの釜本が決勝を最後に引退するという。

「和司があのときばかりは緊張していたなあ。和司は学生時代から決勝に行ったことがない。顔を見たら、こわばっとる。今でも覚えていますよ、その表情。グラウンドを半周くらい一緒に歩いて、たわいもない話をしてリラックスさせてね（笑）。僕自身も監督になって初めてタイトルが懸かりましたけど、特に重圧とかもなかった。だって毎年のように重圧がのしかかる入れ替え戦をやっていましたからね。

釜本くんは頭から出て後半のなかばにベンチに下がると思っていたら、先発せずに後半から出てきた。前半は0－0だったかな。ハシラ（柱谷幸一）とキンタ（金田）が点を取って優勝して……もちろん嬉しかったですよ。（シーズンを通して）負けてもいいから攻撃的にやろうって言ってきて、うまくいきだしたころでもありましたから」

県リーグから、のし上がって日本一へ。監督就任からちょうど10年。もみくちゃにされながら選手たちに囲まれ、胴上げで宙を舞った。

加茂に新たな出会いが待っていた。

3度ワールドカップに出場し、ブラジル代表の主将を務めたオスカーである。リーグ制覇に届いていない最後の懸案は、守備の強靭化であった。最強の大物助っ人ディフェンダーも残り少ない現役生活を日本で終えることを希望し、加茂自身が交渉にあたった。オスカークラスなら高額の年俸が必要となるが、出せる精いっぱいの条件で合意してくれたという。

「キャリアは言うまでもないですよ。でもそれ以上に、こんなに素晴らしい人間性の男に出会えるとは思わなかった。彼とは言い争ったことすら一度もない。温厚で、紳士でね。もう最高の男ですよ」

１９８７年、リーダーシップを誇り、守備のノウハウを知るオスカーの加入によってチームの課題は解消された。安心して攻撃できるのも、守備が整備できたから。そして何よりサッカー選手としてのプロ意識をチームに植えつけてくれた。居残りでヘディング練習を繰り返す姿を、チームメイトは見ていた。その姿勢を選手たちには学んでほしかった。オスカーのラストシーズンとなった１９８８～１９８９シーズン。天皇杯、ＪＳＬカップを制し、そして悲願とも言うべきリーグ初制覇を成し遂げる。

３冠という偉業。優勝を決めた後の最終戦を終えると、今度はオスカーが胴上げされた。加茂はその光景をじっと見つめていた。本当にいいチームになった。心のなかでそうつぶやいた。

「オスカーだから、監督を譲ったんです」

３冠を最後に、加茂は日産を離れることにした。いや、３冠を獲得したら「区切りをつける」と決めていた。オスカーがいたから離れられた。チームは翌１９８９～１９９０シーズンもオスカー監督のもと、史上初となる２年連続の３冠を成し遂げた。

下地をつくり、後進にバトンを渡す。

新子安で日産サッカースクールを立ち上げたのも、地域に根差した普及と育成こそが、将来の財産となると考えたためだ。引退したＯＢがコーチとして指導にあたるというのも加茂が温めていたプランだった。定めたルールが「近くのクラブや少年団から子どもたちを引き抜かない」「新子安の半径10キロ以内に住む子どもたちを集める」だった。地域と良好な関係を築き、地域とともに育成するというスタンスを打ち出したかったから。スクールから広がってのちにジュニアユース、ユースも誕生する。「育成のマリノス」はここが起点となった。

「スクールで育った選手たちがいずれ日産の選手になってくれる。当時の日本では、それほどどこも活発にやっていなかった。それをやってくれた会社が素晴らしかったと思います」

クラブハウスも、スクールも、大物獲得も、なぜそんなにスムーズに進んだのか。その交渉能力の秘訣について、加茂は柔らかい表情でこう言った。

「何よりも会社に理解があったからですよ。僕としては（ライバルだった）読売クラブよりも1センチでも2センチでもいいから、日産サッカー部をよくしていきたかった。読売クラブの選手たちは、ちょっと生意気にも見えましたけど、サッカーには真面目な連中でした。彼らより1センチでもいいから前に行きたい、その思いを会社に応援していただいたということですよ。安達さん、小川さんに支えてもらったのがまず一つ。それに僕が日産に入ったときに応援してくれた課長クラスだった人が、みんな偉くなっていきましたよね。いろいろと助けていただきました。

人間同士、しっかりお付き合いするってことじゃないですか。僕たちの場合、一緒に考えて、一緒に酒を飲んで、一緒にゴルフして……腹を割って話をする。ありとあらゆることを一緒にやったなっていう思いはありますかね」

人と人のつながりを大切に。

それは選手に対しても、スタッフに対しても、会社に対しても。分け隔てなく共有された思いは、大きく、揺るぎないものになった。

年に１度開催される日産サッカー部のＯＢ会が、加茂の楽しみになっている。いまだに加茂の前に直立不動のＯＢも少なくないとか。畏怖ではなく、尊敬と敬愛の意味で。

「本当にいいＯＢ会ですよ。毎年、減っていく一方なのでそれは寂しいですけど」

加茂周なくして、今のＦ・マリノスはなかった。

１９９１年からは、のちに横浜フリューゲルスとなる全日空サッカークラブの監督に就任。フリューゲルスの「ゾーンプレス」は立ち上がったばかりのＪリーグを席捲した。マリノスの基盤のみならず、フリューゲルスの基盤もつくっている。加茂が築き上げた理念は色褪せることがない。

１センチでもいいから前へ――。原点は、ここにある。

1

章

1993年～1998年

Jリーグ開幕と初優勝、横浜フリューゲルスとの合併

木村和司
水沼貴史
川口能活
井原正巳
佐伯満
松本正×草野裕司

1993年

日産時代からの10番とJリーグの開幕と

「10番は決定的な仕事をする、みんなに頼られる選手がつけるべき番号。苦しいときに、チームを助ける存在じゃなきゃいけないというのは強くあった」

——木村和司

樽のような丸々としたぶっとい太腿が、木村和司の代名詞であった。トランクスがやけに小さく見えた。

「1日、何本くらい蹴りよったかの。遊びで蹴って、シゲ（松永成立）を呼んで。２００本、３００本……。蹴っとったら、自然とそれくらいの数にはなるんよ」

口数の多くない剛健の人は、決して努力とは言わない。蹴って蹴って蹴りまくったその証から繰り出されるフリーキックに、人々は歓喜した。

今なおサッカーファンの語り草になっているのが、１９８５年10月26日、東京・国立競技場での〝伝説のＦＫ〟である。メキシコワールドカップのアジア最終予選、相手はライバルの韓国。代表戦では前例のない6万人超の観客で埋めつくされ、チアホーンの音がうるさく鳴り響いていた。ホーム&アウェイの大事な初戦であった。

2点目を奪われた直後の前半終了間際、味方がファウルを受けて得たゴールまで約25m、ほぼ正面。腰に手を当てて前を見据えた背番号10は相手ゴールキーパーが右に重心を傾けたと見るや、大きく左に曲げて落とすキックでポストに当てて放り込んだ。

美しくて速くて、糸を引くようなホレボレする軌道。

その話を振ると、木村は苦笑いを浮かべた。彼にとっては美しい記憶などではなく、悔しい記憶として心に刻んでいたからだ。ホームで敗れ、続く11月3日のアウェイマッチも0－1で苦杯を舐めた。目の前にあったワールドカップはスッと消えてしまった。

「日本にはまだ（勝つだけの）力はなかった。ホームもアウェイも1点差負けだったけど、1点の重みっていうものをすごく感じたね。それはやっぱりプロとアマの違いよ。絶対にプロにならないと日本は世界に行けないって思った」

韓国はプロサッカーのKリーグをひと足先に誕生させ、選手たちにも「プロ意識」が染みついていた。企業スポーツでは終身雇用が当たり前だった時代。韓国戦の敗戦によって日本代表の森孝慈《たかじ》監督もプロ化の必要性を訴えたことで日本サッカー協会も動かざるを得なくなる。木村はこの翌年、1986年に新設された「スペシャルライセンスプレーヤー制度」を利用して、国産プロ第1号となったのだ。

この5年前、1981年――。

明治大在学中に日本代表でも活躍していた木村にはＪＳＬ（日本サッカーリーグ）のチームから多くの声がかかっていた。プロ契約に近い形でオファーを受けた読売クラブに惹かれたものの、最終的には2部に降格した日産自動車を選んだ。結婚が決まっていたために、大企業に入ることで妻の両親に安心してもらいたいという思いもあった。とはいえ最も大きかったのは加茂周監督の存在であった。

「加茂さんが寿司を食べさせてくれたときに、〝面白いサッカーをやろうや〟と誘われた。これからチームを強くするぞっていう強い意志がすごく伝わってきた。2部とか1部とか、そこは関係ない。話の持っていき方が、あの人はとにかくうまいんよ（笑）」

即断だった。話を家に持ち帰ることなく、その場で入部する意思を伝えた。ゴールにこだわる攻撃サッカー。これ以上のごちそうはなかった。2部からのスタートだろうが、自分のやりたいサッカーができることのほうが重要だった。

新入社員となった木村は人事部に配属され、朝8時に出社して昼まで仕事をした。寮に戻って昼食を取り、午後2時からトレーニングに励む毎日。部には広島工業高校の先輩、金田喜稔がいた。

「キンボウ（金田）がおったのもワシにとっては大きかった。あの人のプレースピードはすごかった」

木村が絶対的に認める存在が金田だった。2人の活躍もあってチームは1年で1部に復帰する。新日鉄との入れ替え戦において木村は直接ＦＫを叩き込んでいる。早くもチームの大黒柱になっていた。

この年に、サッカー部専用となる獅子ヶ谷グラウンドが完成している。

「画期的やったよ。クラブハウスがあってトレーニングルームや、一人ひとりのロッカールームもある。当時は珍しいというか、ここまでそろっていたのってほかにはなかったんじゃない？　それもこれも加茂さんの力よね。会社と交渉して、選手が必要だと思うものはそろえてくれた。新幹線でグリーン車移動というのも加茂さんのおかげ。選手のことを、いつも一番に考えてくれた」

忘れられないのが、鉄骨を組み立てた〝壁〟だ。フリーキック練習用のダミー人形などなかった時代に、加茂がわざわざ木村のために特注でつくらせたものだった。

「下に車輪がついとるんやけど、鉄だから重いんよ。あれを引っ張り出すのが大変。でもありがたかった。あれでうまくなったようなもんよ。それとシゲよ。ずっと勝負しよったからの」

練習自体は「厳しかった」。しかし練習が終わったら「遊び」が待っていた。ギリギリの時間までボールを蹴った。一日ごとにうまくなっていく自分を感じることができた。同時に新たな欲も生まれる。もっとうまくなりたい、と。

「昔は、（直接ＦＫを）狙って蹴るヤツなんて日本におらんかった。ボーンと蹴るだけで、カーブをかけるとか落とすとかはなかったから。ワシはブラジル代表のリベリーノの映像を見て、自分でもやってみたいと思って遊びでしょっちゅう真似しとった。3本蹴ったら1本は必ず決めるというのがワシのなかにはあったよ」

ＦＫは決めるもの。木村だからこそ言えるセリフでもあった。

水沼貴史、柱谷幸一らワールドユース組が加入した１９８３シーズン、チームはついに天皇杯を制覇する。木村にとって日産時代の一番の思い出はこの優勝だという。

「清水（秀彦）さんをはじめ、みんな日本一を目標にしてやってきたから。貴史をはじめ加茂さんがいい選手を連れてきてくれて、より〝面白いサッカー〟がやれるようになった。ワシにとってはサッカー人生で初めての日本一。そりゃあ嬉しかったよ」

１９８３年、１９８４年とＪＳＬで2年連続のリーグＭＶＰにも輝いている。ポジションを右ウイングから中盤に移し、多彩なパスで味方を活かした。逆に中盤から右ウイングに移った金田とは「名コンビ」と言われ、後輩の水沼ともそう呼ばれるようになっていく。

イマジネーションとコンビネーション。

プレーしているほうも、観ているほうも「面白いサッカー」。しかし、ただ面白いだけではない。「勝つ」と「面白い」を両立させる。加茂の目指したもの、木村の志向したものが、ドンドンと発展していく。

日産のエース、そして日本のエースへ。

木村は10番を背負い、チームでも日本代表でもフル回転で働いた。だが韓国代表に「1点の重み」を痛感させられ、韓国と同じようにプロにならなければならないとはっきり悟った。誰かが行動を起こさなきゃいけない、とも。

木村は言った。

「正社員じゃなくなるのは大変かもしれん。でも外国人選手と同じように〝ワシもそうさせてください〟って会社にお願いして、ファミレスで契約したことを覚えとる。これも加茂さんが会社に働きかけてくれた。今のプロで言えば、最低ラインくらいの給料やったと思うよ。でもサッカーでメシを食うっていう覚悟はできたね」

プロのフットボーラーとは何か。奥寺康彦が先に欧州でプロとなっていたものの、日本では他に日本人選手で参考になる人がいなかった。己でその疑問に答えを出していかなければならなかった。

魅せるプレーをしなきゃいけない。素晴らしいプレーをしなきゃいけない。自分が活躍することで、プロの道を加速させていかなきゃいけない――。

使命感が、逆にプレッシャーとなって木村の背中に重くのしかかることにもなる。

「ワシらんときは三ツ沢（公園球技場）もあんまりお客さんも集まらんかったし、娘が通路を走っていたのもよく見えた。国立（競技場）でやったときもそうよ。日本代表の場合は、国を背負って戦うわけだから、とにかく勝つことだけを考えた。でもJSLは違う。お客さんを呼んで、楽しませて勝たないと集まらない。まずは面白いサッカーをやって、何よりもお客さんに喜んでもらわんとな。

いいプレーしよう、なんて思ったら、体が思うように動かんし、プレーも全然ダメになった。自分を出す〝我が、まま〟を出せないでいた。（ストレスで）太ったりということもあったしな」

苦しくたまらなくなって、ふと我に返った。何より自分がサッカーを面白がっていないことに気づいた。

「サッカーは楽しいもんよ。自分が楽しまないと、まわり（チームメイト）も楽しめないし、お客さんも楽しめんからの。ワシはほとんどディフェンスせんかった。〝お前のために〟と仲間がやってくれた。その分（攻撃で）仕事をしなきゃいかんかったけどな。でも10番ってそうよ。みんなから（実力を）認めてもらわないとな。そういう存在よ」

楽しく、面白く。だがそこに気持ちが入っていないと意味がない。

木村はチームメイトによく「最後は気持ちよ」と語っていた。連勝を続けるプレッシャーによってチームが硬くなってしまった試合において、珍しくヘディングシュートを決めたときは涙目になって喜んだこともあった。エースの責任感を踏まえて楽しく、面白く、そのうえで勝ちまくる。１９８８～１９８９シーズン、１９８９～１９９０シーズンとＪＳＬ、天皇杯、ＪＳＬカップの2年連続3冠という偉業を達成する。木村も再びリーグＭＶＰを獲得し、日産黄金期の象徴であり続けた。


円熟期に入っていた木村に、目指すものができた。それは、Ｊリーグの誕生。木村がプロへの道を決断したことによって、その流れが一気に加速していた。

「個人でプロになっても、やっぱりプロのリーグというものを自分の目で見ておきたかったし、経験したかった。それで現役選手として長生きできたところはある。ワシらは元々、お客さんに来てもらおう、お客さんに喜んでもらおうとやってきたわけだから」

日本サッカー界をリードする日産自動車サッカー部を基盤にし、Ｊリーグ開幕前年の１９９２年４月１日に生まれた横浜マリノスの船出に、自分が関わることも己の使命だと思えた。

１９９３年５月15日、東京・国立競技場。会場は超満員の５万９６２６人。Ｊリーグのキックオフを告げるヴェルディ川崎との開幕戦に、木村は34歳で先発のピッチに立っている。そのときの感情を胸から取り出してもらうと、彼は何とも言えない表情を浮かべた。

「よう覚えとるよ。ピッチに出る前、ヴェルディの選手たちとも目が合って、胸にジーンとくるものはあった。泣きそうにもなった。引退が近づいていたから、もうちょっと早く開幕してほしかったけどな（笑）。

あんなにお客さんが入るなんて、つい数年前までは考えられんことやったから感慨深いものはあったよ。みんなよう走っとったよな。ボールは全然、外に出んし。今見ても、あのときのサッカーは面白かったと思うよ」

熱狂の開幕を迎えた喜びや勝利に対する思いばかりでなく、サッカー人気をもっと盛り上げたいという体に染みついたその使命感が、木村をあれだけ走らせたに違いなかった。

やっぱりカズシが魅せた。

マイヤーのゴールで先制されて迎えた後半3分、コーナーキックを得るとキッカーの木村は手を痛がりながらコーナーポストに近づいていく。ボールを蹴るのに時間がかかるかと思いきや、すぐにショートコーナーを選択したのだ。

「あのときエベ（エバートンの愛称）がボールをくれって呼んでいて。ヴェルディも全然、エベを見とらんかった。ラモス（瑠偉）くらいじゃない？　マークしろよって声をかけていたのは」

準備ができていなかったヴェルディの油断を誘い、フリーでパスを受けたエバートンがミドルシュートを右隅に放り込んで同点に追いつく。

そしてその9分後。井原正巳のフィードを木村が競り合って頭で落としたことからチャンスが生まれる。ヘディングのイメージがあまりなかっただけにこれが効いた。ボールを受けた水沼がシュートに持ち込み、こぼれたところをアルゼンチンの英雄ラモン・ディアスが押し込んで勝ち越した。木村は2得点に絡む活躍だった。

「あれは、都並（敏史）がワシのことだから（ボールが）かぶるだろうと予測して下がったんよ。アイツ、ワシをなめとるよな（笑）。ちゃんと落として、貴史がシュートを打って。あれだけ注目された試合なんだから、貴史も点を取りたかったと思うよ」

歴史に名を刻むJリーグのオープニングマッチを勝利で終えるか、敗北で終えるかでは意味合いが全然違う。10番の責任を果たせたことにホッと胸をなで下ろした。

「日産に入って、確か2年目か3年目かに10番をもらったんよ。前につけていた人がいなくなって、じゃあもらおうと。ブラジルのペレやジーコを見て、欲しかった。10番は、決定的な仕事をするというか、みんなに頼られるというか、そういう選手がつけるべき番号。チームが苦しいときに、チームを助ける存在じゃなきゃいけないというのはワシのなかにも強くあったから。Jリーグは最初、（背番号が）変動制だったから10番じゃないと気持ちが下がってしまうところもあった」

10番らしい仕事。みんなに頼られ、みんなを助けて、決定的な仕事をする。オープニングマッチでそれをやってしまうのだから、やはり〝選ばれし者〟であった。

年齢を重ねても、そのプレーは見惚れてしまうほどに美しい。

6月30日、三ツ沢での浦和レッズ戦だった。ディアスとのワンツーで抜け出し、前に出てきたGKをあざ笑うかのようなループシュートはスタンドの大観衆を酔わせた。

「あれは狙いどおりよ。もうええわって思った。この1点で」

誰もが待っていたJ初得点。それは木村にとっても同じであった。どこか肩の荷が下りた気がしていた。芸術的なループシュートがJリーグでの唯一のゴールとなった。

栄光の10番は翌１９９４シーズンを最後に、引退を表明する。

サッカーをやり切って、力を出し切った。それでも「もっとうまくなりたい」と語った引退会見はサッカーに真摯に向き合ってきた木村らしくもあった。

「なんであんなことを言ったのかなとは今でも思うね。でもうまくなりたいっていうのはずっと言ってきたから」

苦笑いには分類されない誇りの微笑。

あの日、「面白いサッカーをやろうや」と誘われていなければ、違うサッカー人生が待っていた。日産自動車サッカー部に縁をくれた加茂にこのように感謝する。

「ほんと、加茂さんのおかげよ。あの人がおったからよ」

それ以上の言葉は必要ないと言わんばかりに、頷くような仕草を繰り返した。


現役を引退して15年以上の月日が経っていた。

2010シーズンを前に、サッカー指導者、解説者としてセカンドキャリアを歩んでいた木村に、ついに古巣から監督のオファーが届いた。

「（水沼）貴史も、（木村）浩吉《こうきち》も監督をやっとったから、やっと来たかという感じよ」

目指したサッカーは、ただ一つ。観ている者も、自分たちもやっていて楽しく、面白く、そのうえで勝つ、原点回帰の攻撃サッカーである。広島弁で「翻弄する」「遊びを入れる」という意味の〝ちゃぶる〟は、メディアに取り上げられたことで反響も大きかった。

「オスカーやレナトがいたころの日産のサッカーが一番面白かった。レナトは一人で点を取るし、オスカーは一人で守れるし。セットプレーで蹴るときも、オスカーさえ見とったらよかった（笑）。加茂さんのときは1点取られたら、2点取るサッカーよ。2点取られたら、3点取りゃええわけよ。そういうサッカーをやろうや、とは言ったね。

〝ちゃぶる〟で言えば、パッと出てくるのはブラジルのロナウジーニョよ。サッカーが楽しいっていうのが体から伝わってくる。ああいう選手が出てこんといけんのよ」

ちゃぶるためには、技術レベルを上げなければならない。いくら昔と違ってうまくなったとはいえ、木村が求めるレベルにはまだまだほど遠かった。選手たちの技術を思ったようには伸ばせない現実にもストレスを抱えるようになっていく。シーズン開幕後、体調の異変を感じて病院で診察を受けると、重度の糖尿病と診断された。

「甘いもんばかり体が欲しとった。缶コーヒーなんて、これまであまり飲んだこともないのに、そればっか飲んどったもんな。ストレスと言われるなら、そうなのかもしれん」

3、4点取って快勝した試合もあれば、何の抵抗もできないまま無失点で敗れた試合もある。ただストレスが募るのは仕方のないこと。元々、使命感とこだわりが強いため、そうなることも分かっていた。ストレスともうまく付き合いながら、チームと選手たちを長い目で見ようとした。結果を残しつつ、契約期間の3年というスパンで日産サッカーの色づけを強めていくというのが木村のプランであった。

就任2年目の２０１１シーズン、7月には首位に立った。得点力が上がらないまま失速して5位に終わったとはいえ、前年の成績よりアップしていただけに契約解除を言い渡されるとは夢にも思っていなかった。その分、ショックも大きかった。

「それでうつ病になったとか言われたけど、そんなことはないんよ。ただ、ワシとしてはもう1年やらせてほしかった。それだけよ。あとは貴史がコーチにおってくれたらなとは思ったかな。アイツ、ワシのことは何でも分かっとる。小姑っていつも呼んどったから（笑）」

不満を飲み込んでクラブを去った。２０１５年にはゴルフ中に脳梗塞に襲われたものの、懸命な治療とリハビリによって解説業に復帰している。サッカーを基盤に置く生活は変わらない。Ｆ・マリノスの試合も定期的に見るようにしている。

心のどこかでいつも気にしていた。だからこそ日産時代が重なる超攻撃スタイルで優勝した２０１９年は、自分のことのように嬉しかった。

「最初のころはあんなにキーパーが上がって何やっとんのかなとも思ったけど、今のマリノスのサッカーは面白いよ。でも、もっともっと魅せてほしい。それこそ、ちゃぶってほしいよ。そうなったらお客さんをもっともっと呼べるから」

魅せて、ちゃぶって、お客さんを呼んで。

こだわりの強い木村和司をうならせたとき、それはきっと「本物」になる。

1993年～1995年

日産黄金世代ゆえの責任と葛藤、そして引退

「マリノスは消えることのない存在。引退するときに言った〝愛しているチームで辞めたい〟がすべてなんです」

——水沼貴史

水沼貴史は人知れず泣いていた。

Jリーグのオープニングマッチとなった1993年5月15日、横浜マリノス対ヴェルディ川崎戦。試合前から東京・国立競技場は沸騰していた。新しい時代が来たことを実感した。1983年に日産自動車サッカー部に入部して丸10年、このような華々しい舞台に立てるとは想像していなかった。

ウォーミングアップを終えると、日本代表の先輩であり、ヴェルディの守備の要である加藤久に呼び止められた。

「いよいよだな」

その一言が呼び水となって、抑え込んできた感情が噴き出してしまう。堰を切ったように

涙が溢れ出ていた。慌ててシャワールームに駆け込んで、顔をゴシゴシと洗った。チームメイトにも、対戦相手にも気づかれないように。

会場入りする前から、水沼の胸は熱くなっていた。

「都内のホテルから国立にバスで向かっていくんだけど、競技場の近くになってくると人が段々と多くなる。まだチーム専用バスなんてないから普通のバスにクラブのステッカーを貼りつけていて、マリノスの選手を乗せたバスだと分かるとファンの人たちがチケットを掲げるんですよ。これから観に行くよ、みたいに。旗を振ったり、手を振ったり、その光景を目にしただけで、これだけ多くの人に観てもらえるんだと思っただけで、すごく気持ちが高まりましたね」

「Ｊのテーマ」を奏でるＴＵＢＥの春畑道哉のギターの音が響き渡り、空には飛行船が舞い、川淵三郎初代チェアマンの開幕宣言、前田亘輝の「君が代」斉唱……ピッチに出てからも興奮は止まらなかった。

33歳になるシーズン。選手生命が現在のように長くなかった当時、自分のピークが過ぎていたことは自覚していた。だが、この開幕シーズンのオープニングマッチには絶対に出なければならないと己に課してキャンプから臨んだ。監督の清水秀彦は法政大の先輩であり、かつ、日産時代から世話になってきた。このピッチに立たせてくれたことは、清水の温情とも受け取っていた。

「ひょっとしたら清水さんのなかで、（木村）和司さんと俺を（開幕に）出してあげたいっていう気持ちがあったんじゃないかな。そんなことを直接聞いたわけではないけど、後になってそれは感じたね。ただ自分自身、ちゃんと練習メニューをこなしてきたし、しっかりやってきた自負はあった。ああ、これなら送り出せるって清水さんも思ってくれたんじゃないかな」

後半早々に、木村の意表を突いたショートコーナーからエバートンのゴールで同点に追いつくと、井原正巳のフィードから木村がヘディングでつないだボールを水沼が受け取ってドリブル。相手ディフェンダーの間を突破してシュートを放ち、ＧＫが弾いてこぼれたところをラモン・ディアスが押し込む。これが決勝点となった。

「ちょっとこじつけかもしれないけど」と前置きして、水沼は言葉をつなげた。

「これからＪリーグを引っ張っていくであろう選手からのボールを、これまで頑張ってきた選手がつなげて、最後はＪができたことで来てくれたアルゼンチンのスターが決めてくれるっていうストーリーがあった。だから俺があのとき決めなくて良かったんです（笑）」

超満員のスタンドに、家族を招待していた。3歳の宏太も応援してくれていた。自分のプレーを我が子に見せたい――。最高の舞台でかなえることができたのは、たまらなく嬉しかった。

ヴェルディとの開幕戦を終えて三ツ沢公園球技場で行なわれたガンバ大阪戦にも勝って2連勝を遂げる。しかしここで思いがけない事態が発生する。血尿が出てしまい、病院で診察を受けることになったのだ。精密検査の結果、内臓には何も問題がなかった。疲労による血尿とドクターから告げられた。

「開幕戦に出たいっていうモチベーションでキャンプから入っていて、そこがピークじゃないけど、その時点で体の限界を超えていたんだと思うんですよ。若いチームメイトに負けたら、自分のポジションがなくなっても仕方ない。だから必死になって、ずっと１００パーセントで彼らと同じメニューをこなしてきた。自分だけ（強度を）落とすのは嫌だったし、そこはやっぱりプライドがあるから」

血尿が出たというのに、１試合休んだだけで復帰。何とかコンディションを整えながら、自分のポジションを守ろうとした。11月には三ツ沢でのガンバ戦でエバートンのクイックリスタートに反応してＪ初ゴールを奪っている。何とか食らいついたシーズンになった。

しかしながら翌１９９４年のシーズンは出場機会がめっきりと減ってしまう。無理をしてきた分、その反動があるのも致し方なかった。リーグ戦は15試合の出場にとどまった。天皇杯は準決勝でセレッソ大阪に敗れ、元日の決勝に進めなかった。神戸で試合を終えて新幹線で新横浜まで戻る途中、ＧＭの森孝慈から木村とともに食事に誘われた。森は元日本代表監督であり、２人にとって恩人でもある。関内のフグ料理店で舌鼓を打ちながら今シーズンの話から昔話まで会話は尽きなかった。

最後になって森があらたまって木村に語りかけた。

もうええんじゃないか。

森と木村は故郷が同じ、広島の先輩後輩でもある。水沼はピンと張り詰めた空気のなか、黙するしかなかった。木村は言葉を発することなく、どこか一点を見つめていた。

その翌日のこと。チームの全日程が終了したことで獅子ヶ谷グラウンドに集合した際、ミーティングで木村が全員の前で引退を告げた。全員が驚きの声を挙げた。いくら前日の話があったとはいえ、水沼とて同じであった。

「まさか本当に辞めるとは思っていませんでしたからね。〝ワシ、辞める〟って、その一言は今も耳に残ってますよ。ただ和司さんは自分の2つ上。俺も現役を続けていいのかどうかって、自問自答することにもなった」

和司さんが去るなら、自分もそのときが来たんじゃないか。何度もその考えが頭をよぎった。チームは翌年から1994年のアメリカワールドカップでサウジアラビア代表をベスト16に導いたアルゼンチン人指揮官のホルヘ・ソラリを迎えることになっていた。最後にもうひと勝負に出ると決めた。

決意の表れが、異例とも言える半年間契約。クラブ側からの打診ではなく、あくまで自らの希望であった。

3月18日の鹿島アントラーズとの開幕戦こそ先発したが、後半すぐの交代となってしまう。納得はいかなかったが、受け入れなければならなかった。

ケガで離れていた選手が戻ってくるとポジションを失った。自らのケガもあった。ソラリは川口能活《よしかつ》、松田直樹、安永聡太郎ら若手を積極的に登用して大胆な世代交代を図ろうとした。自分はもう必要ないのかもしれないという思いのほうが膨らんでいく。開幕戦以降は出番がなくなっていた。

　チーム最年長の水沼は、自宅に若手を招くことも多かった。1994年加入の川口がルーキー時代には、木村と一緒になってシュート練習で鍛えていた。若手の芽を伸ばすのも、ベテランの役目だと考えていた。

「能活は高校選手権のスターだったから、プロの球は違うんだぞって茶化しながら2人でバシバシ蹴ってね。自宅にも食事で招いて、宏太と遊んでくれて。能活だけじゃなくて、いろんなヤツが来てくれたね」

　そんな折、ソラリが5月に突如として辞任。コーチを務めていた日産ＯＢの早野宏史が監督に昇格することになった。先輩の早野とは腹を割って話せる間柄でもあった。ある日の練習終わりのタイミングで直接、自分の評価を聞くことにした。

「ひょっとしたらチャンスあるかもなと思って、早野さんに聞いたんです。そうしたら〝もういいんじゃないか〟って。じゃあもう（契約の区切りとなる）半年でやめようと、そのとき自分の心のなかで決めた。チャンスはもらっていたわけなので。そのあとチームはステージ優勝を果たしたし、悔いはなかったですよ。体力的にまだできるとは思っても、ほかのチームには行きたくなかったから。自分が愛したチームでユニフォームを脱ぎたいと思った」

　真っ先に妻に自分の決意を伝えた。子どもたちにも伝えた。寂しさはあったが、どこかスッキリした思いもあった。

日産ひと筋、マリノスひと筋。エイトマンには栄光が似合った。

浦和南高で全国高校選手権を制し、法政大では総理大臣杯を2度掲げた。1983年、柱谷幸一、田中真二、越田剛史、杉山誠、境田雅章という将来を有望視されたタレントとともに加入した「花の83年組」の一人。ルーキーで天皇杯初制覇に貢献して、2年連続の3冠（JSL、天皇杯、JSLカップ）達成など部のタイトルすべてに絡んだ。

「加茂さんがいるからというところが俺たちにはあった。1部、2部を行ったり来たりのチームでしたけど、和司さんがいて（金田）喜稔さんがいて、俺たちがいたら強くなるんじゃないの、と。攻撃的で面白いサッカーをやってそうというのもあった」

社員として加入するため、大企業に就職できたことを両親も喜んでくれた。ただ希望としていた「本社勤務」ではなかったが。

「辞令を見たら横須賀の追浜《おっぱま》工場。朝8時から10時半くらいまで生産課で働いて、終わって寮で食事を済ませてから清水（秀彦）さんが運転するキャラバンに乗って、グラウンドへ。僕らは新人なのに、割と上がるのも早かった。練習後はまたキャラバンで寮に帰っていくっていう毎日でしたね」

同期がどんどんと試合に出ていくなか、水沼だけはなかなかチャンスをもらえなかった。悔しいが、同じポジションの先輩より自分のほうが上だとは思えなかった。同期のなかでJ

SLに出場したのは最後だった。

ここから評判を一気に引き上げていくことになる。

天皇杯準決勝のフジタ工業戦で１ゴール１アシストと活躍。日本が誇る名ストライカー、釜本邦茂のラストマッチとなるヤンマーとの決勝でも水沼は得意のドリブルで相手を切り裂き、堂々たるプレーでチャンスをつくり出した。創部初タイトルの歓喜の輪に、笑顔の水沼がいた。

「本社近くにある銀座のホテルにみんなで前泊して、スエヒロのステーキを食べさせてもらうんだけど、それがメチャクチャ美味くて。決勝に行ったら毎回これを食べられるんだと思うとそれがモチベーションになったくらい（笑）。加茂さんはそういうところがうまいなって思いましたよ。ただ、浦和南高時代に、全国高校選手権の開会式を終えてから、天皇杯決勝が開催されるという流れがあって、ロッカーに戻ったら今から試合をする選手たちがアップを始めていて、それがすごくカッコ良かった。だから天皇杯決勝はずっと憧れの舞台でしたよ」

飛躍のサイクルに入る。１９８４年から日本代表に招集されるようになり、日産でも中心選手としての風格が出てくる。ここで水沼は勝負に出る。終身雇用を捨てて、嘱託《しょくたく》契約に切り替えたのだ。国産プロ第１号となった先輩、木村の後を自然に追う形となった。

「まだプロリーグもないのに夢っていうのはおかしいかもしれないけど、立場的にはプロのサッカー選手みたいになれる。もし自分が野球をやっていたとしたら、迷うことなくプロの世界に入るだろうから。会社の人にも、部の人にも驚かれたよ。でも覚悟を決めてやるしかないと思った。やりたいことをやってお金になるなら、それが一番いいと思った」

結果が出なかったら当然クビになる。朝、仕事をしていた時間を個人トレーニングや準備に充て、サッカーだけの生活にシフトしていく。

1986〜1987シーズンはJSL歴代最多となる17アシストをマーク。〝アシスト王〟となるとキャプテンを務めた1988〜1989シーズンから2年連続で3冠を達成する。日産が黄金期を迎えるなかで、水沼にはある思いがあったという。

「アシストの記録をつくる年に代表から落とされてしまった。攻撃でチャンスメークするところ、点を取るところを自分のストロングポイントだとすると、守備のところはウイークポイント。ある試合の後にそのウイークポイントを指摘されて日本代表の石井（義信）監督から〝もう呼ばない〟と言われたんです」

水沼は即座にこう言葉を返した。

「俺、絶対、代表に戻ってきますから」

自分の価値を認めてもらうには、ストロングポイントで際立つしかない。この決意が17アシストにつながった。

「いいパスを出したとしても点を決めてくれる人がいないとアシストにはならない。その意味ではまわりに感謝しかない。攻撃的なチームだったからというのもあるけど、それもこれも後ろがしっかり守ってくれて、自由にやらせてくれたから」

まわりが理解してくれるから思いどおりのプレーができる。結果を残して、宣言どおりに代表に復帰。日産でも日本代表でも活躍を遂げ、20代後半に入っていた水沼はまさに円熟期を迎えた。

そんな折にチームのキャプテンに就任する。ブラジル代表のキャプテンを務めてきたオスカーの加入も大きく、個性派集団をまとめて上げていくことになる。心掛けたのがコミュニケーションだった。

「メチャクチャ面倒くさい人ばかり（笑）。でもまとめると言っても自分だけの力じゃないから。チームが一つの方向に行けるようにみんなが協力してくれたこともあったし、そのためには自分が先頭に立ってやっていかなきゃいけないところもあった。俺がやったのは、みんなのキャラクターを知ろうとしたこと。言葉は悪いけど、泳がしていい人もいれば、きつく言わなきゃいけない人もいるから。

ただ何をするにしてもよく話したっていう記憶がありますね。連係で裏を取る動きだって〝今だ〟というタイミングを相手に分かってもらわないといけない。（パスの出し手に）ボールを要求しながら、違うほうに行くって伝えておけば、そこはパスを出さない。逆に自分がこうボールを持ったら、ここを狙って動いてほしいとか、持ち方で角度をつくった瞬間が裏のタイミングだよ、とか。今は映像があって分析してこういう形って分かるけど、俺たちのころは絵のないところでどれだけみんなが同じイメージを描けるかが大事だった。そのためには話をしていくしかなかった」

読売クラブへのライバル心は人一倍強かった。加茂から〝１センチでもいいから読売の前へ〟と口酸っぱく言われ続けたことも大きかった。

「日産の選手は夕刊を持って帰るけど、読売の選手は朝刊を持って帰ってくるとも言われていた。なぜかって言うと、日産の選手は練習が終わったらまっすぐ家に帰るけど、読売の選手は夜遅くまでワイワイやって明け方に帰る選手もいるっていうイメージがあったから。要はチームとしてのキャラクターの違いという話。ただ実際、日産の選手は自分に向かう、ストイックな選手が多かったようにも思う」

読売クラブには滅法強かった。ライバルの存在があったからこそチームとして強くなれた。

プライベートにおいては１９８８年に結婚し、１９９０年2月に第一子の長男、宏太が生まれた。水沼パパはイクメンの走りでもあった。

「宏太が生まれて、どうしようって思うくらいメチャクチャ嬉しかった。抱っこひもで宏太を胸の前に抱いて横浜そごうのエスカレーターに乗っていたら、結構ジロジロと見られて（笑）。父親がそうやっているのが、まだ当たり前じゃない時代でしたから。離乳食に切り替えるときは大変でしたね。お母さんから離さないといけないので寝る前に宏太を抱っこしてあやしてね。でも大変って言ったけど、（子育ては）楽しかった。サッカー選手になってほしいとか別にそんなことは思っていなくて、ただただ元気に育ってほしい、と。ただ30歳になる年に生まれたから、自分のプレーを見てもらいたいなとは思いましたけど」

１９９２年には長女も誕生。サッカーも、プライベートも充実していくなかで、Jリーグの誕生が待ち受けていた。水沼の心が震えた。

「サッカーにおいては自分の人生で一番大きかったのかもしれない。自分がやってきたことに自負はあったけど、社会的にＪＳＬはプロじゃないし、練習を終えて午後に自宅に戻ると、何の仕事をしている人だろうってまわりから思われているわけですから。Jリーグができたら、履歴書に胸を張ってプロサッカー選手って書ける。社会的な認知を得ることが何よりも大きかった。Jリーグができると聞いて、心の底から嬉しかった。自分たちがやってきたことが認められたとも思えたから」

ＪＳＬ時代はファンの数もまばらで、サッカーの認知度も低い。自分も、チームメイトも、ライバルもみんなで引っ張り上げてきて、Jリーグ開幕につながった。沸騰する国立競技場の光景は、夢に見てきたもの。クールな人から涙が溢れ出るのも無理はなかった。

１９９５年７月30日、三ツ沢球技場は熱気に包まれていた。

木村和司、引退試合――。

マリノスとヴェルディのスペシャルマッチは現役とＯＢが入り交じって華やかな雰囲気を醸し出し、選手たちが入場してくると大いに盛り上がった。

記念撮影の際、木村の隣には長年コンビを組んだ水沼がいた。その２人の間にマリノスのユニフォームを着込んだ5歳の宏太が緊張した面持ちで立っていた。

「初めて宏太を三ツ沢のピッチに連れていったんですよ。みんなに可愛がられて、ヴェルディの選手も声を掛けてくれてね。ロッカーのなかでマリノス君に抱っこされて、写真を撮って……。なぜ連れていったかと言うと、自分のなかで宏太にバトンを渡したかったから。手をつないで入場して、みんなとも写真も撮って……」

木村の引退試合翌日の7月31日、彼は現役引退を表明する。先輩の引退試合を成功させたうえで発表するのが筋だと考えていたからだ。つまり、水沼にとっても引退試合だったのだ。

じつは木村の引退試合の約一週間前、鹿島アントラーズに勝利しファーストステージの優勝を決めた翌日。アントラーズ戦でメンバー外だった水沼はサンフレッチェ広島とのサテライトリーグに出場している。そこでゴールを挙げる活躍を見せ、「結果を出せて、本当に自分のなかで区切りがついた」。公式記録には書き込まれない一発。必要以上に目立つことを良しとしない人の武骨なフィナーレであった。

いつも近くに「和司さん」がいた。日本代表でもチームでも、そこからチャンスが幾度もなく生まれた。

初めて目にしたのは水沼が高1のインターハイ。「木村和司というすごいプレーヤーがいる」と聞いていた。蹴り方、身のこなし方、運び方、すべてが勉強になった。日産に入る際も、一緒にプレーできる喜びがあった。プレーの波長も合致していた。多くの言葉は要らなかった。

「自分が入ったタイミングで和司さんはウイングから中盤になった。結局はあの人に活かしてもらった。自分が思うところに絶対にボールが出てくるから。2人の関係性さえうまくいっていれば何も怖くないっていうところまで行き着いたと思っています。絶対に俺のことを見てくれているっていう信頼があるから動き出せる」

木村に次ぐ、ナンバー2のポジション。その役割が性に合っていた。自分が上に立つのではなく、あくまでピッチ上の中心は背番号10。ナンバー2に徹することが、チームのためにもなった。活かされつつ、木村のことを活かすことができた。

木村和司がいて、水沼貴史がいた。水沼貴史がいて、木村和司がいた。

引退後は解説業などメディアに活躍の場を移した。それでも「10年でひと区切り」と考えて母校・法政大のコーチを務めながら指導者S級ライセンスを取得した。

２００６年、指導者として11年ぶりにチームに戻った。岡田武史監督のもと、コーチに就任。だが8月に成績不振を理由に岡田が辞任したことで急きょバトンタッチを受けた。

監督に就任して一発目の試合が8月27日のアウェイ、京都パープルサンガ戦だった。

思い出していたのは恩師・加茂のマネジメントだという。

「天皇杯決勝戦の前に加茂さんがパッと俺たちのほうを見て〝お前たちがそういう目をしているなら何も言うことはない。さあ、行こう〟と言ってくれたことがあって、そのときに武者震いした。同じようにとはいかないまでも、監督が代わったショックを取り除いて選手たちにピッチで躍動してもらいたいと思いました」

試合前のロッカーで、水沼は一人ひとり名前を出してその選手のストロングポイントを挙げたという。彼らの目の色が変わっていくのを感じた。ここまで3試合勝ちなしの12位。チームは何か吹っ切れたかのように爆発して4－0と快勝した。そののちは残留争いに巻き込まれることなく、9位でフィニッシュして緊急事態を乗り切っている。

次の年に再びコーチに戻り、宏太がトップチームに昇格する2008年のタイミングで父はチームを離れた。息子のことを誰よりも認めていた。

「自分の息子ということで相当苦労したとは思います。でもアイツは、自分で解決していく。それはすごいことだし、その後、様々なクラブを渡り歩いてきた宏太の経歴を見てもそう。俺は小さいときから宏太のことを認めています。リバウンドメンタリティーどころじゃないですよ。宏太が（F・マリノスに）入るタイミングで自分は外れるわけだけど、もし残って一緒にやっていたらどうだったんだろうってちょっと思うこともあった。ただ、今となっては、これで良かったんだとは思いますね」

自分のことはいつも二の次。水沼はプレー同様、そういう人だと映る。組織がうまく回ればいい。前に出すぎないで一歩下がることで、まわりがよく見えた。選手、解説者、指導者と立場を変えても同じように日産自動車サッカー部、横浜F・マリノスをずっと眺める貴重な目でもあった。

心が離れたことはない。理由は単純明快。このチームを、クラブを心の底から愛しているからにほかならない。それを声高には言わないあたりがスマートな彼らしいとも言える。

60歳を過ぎたレジェンドは、クールな口調ながらホットにこう述べた。

「俺にとっては消えることのない存在なんです。どんなに違う環境で仕事をしていたとしても、心のどこかに必ずある。引退するときに言ったことがすべてなんですよ。〝愛しているチームで辞めたい〟と。それはもうずっと愛してきていますから。だから（チームを）離れてから厳しいことも言ってきた。今だって〝クラブハウスを持たないチームじゃダメだ〟とずっと言っている。でもそれって、ちゃんとやろうぜっていう愛情の裏返しみたいなもの。何かあればチームに戻れるかもなっていう思いは今だってありますよ。

新しいことがどんどん入ってきてブラッシュアップ、バージョンアップしていかなきゃいけない。変化していくこと、変化についていくことは大事です。でもその一方で、脈々と受け継がれているところも残してほしい。自分たちがつむいできたものを宏太たちが受け継いでくれているのは嬉しい。だから宏太もまた違う形でつむいだものを次の世代の選手たちに渡してほしい。それが自分の願いなのかな」

1995年

Jリーグ初優勝

「マリノスが初めて年間チャンピオンになった年にゴールマウスを守れたことは誇りです」

——川口能活

おっ、選手権のヒーロー。

水沼貴史からそんな声が挙がると、いくぶんか緊張がやわらいだ気がした。キヨショウ（清水商業／現・清水桜ケ丘）のキャプテンとして全国高校選手権を制し、甘いルックスもあって、川口能活は１９９４年、横浜マリノスに加入すると、注目の的になっていた。

新旧の日本代表をそろえるチームメイトを前に、ガチガチで自己紹介していたときに大先輩が場を和ませてくれた。静岡の先輩である鈴木正治《まさはる》もそれに続いた。照れ笑いを浮かべると、いかつい先輩たちの表情も崩れていた。最初は誰にも話しかけられず、なじめないで不安にもなったが、何となく打ち解けられそうだと感じた。

高校３年時の１９９３年にＪリーグが開幕し、マリノスに行きたいと直感的に思った。高

１で横浜に初めて遠征して、国際色ある港町の雰囲気に憧れを持っていたからだ。そして、日本代表の守護神を務める松永成立がいるクラブで成長できれば、いずれ日の丸をつけてプレーすることも現実になるという思いもあった。

「１年目の１９９４年は、ほとんどサテライトチームで練習をやっていて、トップチームに絡むことは、ほとんどなかったんです。紅白戦だけ一緒に練習できるので、そこでシゲさん（松永成立）から話しかけられたときは相当嬉しかったですね。普段の練習から試合と同じような雰囲気だったので近寄りがたい感じがありましたから」

選手権のヒーローも、ＧＫの序列としては一番下。日産時代から在籍する浦上《うらかみ》壮史《たけし》、ベテランの横川泉や、２つ年上の高桑大二朗らが在籍していた。サテライトの試合でも出られないことも少なくなく、自信どころか、プロの壁を突きつけられた。

「技術面、フィジカル面などすべてにおいて先輩たちとの力の差をすごく感じていました。シュートのボールスピードに慣れるまでに時間を要したし、まだまだＪリーグの試合に出られるレベルじゃないなって痛感させられました」

新子安にあった寮から練習場のある獅子ヶ谷までは高桑の車で連れていってもらった。寮生活も思った以上に楽しかった。チームメイトやスタッフといつも一緒にいた。部屋から見える景色が好きで、食事も美味しかった。かなり古い建物であったものの、そこはまったく気にならなかった。

Ｕ－19日本代表では試合に出つつ、クラブに戻ったらサテライトで練習あるのみ。磨いた一つが低弾道のパントキックだった。当時は高くボールを蹴るドロップキックが主流の時代。ブラジル代表ジルマールの映像を観て高校時代から練習に取り入れていたが、実戦で使うようになったのはこのサテライト時代であった。

序列に変化があったのはその年の天皇杯。3名登録のGKで松永、浦上に続いて3番手で登録されたのだ。ここがターニングポイントになったという。

「監督だった清水（秀彦）さんの配慮もあったとは思うんですけど、トップチームの練習に参加できるようになって自信をちょっとつけることができた。翌1995年、アメリカワールドカップでサウジアラビア代表を率いた（ホルヘ・）ソラリさんが監督になり、シゲさんが日本代表の遠征でいなかったときに、プレシーズンマッチで試合に出る機会が何度かあった。そこでソラリさんの目に留まったのか、開幕戦でベンチに入ることができたんです」

トップの試合にサブとして入り、翌日にサテライトの試合に出ることが習慣化していく。トップで大阪に遠征して翌日はサテライトで東北へ、などの大変な移動も、オフなしのスケジュールもまったく苦にはならなかった。開幕戦で松田直樹、窪田龍二の2人がルーキーでデビューを果たしたこともあって「ひょっとしたら自分にもチャンスがあるかも」と心の準備もしていた。

ひょっとしたら、はすぐさま現実になる。

4月22日のアウェイ、セレッソ大阪戦に0－4で大敗を喫し、中3日で臨む東京・国立競技場での柏レイソル戦。体調不良というアナウンスで欠場した松永に代わって、ゴールマウスを任されることになったのだ。

前泊のホテルで緊張と戦う19歳がいた。そんなときドアをノックする音が聞こえた。コーチの木村浩吉が様子を心配して部屋をのぞいてくれた。

「浩吉さんから〝今までの力を出せば絶対に大丈夫だから頑張れ〟って言ってもらえて、随分と気持ちが楽になりました。サテライトのときから居残りでシュートを打ってもらっていたんです。フォワードだったからシュートの威力、かなりすごいんですよ。プロのシュートスピードに慣れたのは浩吉さんのおかげでもあるんです」

チームはゴタゴタの渦中にあった。ソラリの方針に反発していたアルゼンチンの英雄で、Jリーグ初代得点王のラモン・ディアスが退団。試合前に会見が行なわれていた。

5万人以上の観客が詰めかけた国立の雰囲気は、表現できないほどのプレッシャーとなって背中にのしかかった。

「なんて言うんですかね、〝本当に能活で大丈夫なのか〟っていう雰囲気を感じました。そりゃそうですよ。日本代表のシゲさんが守っていたゴールに、19歳のキーパーがいきなり立っているわけですから」

緊張もプレッシャーもある。サポーターの不安も伝わってくる。後半にはゴールエリアを出てキャッチしてしまい、間接フリーキックを与えたミスはあったものの、体を張って意地でもゴールマウスを守ろうとした。ガムシャラにやった結果、無失点で切り抜けて勝利をつかむことができた。

この試合をきっかけに先発に定着し、3試合続けてのクリーンシートを達成する。それでもサポーター席からはソラリとの対立が明るみに出ていた松永のコールが、否応なしに耳に届いた。反発する気持ちなどなかった。先輩の偉大さをあらためて感じ取るとともに、1試合ずつサポーターの信頼を積み上げていこうと誓った。

そんな折、チームに最大級の激震が走る。松永の移籍が発表され、その3日後には、健康面を理由にソラリまでがマリノスを離れることになったのだ。

「ラモンとシゲさんが退団して、チームもこのままじゃマズいって危機感と同時に、一気にチームが引き締まった感がありました。僕だって実力でポジションを奪ったわけじゃないし、チームメイトだって不安だったと思います。だから最初は〝能活のところにいい形でシュートを打たせちゃいけない〟って一体感が生まれたところはあったんじゃないですかね」

チームメイトに助けられながらゴールマウスの前に立っていたことはすぐに過去になる。試合にも慣れてものすごいスピードで成長を遂げていく。みんなに助けられたんだから、自分もチームを助けたい。抜群のシュートストップと機動力、キック力……最後方から発するみなぎるパワーは、チーム全体のエネルギーとなっていった。

この年の夏、木村和司の引退試合が行なわれている。１９９４シーズン限りで引退を表明したレジェンドはあまりに遠い存在すぎて、サッカー以外のことではずっと話しかけられないでいた。トップチームに合流するようになってからはフリーキックの練習にも付き合わせてもらった。最後のほうになってようやく止めることができるようになって、成長を感じたものだ。

「1994年の天皇杯が終わって次の日のミーティングで和司さんがみんなの前で引退するって言って、僕も驚いた記憶があります。じつはずっと和司さんのサインが欲しくて、そのとき初めてロッカーで〝サインしてください〟ってお願いして。和司さんも〝おお、分かった〟って色紙に書いてくれて。会話らしい会話って言うなら、それが初めてでした」

木村の引退試合を終えると、今度はもう一人のレジェンドである水沼貴史が引退を表明する。水沼の自宅にはよく食事で呼ばれて、小さかった宏太少年とも遊んだ。

「僕のことをいつも気にかけてくれていました。貴史さんがケガから復帰するときにはサテライトに来て、練習でよくシュートを打ってくれていましたね。これがなかなか止められないんですよ」

木村、水沼、そして松永。日産自動車サッカー部の輝かしい栄光を築いた偉大な先輩たちがチームを離れたことは寂しかった。と同時に、タイトルにこだわる常勝日産の伝統を受け継いでいかないといけないという使命感に似た気持ちも生まれていた。

4月にJリーグデビューを果たしたころとはもう別人だった。

ファーストステージを17勝9敗で制したマリノスは、セカンドステージ覇者のヴェルディ川崎とチャンピオンシップでぶつかることになる。3連覇を懸けて臨む絶対王者を相手に、第1戦を1－0でシャットアウトして先勝する。

緊張すればするほど、プレッシャーがのしかかるほど本領を発揮する川口の見せ場は、むしろ第2戦であった。武田修宏がロングパスに反応して抜け出したところを前に出て防ぎ、壁下を狙ったアルシンドのフリーキックも右手を伸ばして弾いた。またも無失点に抑えて勝利し、ついにリーグ初制覇を成し遂げる。守護神の活躍はメディアにも大きく取り上げられた。

「武田さんが抜け出したときの1対1はラインギリギリだったので、ちょっと判断が難しかったんです。それでも咄嗟に前に出てアプローチをかけて、シュートコースを限定して防ごうと考えて、そのとおりになった。アルシンドのフリーキックは下に来ると思っていなかったので、自分でもよく止めたなって思いましたね。

マリノスの歴史に残る初優勝を体験できるなんてまったく考えていなかった。キャプテンの井原（正巳）さんはじめ日産時代からプレーしてきた方々の努力が報われたなって思ったし、最後においしいところだけ僕が持っていってしまったのかな、と。なんだか申し訳ないっていう気持ちと、すごく自信をつかんだなっていう気持ち、その2つがありましたね」

最高のシーズンには、後日談がある。

チャンピオンシップから4日後、天皇杯2回戦で熊本に遠征して福岡ブルックス（現・アビスパ福岡）に敗れた。試合後に体調不良を感じた川口は、横浜に戻ってから病院で診察を受けることになった。熱が出て、腹痛が治まらなかったのだ。極度の疲労と診断され、点滴治療を受けた。数日休むとすぐに良くなった。

「トップの試合に出るまで3年はかかると思っていたのに、2年目にチャンスをもらって優勝まで経験させてもらった。天皇杯に負けてシーズンが終わったら疲れが一気に出て、おなかを壊したかなんかで脱水症状になっていたみたいなんです。ああ、心身ともにものすごいプレッシャーを受けていたんだなって。ちょうど静岡の実家に帰る予定だったんですけど、急きょ帰れなくなってしまった思い出がありますね」

持てる力を一滴残さず絞り切って、シーズンを完走したのだった。大きく成長できた川口の力は日本代表にも還元されていく。翌１９９６年、優勝候補ブラジルに勝利する〝マイアミの奇跡〟を起こしたアトランタオリンピック、その後の１９９７年、日本初のワールドカップ出場を決めた〝ジョホールバルの歓喜〟へとつながっていく。

「１９９５年のシーズンが自分のサッカー人としてのキャリアにおいて重要な年だったことは間違いないです。マリノスが初めて年間チャンピオンになった年に、チームのゴールマウスを守れたことは僕のなかですごく誇りです」

彼はそうキッパリと言った。


愛したクラブを旅立つときがやってきた。

プロ8年目、２００１年10月のこと。世界で通用するゴールキーパーを目指すために海外でプレーすることを望むようになっていた彼にイングランド2部ポーツマス移籍の話が舞い込んだ。チームは初めて残留争いに巻き込まれていただけに、後ろ髪を引かれながらも苦渋の決断を下すことになった。川口の気持ちを理解したチームメイトからも背中を押された。

Ｆ・マリノスを離れた川口はその後、イングランドからデンマーク１部のノアシェランへと移り、２００５年にはJリーグに帰還を果たす。日本代表ではワールドカップ４大会連続でメンバー入りし、１１６キャップを積み上げた。ＳＣ相模原でプレーしていた２０１８シーズンに43歳で現役キャリアを終えた。

「海外に行くときはすごく心苦しかった。チャレンジしなきゃという僕の気持ちをくんでもらって、そこはもう感謝しかない。在籍したどのクラブも僕にとっては心のクラブです。ただ、マリノスは攻撃的なチームだったから、僕のようなプレースタイルを受け入れてもらえて、異議を唱える人もいなかった。そのままの自分を受け入れてもらった。マリノスだから僕は自分の個性を出せたし、自分のプレーというものを確立できたんだと思います」

ゴールキーパーのサイズとしては小柄であっても、マイナス材料とさせない。基本に忠実で、守備範囲が広く、機動力があり、キックを武器にできる。松永成立のニュアンスも受け継いだうえで己のプレースタイルを確立した。憧れの存在として、のちにチームの守護神を務める榎本哲也、飯倉大樹《ひろき》ら後輩たちにも多大な影響を与えたことは言うまでもない。

クラブが初タイトルにたどり着いた成功体験は、彼なしではきっと成立しなかった。

レジェンドや中心選手が次々とチームを離れる転換期にはどうしてもひずみがつきまとうもの。逆にチームがバラバラにならずまとまることができたのは、伝統と革新の両方を兼ねそなえた川口能活という存在がいたからにほかならない。あの優勝があって、その後の彼がある。あの優勝があって、その後のマリノスがある——。

1998年

マリノスと日本代表の主将、初のワールドカップへ

「指導者としてまたいつか戻れる日があればいいな、という思いは常に持っています」

――井原正巳

〝アジアの壁〟と呼ばれた人は、日本代表が初めて出場したフランスワールドカップの舞台に横浜マリノスと同じくキャプテンマークを巻いて立っていた。

1998年6月14日、スタッド・トゥールーズ。ワールドカップ予選3度目のチャレンジでようやくその切符をつかんだ井原正巳は、優勝候補のアルゼンチン代表と対峙する。アルゼンチンとの不思議な縁を感じていた。初めてテレビで観たのが1978年のアルゼンチンワールドカップ。得点王となったマリオ・ケンペスが好きになった。心にこみ上げてきたのは感慨などではない。日本からサポーターが集結した大ニッポンコールに武者震いしていた。マリノスからは井原のほか、小村徳男《おむらのりお》、城彰二、川口能活と、所属クラブとしては代表最多となる4名のメンバーが選ばれていた。

じつは初戦に間に合わない可能性があった。

スイスでの最終合宿において三浦知良、北澤豪、市川大祐がメンバーから外されると聞いた後の練習でケガをしたのだ。チームの動揺と大会直前のケガというダブルパンチが井原を襲った。

「12日後に初戦を控えているなかで、ひざの内側側副靭帯《ないそくそくふくじんたい》をやってしまったんです。これは試合に出られないんじゃないかと最初は思いましたよ。ただ幸いにも初めての箇所ではなかったので、どうやれば回復していけるかというイメージはあって。ケガをした日に注射を打って、まずは安静にするところから始めたんです。自分のケガもありつつ、カズさんたちが外れたことに対してのマスコミの反響も大きくて、チームの動揺も収めていかなければならなかった。自分としては岡田（武史）監督の決断に対してキャプテンとしてついていくことが、いい結果を残すためには重要だと思っていたし、選ばれたメンバーで一つになって戦うことに集中していきたいと考えていました」

必死だった。リハビリも、動揺の除去も。岡田のもと、ピッチ外においても迷うことなくアルゼンチン戦に照準を合わせていく姿を見せていくしかなかった。試合が近づいてくると、自分が敢えて言葉に出さずとも、一体感が醸成されてきたと感じた。

やれることはすべてやって臨んだあのアルゼンチン戦。エースのガブリエル・バティストゥータにこぼれ球を押し込まれ、0－1というスコア以上に世界との差を感じた。続くクロアチア代表との第2戦もダヴォール・シュケルに決められて、これまた1点差負け。最後のジャマイカ代表戦にも1－2で敗れ、3戦全敗に終わった。

日本中が失意に暮れたが、初心者マークを貼りつけたアジアの弱小国がすぐさま結果を出せるほど世界は甘くはなかった。

「勝つためにはまだまだ経験不足、力不足であることを思い知らされました。スコアだけ見れば、力の差がないように思えるかもしれませんけど、すごく大きな差があると感じました。ただ、そのとき持っていた日本の最大限の力は、自分のプレーを含めて出せたんじゃないかという思いはあります」

30歳の今大会がラストチャンスなんかじゃない。筑波大の同級生でもある中山雅史と「2002年、もう1回この舞台に立とう」と誓い合った。

筑波大を卒業後、日産自動車サッカー部に加入したのが1990年だった。

教員免許を取得して教師になるプランもあったが、大学時代に日本代表に選ばれるようになってからは強いチームでサッカーを続けたいという思いが勝った。いくつかあったオファーのなかでリーグ、カップ戦、天皇杯の3冠を達成した日産を選んだ。ブラジル代表キャプテンの肩書きを持つオスカーが監督に就任したことや、日本代表でコンビを組む先輩、柱谷哲二から「一緒にやろうよ」と勧誘されたことも大きかった。

入ったばかりのころ、バッチバチになる日々のトレーニングに衝撃を受けたという。

「普段の紅白戦でもちょっと判断が遅れたら、気を抜いたら、足もとを持っていかれてしまう。一つ間違ったらケガにつながるような、それくらい激しい練習が高いレベルで繰り広げられていました。代表クラスの選手がそろうチームに飛び込んでいくわけですから、日々上達していく感覚がありましたね」

　気後れなどしない。むしろ願ってもない環境だった。

　大物ルーキーは1年目からレギュラーをつかむ。本職のセンターバックではなく、ボランチや攻撃的な中盤で起用されることが少なくなかった。

「（木村）和司さんがベンチにいて、自分がそのポジションで出ていいのかなって思いながらプレーしたこともあります。ただ、監督に言われたポジションでガムシャラにやっていくしかなかった」

　パスの配球や戦術眼、相手の攻撃の芽をつぶしてしまう井原の才能に、オスカーが高い評価を与えるまでには時間を必要としなかった。監督を退く際には本人からブラジル行きを打診されている。

「ちょうどJリーグが始まることが決まって、自分のなかにも膨れ上がっていた期待感を捨ててまでブラジルに行っていいのかって、いろいろと考えました。もちろん声をかけていただいたことは嬉しかったんですけど、ブラジルのリーグに挑戦しようとまでは思いませんでした」

ブラジル行きを真剣に検討する以前に、この日本でやらなければならないことが多いと思えた。日本代表の主軸として1992年にはアジアカップ優勝、ダイナスティカップ優勝に貢献して、アジアに「イハラ」の名をとどろかせている。結果を出していく日本代表と、これから始まるJリーグへの気運。その2つが重なり合って空前のサッカーブームが巻き起ころうとしていた。

1993年5月15日、東京・国立競技場。ヴェルディ川崎とのJリーグオープニングマッチ。1週間前までアメリカワールドカップ1次予選でUAEとアウェイマッチを行なう日本代表の活動に参加していた。帰ってきたらJリーグ一色になっていたことには驚かされた。

国立の雰囲気は、今まで経験したことのないものだった。

「JSL時代ではまったく考えられない雰囲気で、サポーターの人たちの声が本当にすごくて。あの場所で思ったのは、サッカーをやってて本当に良かったなって。試合が始まったら、ヴェルディには絶対負けたくないっていう気持ちになりましたね。1週間前に隣でプレーしていた（柱谷）哲さんに思い切り削られたんですよ（笑）」

ライバル同士、熱のこもった一戦は後半になってマリノスがエバートンのゴールで同点に追いつき、勢いづく。決勝点となる2点目は井原のフィードが起点になった。木村が意表をつくヘディングで水沼貴史につなぎ、最後はラモン・ディアスが決めた。木村、水沼の〝両巨頭〟を絡ませたゴールは井原にとっても感慨深かったという。

「日産の黄金期をつくって、プロリーグをずっと待ち望んできたのが和司さん、貴史さんでしたから。自分からのパスで2人が絡んで、ディアスのところにおいしくこぼれていくっていう（笑）。それでも決勝ゴールのところに和司さん、貴史さんがかかわるというのは、やっぱりあの2人は何か持っているんだなって妙に納得させられたシーンでもありました」

週に2回のJリーグ、そして日本代表の活動と目まぐるしい日々を送る。元々体力に自信はあったが、プロ意識を持ったストイックな生活を送る一方で、オンとオフをうまく切り替えることで疲労を蓄積させなかった。

「社会人のときはサッカーでメシを食っている感覚って持ちづらかったんです。でもずっとプロでやってきたオスカーから心構えを学び、プロとは何ぞやっていうところを吸収させてもらいました。外国籍選手やほかの日本代表選手にも刺激を受けながら、プロとして恥ずかしくないようにと思って、普段の生活のところからそういった振る舞いを意識したつもりではあります」

プロとは何か。常にいいコンディションを保ち、いいパフォーマンスを示し、試合に出続ける。そして勝つ。マリノスと日本代表両方においてフル回転を続けていく。

1993、1994年と2年連続でライバルのヴェルディにリーグ優勝を持っていかれたことは井原としても悔しさを募らせていた。「次に懸ける」との思いを強めて1995シーズンに入った。

アルゼンチン人指揮官のホルヘ・ソラリは若手を積極的に起用した。前橋育英高から加入してきたばかりの18歳のディフェンダー松田直樹は開幕戦から、2年目の19歳のゴールキーパー川口能活も4月26日の柏レイソル戦から出場機会を得ていく。井原は若い守備陣をリーダーとして引っ張っていかなければならなかった。

「大変ということはなかったですね。能活もマツもアンダー世代の代表で活躍していましたし、チームとして元々持っているものにプラスして新しい感覚をもたらしてくれましたから。そういった流れがうまくいったのかなとは感じました」

ソラリに反発したディアス、松永成立がチームを去り、井原が日本代表の遠征から戻ってくるとそのソラリさえも辞任した。激震に見舞われたなか、コーチから監督に昇格した早野宏史のもとで井原もリーダーシップを取り、結束を強めてファーストステージを制している。

初めて進出したチャンピオンシップ。カズこと三浦知良がセリエAのジェノアから復帰したヴェルディには勢いがあった。3連覇を阻止して優勝するのは自分たちなんだ、とキャプテンマークを巻く背番号4は己にそう言い聞かせた。

1−0で勝利して迎えた12月6日、国立競技場での第2戦。スコアレスの均衡を破ったのが井原であった。直接フリーキックでキッカーのビスコンティと目が合った。ファーでフリー。すぐさま蹴り出されたボールをヘディングでミートしてゴールに叩き込んだ。攻撃では決勝点、守っては2試合続けての無失点。初めて手にしたシャーレは思った以上に、重く感じた。

「ずっと2強と言われてきたなかでタイトルを獲れていなかったので、悔しい思いをようやく晴らすことができた。サポーターのみなさんもやっぱり同じような思いでしたし、シャーレを掲げたあの瞬間は、最高でしたね。

それもビスコンティ、メディナベージョ、サパタのアルゼンチントリオの貢献があってこそ。個人的にはあの年、得点とアシストを合わせたらトップだったビスコンティがリーグのMVPだと思っています。チャンピオンシップもブラジル流のヴェルディということで彼らのライバル心は相当あったんじゃないかとは思います。

この年はいろんなことがありました。今まで日産で一緒にやってきた方が引退されたり、チームを離れたりして、自分がチームを引っ張っていかなきゃいけないという思いがより出ていたのは確かでした」


マリノスの初優勝から2年半――。

フランスワールドカップを終えて帰国した井原には、２００２年の日韓ワールドカップ出場という新たな目標が生まれた。日本代表との両立を図りつつ、ストイックな日々をこなしていくことも変わらなかった。

横浜フリューゲルスと合併し、横浜F・マリノスとして迎えた１９９９シーズン。選手間の融合に時間がかかりながらも井原を中心にまとまりを帯びるようになっていた。リーグ戦は25試合に出場し、結果は5位に終わった。

契約満了を告げられるとは思ってもみなかった。

「正直、ショックでした。日本代表として9月まで試合に出ていたなか、契約満了と言われても気持ちを整理するのは大変でした」

クラブの母体である日産自動車の事情も重なっていた。この年、巨額の有利子負債を抱えていた日産はルノーと資本提携し、COO（最高執行責任者）に就任したカルロス・ゴーンの「日産リバイバルプラン」によって大幅な人員削減が断行された。自分もリストラの対象になったのだと悟った。

尋常でないショックをおくびにも出さず、井原は黙って受け入れた。

「日産、そしてマリノスに育ててもらって社会人時代から数えてちょうど10年目。プロになったときからいつクビになるか分からないという思いでやってきました。それは誰にもあることだし、そうなったほかの選手をいっぱい見てきていますから、自分だけ違う態度を取るわけにはいかない。だからもうそこは〝分かりました。次のチームを探します〟とクラブ側には伝えました」

功労者は静かにクラブを去った。

その後、ジュビロ磐田、浦和レッズでプレーして日韓ワールドカップが行なわれた2002シーズンを最後にスパイクを脱ぐ。もう一度ワールドカップの舞台に立つことはできなかった。しかしながら一点の曇りもなく目標に向かって持てるものを出し切ることができたと、心から言えた。

「マリノス、ジュビロ、レッズといずれも素晴らしいチームで選手として過ごさせてもらったことには感謝しかないです。最高の現役生活を送らせていただきました」

引退後は指導者となり、アビスパ福岡監督時代には日本代表やプレミアリーグのアーセナルで活躍する冨安健洋《たけひろ》の恩師としても知られる。２０２２年現在は、柏レイソルのヘッドコーチとして長年にわたってネルシーニョ監督を支えている。

最後に横浜Ｆ・マリノスへの思いを聞いた。

「指導者としてまたいつか戻れる日があればいいなとは思っています。その思いは常に持っています。自分がやれることは、日々、指導者として自分を高めていくしかないし、これからもそうやっていくしかありません」

指導者になってもマインドは同じ。

井原正巳にはストイックがたまらなく似合う。

1998年〜1999年

フリューゲルスの消滅と F・マリノスの誕生

「(クラブの消滅は)絶対に繰り返しちゃいけない。そのためにも1年ずつ、実績を積み重ねていくしかない。F・マリノスには常に一番であってほしい」

――佐伯満

あれは1998年10月29日の早朝のことだった。佐伯満はいつものように起きて何気なくテレビをつけると、思わず目を疑った。

『Jリーグの横浜フリューゲルスが消滅。横浜マリノスに吸収合併』

Jリーグ開幕年の1993年に横浜フリューゲルスに入社して6年目。頭が真っ白の状態のまま、急いで会社に向かった。

「その日に会社で発表ごとがあるとは聞いていました。ただ(親会社の)佐藤工業の撤退のことだと思っていたので、合併だと言われても信じられなかったんです」

現実だと知って愕然とした。愛着を持って働いてきたクラブが消滅するとは夢にも思わなかった。

フリューゲルスとの縁は、大学時代にさかのぼる。スポーツ業界への就職を希望してアルバイトをしていたサッカーグッズ販売会社の社長から紹介されたのが、フリューゲルスの運営会社である「全日空スポーツ株式会社」であった。

「会社概要を読んだら夏は万座でビーチのイベント、冬は北海道でスキーのツアーデスク、そして小さくサッカーのことが書いてありました。大学のころはスキーブームで僕もスキーをやっていたので、願ったり叶ったりの仕事だな、と。サッカーのことは想定していなかった。そうしたら内定をもらって、会社から〝年が明けたら寮に入ってサッカークラブのマネージャーをしろ〟と言われたんです」

グッズ販売のアルバイトをやっていたとはいえ、サッカーの競技経験もない。それなのに立ち上がったフリューゲルスのサテライトチームで現場マネージャーを命じられた。ドリンクの用意、ボール拾いから始めたという。入寮前に自主トレを見にグラウンドに行ったとき、サングラスを掛けてポケットに手を突っ込んでいるコワモテの人に挨拶したら、それがトップチームを率いる加茂周だった。

ヤル気に満ちている感じは、外から見てもまったくない。沖縄キャンプでは年長のマネージャーから倉庫に呼び出された。

「ここにいたくないなら荷物まとめて横浜に帰れよ」

カチンと来た。絶対に見返してやると逆にスイッチが入った。

曲がりなりにもマネージャー業に向き合い、精いっぱいやろうとした。その姿勢を認めてもらえたのか、次第に選手、スタッフとも仲良くなっていく。寮長になって、若い選手たちの面倒も見た。１９９５年に滝川二高から加入してきた波戸康広もその一人だ。

「アイツには自家用車をいじられたり、いろいろとありましたよ。でも人懐っこくて、何だかんだと仲良くしていました。波戸だけじゃなくて、みんなといい関係でした。たまにバーベキューをしたりアットホームな雰囲気がありましたから。そういう雰囲気を監督、コーチがつくってくれていましたね」

入社3年目の１９９５年夏、佐伯は現場担当を離れ、フロントとして試合運営担当に回ることになる。マネージャー業とは丸っきり違うこの業務にやりがいを感じていく。

「サテライトの試合だけで興行が成り立つ時代でした。譲渡試合といって、鳥取やいわきなどで地方のサッカー協会さんと協力して興行を開催する。チケットを売るために選手のサッカー教室をやろうとか、何かつくって配ろうとか、自分たちで考えて手づくりでやれたので仕事としてはすごく面白かった」

まさに仕事が充実していた20代後半に、寝耳に水の合併が起こった。

「会社側の立場で振る舞うように」と言われていたが、納得がいかなかった。選手と一緒になって駅前に立ってクラブ存続を願うビラも配った。

「最初は〝アイツ何やってんだ〟と会社の人から言われましたけど、最終的には〝やりたいようにやらせてやれ〟という感じになっていきました」

フリューゲルス最後の大会となった１９９８年度天皇杯の優勝を、国立競技場のピッチで見届けた。選手たちの頑張りを嬉しく、誇らしく思いつつも、やるせなさが消えることはなかった。

選手たち全員の移籍先が決まり、プロパー以外の社員たちの多くは出向元の所属先に戻った。佐伯は合併先のマリノスから声がかかっていた。当初は「ライバルチームには行かねえよ」との気持ちから突っ張っていたが、熱心に誘ってくれた人の、「フリューゲルスのためにも来い」という一言が決め手になった。

1999年2月、横浜マリノス株式会社に入社してからは希望していた運営の仕事を託された。一緒に〝移籍〟した社員、スタッフは10人程度。はっきり言って居心地は悪かった。というのも、佐伯自身が壁をつくっていたからだ。

「マリノスの人たちとの距離を感じていたし、何より私が特にいじけていましたから（笑）。ただ、マリノスとフリューゲルスでは運営の仕事一つにしてもやり方が違う。それなのに運営を任された私はフリューゲルスでやっていたように進めていくので、結果的にマリノスの人をないがしろにしてしまいました。いま思っても、やり過ぎちゃったなというのは正直、ありましたね」

運営業務の発注先を、フリューゲルスで付き合いのあったところに変更したこともあった。もちろん上司に許可を取っていたのだが、元からいるスタッフからすれば当然面白くはない。

佐伯がやりたい放題やっている。

そんな陰口が聞こえてくると、なおさら意固地になった。ただ彼からすれば必死だった。

フリューゲルスから来たヤツは使えないと思われたくなかったからだ。

孤立していく自分を見かねて上司から苦言のメールが届いた。

「お前は気遣いが足りない。社内の人間から信用されるように、もっと根回しとかコミュニケーションとかをとっていかないと、この会社でやっていけないよ。お前の推進力は評価する。だけどその推進力は逆効果にもなる」

胸にグサリと刺さった。このメールをプリントアウトして机のなかにしまった。何かあったら、このメールを取り出して自分の戒めとした。それは２０２２年の今も続けている。「全然、俺、直ってねえじゃん」と独り言を心でつぶやきながら。

運営の仕事はスタジアムでサポーターとも接点ができる。敵視されて「Fはいらない！」と罵られたことも一度や二度ではなかった。

ヘソを曲げてしまっては、いつまで経ってもマリノスとフリューゲルスが自分のなかで一つになっていかない。もうF・マリノスとして一緒の船に乗っているのだから、自分のほうから変わっていかなければならないと自分に言い聞かせた。

融合の大切さを教えてくれたのが、ほかならぬトップチーム。一つにまとまって２０００年のファーストステージを制した。ピッチでみんなが喜んでいる光景を見つめていると、自然と涙が溢れていた。

２００２年からは運営を離れて経営管理室に籍を置き、左伴《ひだりとも》繁雄社長のもとではカンパニーセクレタリーなる役職を授かった。「社長の手足となって動く業務」だという。

他クラブがどんな施策を打っているのか、その調査を行なうのも業務の一つ。インターネットがそこまで普及していない時代だけに足で情報を稼ぐしかなかった。アウェイゲームでは単独行動でスタジアム近隣の駅や商店街、場内イベントなどスタジアムを回って、デジカメで写真を撮っては報告書を作成した。

「左伴さんからはお金になるヒントを探してこい、と言われました。たとえばあるクラブはゴールド会員、シルバー会員みたいに小口スポンサーを募っていて、そのパネルの写真を撮らせていただいたんです。これはいいアイデアだなと思いましたね。なるほど、1口いくらだったら出せるとか、小口のスポンサーを募るというのもそこから力を入れたところです」

他クラブの施策を勉強して、報告書にまとめ上げる。クラブごとにファイルされた、きめ細やかな内容は社内でも高く評価された。この仕事ぶりが認められ、今度はみなとみらいに誕生する「マリノスタウン」の担当を任された。様々な分野の業者と細かいところを詰めていくかじ取り役を担った。

「鹿島アントラーズ、東京ヴェルディ、ジュビロ磐田、清水エスパルス、名古屋グランパス……あの当時、自前でクラブハウスを持っていたところにうかがっては施設を見せてもらって、勉強させてもらいました。

マリノスタウンができて、個人的に良かったなと思えたのは、お昼どきになると3階の食堂で選手と社員、スタッフが自然と一緒になるんです。マツ（松田直樹）、中町（公祐）、兵藤（慎剛）ら、クラブがやろうとしている事業にも関心を持ってくれて首を突っ込んでくれる選手が多かったから、そういった話もしやすかった。お互いの立場を理解できる環境でした。

育成組織にいる選手たちにもかなりいい影響がありました。覚えているのはグラウンドの外周を走っていた田中隼磨《はゆま》がそのままスクールの練習に入って、一緒にボールを蹴っていた光景。スクール生も、保護者も喜んでくれて。そういうのが結構ありましたから。みんなで一緒の施設を使う良さがありました。コストはかかってもチームにとって、会社で働く人にとって、育成組織にとって最高の施設だったと私は思います」

ライフワークとなった佐伯の業務が「公式記録員」である。

公式記録にはメンバー、選手交代、得点者、シュート数やゴールキック、コーナーキック、フリーキック、オフサイドの数、警告及び退場（その理由）、得点経過などが記されている。試合日の気温、湿度、天候、入場者数もこれを見れば分かる。佐伯は２００３年に始めて以来、２０２２シーズンで20年間続けていることになる。

「記録員を手配するのは運営の仕事なんです。以前、任せていた人がいたのですが、試合に来られなくなってしまったので、じゃあ俺がやるしかないなって。そのときは総務になっていましたけど、試合の日の担当業務がありませんでしたから」

「自分は総務だから」と断ってもいいのに、そうしない。佐伯は結局、サッカーの仕事に携わることが好きなのだ。公式記録にも彼なりのこだわりがある。

「得点経過は唯一、内容を表現できるところなので限られたコマ数のなか、一目見て得点シーンが目に浮かぶといいなと思っています。これをシュートとみなすかどうかなど、いろいろ悩んだりもします。一枚の記録を見れば、どんな試合だったか分かるのが理想ですよね」

自宅に戻ったら、試合を映像で見直すことにしている。記録が合っているかどうか、もう一度確認するためだ。ほかの試合のダイジェスト映像を見ると、公式記録がどう表現しているかも気になるという。ここまでこだわっているのだ。

記録員をやっていると、一喜一憂できない。冷静に記録をつけられなくなってしまうからだ。

２００３シーズンのセカンドステージ最終節（11月29日）。退場者が出て１人少ない状況ながらジュビロ磐田に追いつき、追い越して両ステージ制覇を果たしたあの日は感情のアップダウンを抑えること自体が大変だったという。

「テツ（榎本哲也）が退場して、シモ（下川健一）が出てきて、序盤からすごい展開になっているわけですよ。最後にクボタツ（久保竜彦）がヘディングで決めて、優勝を決めた試合。もちろん興奮しましたよ。でも、レフェリー、マッチコミッショナー、運営担当者のサインをもらって、記録をデータセンターに送ってようやく公式記録員は業務終了なので、喜べるのはそこから。運営の仕事をやっていたころは、ピッチ上でチームのみんなとも喜べましたけど、その時は、まずは記録を成立させなきゃなりませんから。みんなと一緒に喜びたかったというのはありましたね」

記録員の仕事もチームプレーだ。運営のころは独断専行でにらまれたが、今はそんなこともなくなった。

「今のF・マリノスのサッカーはとにかくプレースピードが速いんで、目が追いついていかない。下を向いてパソコンでクリックしている間に、プレーが次に進んでしまう。6人の記録員で協力して〝ごめん、今見られないから、ちょっと見ておいて〟と頼んだりしないと無理ですね。1試合終わると目が乾ききっています。でも、大変だけど、ずっと続けたい仕事です」

社員自ら公式記録員をしているクラブは少ないようだが、公式記録を社員がつけることに佐伯は意義を感じている。クラブの歴史を記録することにもなるからだ。

運営を離れてから総務・人事一筋。役割は幅広い。表にはあまり出ていかないが、まさに縁の下の力持ちでなければならない。ほかに任せるくらいなら自分でやる。不器用な人ではあるが、心意気から横浜F・マリノスへの愛情が透けて見えてくる。

1993年にJリーグが開幕してから横浜フリューゲルスで、合併した1999年からはずっと横浜F・マリノスで。予期しない形でライバルクラブにやってきたが、仕事への情熱がぶつけられる環境がそこにはあった。

「僕は昭和の人間ですから、愛すべき一つのクラブがあればそこにやりがいを感じるタイプだとは思うんです。もし合併がなかったら、今でもフリューゲルスにいたはず。でもフリューゲルスにいたら、ここまでの経験は得られなかったかもしれません。

だから今、F・マリノスで働く人にはやっぱり20年、30年とずっと働いてほしい。2、3

年やって自分のやりたいことができないからって離れる人もいますけど、僕なんてまだ何もやらせてもらっていませんから（笑）。クラブの仕事の根底にあるのは、みなさんに喜びを与えること。そのために自分が何をすべきか、組織として一つになって何をやるべきか。そこを常に見直していかなきゃなっていう思いはあります」

フリューゲルスのファン・サポーターのなかには、クラブが消滅して以来、サッカーの応援から離れてしまった人も多くいることを知っている。いつかそういった人にも日産スタジアムに足を運んでもらいたいという思いをずっと抱いてきた。それはずっと「抱く」だけにとどまっていたものの、今は「アピールしたい」気持ちに変化している。

「今のうちのサッカーは見ていて本当に楽しいですから。絶対に退屈はしないので一度見に来てくださいよって言いたいですよね」

公式記録員の仕事をやるのは、自分たちの〝商品〟をきちんと知っておくという意味もある。ずっと眺めてきた人だからこそ自信を持って言える。

フリューゲルスのようにクラブが消滅してしまうことは、二度とあってはならない。当事者だからこそ、その思いは誰よりも強い。

「あんなこと絶対に繰り返しちゃいけない。そのためにも我々は1年ずつ、実績を積み重ねていくしかない。そしてF・マリノスには常に一番であってほしいと思っています」

融合を経て永劫へ。

そのためには喜んで縁の下の力持ちであり続ける。

対談

オフィシャルカメラマンが ファインダー越しに見続けてきた30年

松本正 × 草野裕司

「喜田拓也選手はずっと見てきた一人。選手たちの成長を見届けることができるのもオフィシャルカメラマンの喜びだと思う」

「近年はファミリーに近い感覚をより持つようになっています。距離が近くなったことで写真のバリエーションもより出てきている」

サッカークラブにとって、オフィシャルカメラマンの仕事とは、試合のシーンを切り取るのはもちろんのこと、宣伝などに使う写真や、様々なグッズや商品、クラブの出版物に使用する写真を撮影するなど多岐にわたる。

横浜F・マリノスには１９９３年のJリーグ開幕時から30年に渡ってチームを撮り続けているベテランカメラマンがいる。松本正と草野裕司の２人だ。ファインダー越しに見続けてきた横浜F・マリノスを思う存分、語ってもらった。

松本　ＪＳＬ（日本サッカーリーグ）からＪリーグに切り替わるときに広告代理店から「マリノスのオフィシャルカメラマンに興味ありませんか？」と誘いを受けたことが、きっかけだったね。当時は、イタリアのセリエＡでＡＣミランとインテルのミラノダービーとか自分もエキサイトしながら撮らせてもらっていた。日本でもサッカーが盛り上がってきていたし、やってみたいって思えたんだよね。

草野　僕もある方から誘われて、１９９３年8月からオフィシャルカメラマンになりました。マリノスとしても松本さん一人じゃ大変だから、サポートもできるカメラマンを探していたみたいですね。僕はスポーツ畑のカメラマンじゃなかったから、Ｊリーグが盛り上がっていても、じつは当時、そこまでサッカーには興味もなかったんです。

松本　あれから30年か。長いようで短いようで。

草野　マリノスをずっと撮影してきて最も強烈に印象に残っている試合ってどれですか？

松本　Ｊリーグ開幕前のアジアカップウィナーズカップ決勝戦の第2戦（１９９３年4月16日）かな。イランのペルセポリスのホームに行ったら、10万人以上のサポーターが押し寄せていてね。アウェイのすごさを実感したよ。神野（卓哉）選手がヘディングで最後にゴールを奪って１－０で勝って優勝したんだけど、怒ったファンが爆竹を鳴らして。選手も僕も危害が及ばないようにピッチの中央に集まって、そこで記念撮影してからマイクロバスに乗り込んで帰った。外から見えないようにバスのカーテンを閉めているんだけど、コツコツと音がした。小石をぶつけられていたんだと思う。

草野　それはすごい経験ですね。

松本　草野さんはどう？

草野　僕は2試合あるかな。一つは1995年、アウェイで鹿島アントラーズと戦ったシーズン開幕戦(3月18日)。確か気温が6度くらいしかなくて、しかも雨だったので、もうメチャメチャ寒くて。当時はもちろんフィルム撮影だったので、フィルムを交換するだけでも手がかじかんで大変だったことを覚えています。3－3の打ち合いの試合で、最後は小村（徳男）選手がヘディングのVゴールを決めて、まわりがうわーってなって。僕も選手やスタッフに囲まれて、寒いのに熱いっていう（笑）。

松本　もう一つは？

草野　やっぱり久保竜彦選手のドラゴンヘッドで奇跡の両ステージ制覇を果たした2003年の最終戦（11月29日）です。まだ横浜国際総合競技場と呼ばれていたころでしたね。残り20分は撮っている僕のほうも心臓バクバクでした。あの試合も雨でした。

松本　ドラゴンの運動能力はすごかったね。ヘディングするにしても僕の目測よりはるかに上まで飛ぶ。あのジャンプを長玉（望遠レンズ）で撮るのはすごく難しかった記憶があるね。

草野　プレーのインパクトで言うと、栗原勇蔵選手もそうでしたね。ある年のホームの柏レイソル戦だったと思うんですが、彼がオーバーラップで上がっていくとその横で相手が2、3人バタバタ倒れたんですよ。まさに番長らしく蹴散らしていく感じで。撮っていて気づいたんですがそのプレーを見てちょっと笑いながら撮ってました。いや、栗原すごいなって思いましたね。

松本　すごいと言ったら、僕はやっぱり木村和司選手を抜きにしては語れないかな。木村さんがいたことが、この仕事を引き受けた大きな理由でもあったから。ある日の練習後、木村さんがボールの上に座って両手を広げて瞑想していて、その雰囲気にすごくオーラを感じてね。その光景を後ろからローアングルで撮ったんです。サッカー専門誌でもその写真を使ってくれました。

草野　さっき興味なかったと言いましたけど、じつは僕も和司さんをきっかけにサッカーに関心を持ちました。「和司さんのフリーキックを撮りたい」っていう、最初はすごくミーハーな気持ちから始めたんです。あとオーラで言うと、川口能活選手かな。人気もすごくて彼の写真はとても需要が高かったから、クラブからもよく「いっぱい撮っておいて」と頼まれたんですよ。でもGKの全体練習が終わっても、彼はずっとコーチとマンツーマンで居残り練習をやっていて、やっと終わったかなと思ってグラウンドの中に入っていくと、「まだ終わってないです」と。

松本　「練習の虫」という言葉は、川口選手のためにあるような言葉だったね。キャンプでも、いつも日が暮れるまでやっていたから。

草野　ネット越しにサポーターをちょっと見上げるような写真を撮った一枚もよく覚えています。川口くんらしい、オーラのあるいい表情で。それが本に掲載されたこともありました。いい思い出ですね。

オフィシャルカメラマンの仕事はサッカーとも共通する点がある。個人の能力を求められながらも、チームプレー、コンビネーションが大切になってくる。木村和司&水沼貴史のように、奥大介&久保竜彦のように、近年でいえば、仲川輝人&マルコス・ジュニオールのように「あうんの呼吸」が求められる。

草野　今は僕がメインでやらせてもらっていますが、松本さんがメインの時代には、サブにしかできない仕事もありました。メインカメラマンが試合をしっかり撮っていくなかで、僕は逆にそうじゃないところというか、遊びの部分、プラスアルファの部分をクラブに提供していかなきゃと思っていましたね。同じ素材が2つあっても仕方ないので。だから松本さんがレンズを向けていないところを撮るとか、そこはもうフォア・ザ・チームの精神で。いかに自分を押し殺すかって部分をすごく大事にしていました。

松本　お互いにチームとしてやっていかないと、どんな仕事だってうまくいかない。オフィシャルカメラマンもそこは一緒かもしれないね。

草野　そういえば以前はチームの写真集を出していましたよね。

松本　そうそう、年に1回、神奈川新聞社さんから。Jリーグ開幕から何年かやっていて、僕にとってはそれが大きなモチベーションになっていたね。写真集がなくなっちゃったのは残念だったけど。

草野　この仕事は選手のすごいプレーを間近で見ることができる。これはやはり特権ですよね。今思い出しても、中村俊輔選手の切り返しは本当にすごかった。こっちに行くと思ってカメラを向けたら、彼は、逆を行くんです。僕まで騙されてしまう経験が何度もありましたね。

松本　俊輔さんは、本当にテクニックがあったし、撮っている自分までワクワクさせられたところがあったね。

草野　松本さんはチームを30年撮ってきたなかで、胸にグッときた出来事って何かありました？

松本　やはり２０１０シーズン限りで契約満了になった松田直樹選手の挨拶。大宮アルディージャとのリーグ最終戦（12月４日）を終えて、日産スタジアムでゴール裏のサポーターの前に立ってね。彼が高校を卒業して１９９５年に加入してからずっと撮ってきたわけだから、すごく寂しい気持ちになった。ああ、本当に松田がこのクラブからいなくなっちゃうのか、と。

草野　我々はどちらかと言うと感情を抑えながら、淡々と仕事をしなきゃいけないですからね。もし一喜一憂していたらシャッターを押すのが遅れるので狙っているカットが撮れない。だからこそ、感情を抑えられないくらい胸にグッとくるというのは、そうそうあるものではありませんよね。

サッカー同様に、この30年でカメラも進化と変貌を遂げている。フィルムの時代からデジタルに移行したことで仕事のスタイル自体も変わっていくことになった。

松本　オートフォーカスやデジタルでやり始めたのは２００６年くらいからだったと思うな。デジタルはフィルムと違って大量に撮れるから、最初、違和感があったね。一枚一枚を大切にする気持ちがどうしても薄れてしまう。

草野　僕は（手動でピントを合わせる）マニュアルフォーカスで頑張って撮影していた最後の世代かもしれないです。スポーツのように、動いている人物をマニュアルフォーカスで撮る経験をしていないままオフィシャルカメラマンを引き受けたので、最初は本当に苦労しましたよ。目をかなり酷使しました。そうして慣れてきたら今度はオートフォーカスやデジタルの時代になった。でも、僕はデジタルにある程度詳しかったから、歓迎したところもありました。現像所にいちいち行かなくてもよくなって楽になったし。

一方で、松本さんが言ったように、一枚の重みが薄れたのは事実ですよね。カメラマンというよりもカメラオペレーター的な色合いがどんどん強くなってきていましたよね。そして、一眼レフからミラーレス化という大波も来ました。一試合で撮影する枚数は僕も松本さんも８００枚くらいだったけど、今じゃ２０００枚を超えています。一枚の重みが薄くなっていくのは悲しくもありますが、それでもやっていかざるを得ない。今の悩みどころでもあります。

松本　草野さんの言うとおりだね。自分もいま74歳だけど体力が続く限り、シャッターを押し続けたいと思うから時代に合わせていかなきゃいけないとは思っている。

草野　時代が変わったという点では、僕の場合、チームとのかかわり方もそうです。チーム全体との距離感を適切に保つことは変わりませんが、選手とコミュニケーションを取る機会が年々増えてきていて、接する側としてはやりやすくもなっているし、楽しくもなってきています。要するに近年はファミリーに近い感覚をより持つようになっています。試合で一喜一憂まではしませんが、距離が近くなったことで写真のバリエーションもより出てきているのかな、と。

松本　距離感というところでは、継続的に選手たちの成長を見ることができているのも大きいんじゃないかな。

草野　本当にそうですね。たとえば、アカデミーからトップにあがった遠藤渓太選手、和田昌士選手は、幼なじみでジュニアユースから同期でずっとやってきました。ユースの試合を撮りに行っても和田選手のほうが常に注目されてきた。遠藤選手は逆に何か伸び悩んでいるようにも見えました。でもプロになってからは遠藤選手のほうが台頭して、２０１９年のリーグ優勝にも貢献しています。そういう背景を見てきたり、知っていたりするのはオフィシャルカメラマンならではなので、選手に対する思いが違うなって思います。

松本　喜田拓也選手もずっと見てきた一人。プライマリー、ジュニアユース、ユースとストレートに伸びてきて、今はトップチームのキャプテンを務めているわけだから、感慨深いところはあるよ。すごく成長しているなって。こうやって選手たちの成長を見届けることができるのもオフィシャルカメラマンの喜びだと思うね。

草野　これからも陰ながら選手たちの成長を見守っていきましょう。

adidas
10

adidas
NISSAN
Kodak
Kazuyoshi Kimura

NISSAN
4

2章

1999年〜2006年

横浜F・マリノス誕生、
完全制覇ふくむ2連覇へ

波戸康広
永山邦夫
岡田武史
久保竜彦
松田直樹
河合竜二

1999年〜2000年

クラブの合併、F・マリノス初のステージ制覇

「背番号4は自分にプレッシャーをかけたかったから。この試練を乗り越えられたら、サポーターからも認めてもらえると思ったんです」

――波戸康広

波戸康広にとって横浜マリノスはライバルだった。あの1998年までは――。

兵庫・滝川二高時代にゲルト・エンゲルスに指導してもらった縁もあってチームメイトの吉田孝行とともに、卒業後、横浜フリューゲルスに引っ張られた。そのエンゲルスから「フォワードとしてセンスがない」と失格の烙印を押されてサイドに配置転換され、加入から3シーズンを終えても出場機会は限られていた。

4年目の1998年3月21日、横浜国際総合競技場のJリーグ初試合として横浜ダービーが開幕戦で組まれ、波戸は3トップの一角として先発に抜擢された。

「マリノスはみんな日本代表クラスで、ドリームチームみたいな感じがありました。日産自動車サッカー部からの流れがあって、まあブランドですよね。表現としては同じ横浜をホー

ムタウンに置くライバルではあるんですけど、追いつけ追い越せという目で見ていました。あの試合は永井（秀樹）さんのゴールで先制して、そこから追いつかれて、僕と交代した（佐藤）一樹さんが決勝点を挙げて。開幕戦でライバルに勝ったわけですから、メチャメチャ喜んだ記憶があります」

チャンスをもらえない時期、淡路島にある実家に電話して「多分、クビになる」と弱音を吐いたこともある。〝母親にグチをこぼす前にちゃんとやれや。こんな自分じゃ試合に出られないのは当たり前や〟と思い、心を入れ替えて努力した結果が「開幕スタメン」であった。

徐々に出番が増え、チームにわずかでも貢献できる喜びを感じていたころ、寝耳に水の事態が起こる。

横浜フリューゲルス、消滅。横浜マリノスに吸収合併——。

10月29日、朝4時すぎにチームメイトから電話がかかってきた。なんだろうこんな時間に、と眠い目をこすりながら電話を取った。

「チームがなくなるって報じられているぞ、と言われたんです。でも今ひとつピンと来なくて、コンビニ寄って新聞買ってこい、と。ちょうどその日の朝に全体ミーティングがあると聞いていて、なんだろうなとみんなで話はしていたんですよ。朝、みんな新聞を持ってクラブハウスに集まったら、〝報道のとおりだ〟と説明を受けた。頭が真っ白というか、何が起こったのかまったくのみ込めていませんでした。僕もみんなも。ミーティングの後、普通に練習もありましたからね」

時間が経つにつれて、事の重大性を認識するようになる。

選手、スタッフで話し合ってクラブ存続のための署名活動をすることになり、波戸も横浜駅前で市民に署名を呼びかける日々が続いた。

最後の公式戦となる天皇杯に向けても全員で協議した。選手たちの次のプレー先を考えなければならないため、ブラジル代表のセザール・サンパイオが「若手の就職活動の場にしたほうがいい」と進言したという。先輩たちも同調していた。波戸たち若手は感謝しながらも、首を横に振った。

「だってこのまま勝ち続けていったらチームの価値を高めることになるし、そうしたら買い取ってくれる企業があるかもしれない。１試合でも長くやることが存続の可能性につながるなら、と最終的にはベストメンバーで行くことでまとまったんです」

一つになったチームは勝ち進み、１９９９年元日、国立競技場で清水エスパルスとの決勝戦に臨む。波戸も先発に入った。試合は先制を許しながらも、２点を奪って優勝を遂げる。残り20分くらいになると自然と涙が出てきた。まわりを見渡すとチームメイトもそうだった。

優勝したら奇跡が起こるかもとずっと信じていた。しかし一縷《いちる》の望みが叶うことはなかった。実家の父親からは「淡路に戻ってこい」とも言われていたが、ようやく試合に出られるようになってサッカー選手として自信がつき始めていたころ。オファーをもらっていたサンフレッチェ広島への移籍を考えていたが、天皇杯のパフォーマンスで評価を上げたことでマリノスからも大会後にオファーが届いた。永井、三浦淳宏らの名前が挙がっていた「合併に伴う移籍リスト」に当初、自分の名前はなかった。気持ちは一気にライバルへと傾いた。

「マリノスに行ったらベンチにも入れないんじゃないかっていう不安はありました。でも自分はどこを目指してんだって考えたら、やっぱり日本代表なんですよ。フリューゲルスでもノーチャンスから乗り越えてきたんだから、マリノスでも自分次第で可能性を広げられるんじゃないかって思ったんです。それともう一つ、フリューゲルスのFが、マリノスに入ってF・マリノスとなることが決まっていたので、フリューゲルスの魂を引き継いでいきたいという思いも当然ありました」

フリューゲルスから波戸を含む5人がライバルチームのマリノスに移籍。1999年2月1日、チームの名称も「横浜F・マリノス」に変わった。


チームに合流して真っ先に感じたのは、自分たちが異分子であること。獅子ヶ谷グラウンドでもフリューゲルスからやってきた5人で固まることが多く、はっきり言って居心地が悪かった。アットホームだったフリューゲルスの雰囲気とはまるで違っていた。ロッカーに戻っても会話らしい会話もないのだから、面白いわけがない。

声をかけてくれたのがキャプテンの井原正巳であった。フリューゲルス組が溶け込めていないと感じ、食事に誘ってくれたのだった。その席で、思っていること、感じていることを伝えた。聞き役になってくれる井原には何でも話せた。ある日の試合が終わった後、井原によって選手たちの食事会が催された。お酒の力も借りて、いろんな選手と分かり合うことができた。マリノスとフリューゲルスが一つになれそうだと感じた。

移籍当初の恩人と言えばもう一人、前年から監督を務めるアントニオ・デラクルスである。波戸をシーズン途中から3バックのストッパーとして起用することになった。

「身長が高いわけでもないから、最初は抵抗あったんですよ。でもデラクルスさんは人心掌握に長けていて、ヘディングで勝てなくても〝それ以上にお前にはスピードがある。アイツを縦に行かさなかったじゃないか〟とか〝ストッパーやったことないのに、このプレーがもうできるのか〟とか褒めてくれるんです。ストロングポイントを言ってくれるので、やれそうな気に段々となっていきました」

サイドとストッパーの両ポジションをこなせるユーティリティを身につけて、存在感を高めていく。試合に出られないどころか1999シーズンは成長を実感しながらプロ最多の19試合に出場できた。

ストッパーを難なくこなせたのは、井原を抜きにして語れない。シーズン中、井原の自宅に呼ばれて何度も食事をごちそうになりながら、数えきれないくらいのアドバイスをもらっていた。

「井原さんとのランチの席で〝このときはどうしたらいいですか?〟って質問攻めにしたことがあって、そうしたら〝分かった。夜、ウチに来い〟と。奥さんの手料理を食べさせてもらいながら、井原さんは自分の経験を惜しげもなく教えてくれたんです。練習でもフィード、ボールの持ち方、すべてが最高の教材でした。プレーだけじゃないですよ。練習後はどのように生活しているのかとか、プロとは何かという心得を学ぶこともできました」

だが公私ともにお世話になってきた井原がこの年、契約満了でチームを離れることになった。想像もしなかった功労者の放出に驚いた波戸は当然ながら大きなショックを受けた。

日に日に、ある思いが強くなっていた。意を決して井原に連絡を入れた。

「井原さんの背番号4、僕が引き継いでもいいですか？」

2000シーズンを迎えるにあたり、「4」が空き番になっていることを知った。もし誰もつけないなら、自分が背負いたいと思った。

井原は即答だった。ぜひ、お前がつけろ――。

移籍して1年しか経っておらず、それも絶対的なレギュラーとまで言えない若手が背負うことにファン・サポーターの間でも疑問の声が広がっていた。その反応は、予想していたことでもあった。

「自分にプレッシャーをかけたかったんです。もし、この試練も乗り越えられたら、サポーターからも〝アイツやるじゃねえか〟って認めてもらえると思ったんです。そして井原さんに認めてもらいたいという思いがありました。ここはもう淡路の雑草魂なんですよ」

元アルゼンチン代表の名プレーヤーとして知られるオズワルド・アルディレス監督のもと、迎えた新シーズンは開幕戦で、同い年の松田直樹、そして大先輩の小村徳男と3バックを形成。この小村からも波戸は多くのものを吸収した。

「オムさん（小村）宅にもよく行かせてもらって、いろいろと教えてもらっていました。特に守備時のコーナーキックのポジション取りとマークにつくときの手の使い方。フリューゲルスのときサンパイオがうまかったんですけど、オムさんも抜群でした」

逆に松田から学ぼうとしたことはない。理由は単純明快だ。

「マツは持っているものが自分と違いすぎましたからね（笑）。速いし、強いし、うまいし。かつ、負けん気も相当ある。一緒にやっていて、いやコイツはホントにすげえなって。いつもそれだけですよ」

アルディレスからはボールを大切にしろ、と口酸っぱく言われた。

「今でこそパスサッカーは当たり前なんですけど、当時はちょっと新鮮で。来たボールをストッパーがそのまま大きく前に蹴ると怒るんですよ。横パスなりバックパスなり、フェイントなりでボールをつなげろ。せっかくマイボールなのに、蹴るとフィフティフィフティになってしまうじゃないか、と。アルディレスさんはブレない人でした」

後ろの数を余らせず、相手と同数になっても問題なし。攻撃的な守備をアルディレスから仕込まれた。ストッパーでもガンガン上がってよし。フリーになれば中村俊輔からパスが届けられる。それが楽しくて仕方がなかった。

首位を走るファーストステージは第14節、2位セレッソ大阪との直接対決に勝てば、最終節を残して優勝が決まる状況であった。5月20日、今も語り継がれる〝雨の三ツ沢〟。相手も関西勢初のステージ制覇が懸かるとあって異様なほどに盛り上がっていた。

先制されて追いつき、後半に入ると西澤明訓《あきのり》に勝ち越しゴールを許してしまう。この試合、波戸には苦い記憶しかない。

「かなり調子が悪かったんです。優勝が懸かっていて、ピッチコンディションが悪くて、いろんなことを頭に入れて戦わなきゃいけないのに、全然ダメ。2点目が入って、僕、すぐに交代させられていますから」

チームは終盤に外池大亮《とのいけだいすけ》のゴールで再び追いついて意地を見せるが、その後3たび勝ち越されて万事休す。波戸は責任の一端を感じつつ、最終節に気持ちを切り替えようとした。

「セレッソは最終の第15節で川崎フロンターレに勝てば優勝でしたけど、僕らのようにプレッシャーがかかったらどうなるか分からない。逆に僕らは開き直れました。優勝うんぬんより、最後勝って終わろうぜって」

最終節は国立競技場で、ジェフユナイテッド市原との対戦。エジミウソンの先制ゴール後に松田が一発レッドで退場してしまったが、波戸が最終ラインで体を張ってゴールを割らせない。ジェフもベンソンが退場となり、かつ別会場のセレッソが同点だという情報も後半途中に入ってきた。後半には遠藤彰弘のゴールが決まる。

セレッソ戦の教訓もあって波戸も浮き足立つことはなかった。2−0で勝利し、あとは長居陸上競技場で戦うセレッソの結果を待った。

国立の大型ビジョンにセレッソの試合が映し出され、スタンドにはフロンターレコールが起こっていた。1-2でフロンターレが勝利した瞬間、国立のピッチが沸騰した。
あくまでステージ優勝に過ぎないとはいえ、結果を得たことで肩の荷がちょっとだけ下りた気がした。フリューゲルスと合併してチームが強くなっていることを示せたことにもホッとできた。

しかしながらセカンドステージ覇者・鹿島アントラーズとのチャンピオンシップは力負けに終わる。第1戦こそ0-0で終えたものの、第2戦は0-3と完敗。5年ぶりとなるリーグ制覇はならなかった。

「あのときのチームは、リーグMVPになった（中村）俊輔頼みみたいなところがあって、俊輔が消されてくると前線での選択肢が減って、決まって攻撃が苦しくなる。あのときも劣勢を強いられてしまい、打開できませんでした。個人的には悔しかった一方で、チャンピオンシップ2試合とも先発フル出場できたことで、選手としての成長に確信を持てたところもありました」

2001年にはフィリップ・トルシエ監督率いる日本代表に初めて招集され、4月のスペイン代表戦で早速デビューを果たす。〝F・マリノスの「4番」は、日本代表にならなきゃダメ〟。プレッシャーに押しつぶされそうになりながらも、移籍の際に打ち立てた目標にたどり着くことができた。

次に待ち受けていたのは試練だった。

２００２年、日韓ワールドカップの本大会メンバーに選ばれず、岡田武史が監督に就任した２００３年には椎間板ヘルニアで長期離脱に追い込まれ、翌２００４年に出場機会を求めてシーズン途中、柏レイソルに移籍し、Ｊ２降格を味わった。次に移籍した大宮アルディージャでも毎年のように残留争いを経験した。２００９シーズン限りで契約満了となったが、運動量を求められるサイドバックのポジションで、ずっとレギュラーを張り続けたことは誇りでもあった。

練習の1時間半前には必ずクラブハウスに到着して入念な準備を怠らなかった。井原から学んだことをずっと貫いてきた。

まだサッカーをやり切っていない。悔いなく、引退したい――。

Ｆ・マリノスでまたプレーをしたいという希望はあった。レジェンドの木村和司が監督に就任すると聞いて、居ても立ってもいられなくなった。実はヘルニアで苦しんでいたとき、治療法などアドバイスをもらっていた。自宅に呼ばれて、木村が直々に広島風お好み焼きをつくってくれたこともある。

気づいたら自宅のある大宮から電車で横浜に向かっていた。

木村の自宅がどこにあったかはうろ覚えのまま。記憶をたどって何とか探りあてた。突然の訪問に目を丸くする木村がいた。

「最後、Ｆ・マリノスでこれまでの経験を還元したいんです。まだ動ける自信もあります。すべてを懸けますから、僕を獲ってもらえませんか」

ダメ元の直談判。これでダメならあきらめもつく。選手を獲得するのはあくまでフロントだということも分かっている。それでも木村に自分の言葉で伝えたかった。

「大宮ではいくらもらっとったんじゃ」

年俸を正直に伝えた後、こう付け加えた。

「金額はどうでもいいです。試合に出るも出ないも関係ないです。F・マリノスに自分のすべてを捧げる。その思いしかありません」

数日後、アルディージャでもらっていた年俸の5分の1でオファーが届いた。木村が動いてくれたのだと察した。

F・マリノスのために、和司さんのために。

井原がやっていたように全体に目を向けながら、いつも最善の準備をして若手の模範となろうとした。若い選手がチームの指示に不満を浮かべるようなら、波戸が出ていって諭したこともある。

チームに視線を向けた2シーズンを過ごし、「惜しまれるくらいで辞めたい」という思いから２０１１シーズンいっぱいでの引退を表明した。

ピッチを離れてからはクラブ初のアンバサダーに就任。以後、10年以上の長きにわたって、普及活動やクラブの認知拡大に務めている。

「クラブの歴史から見れば僕は外様です。ただ、チームの消滅、合併があったり、他クラブでもいろんな経験をさせてもらったことが自分の強みにもなっていて、チームに対してもクラブに対しても逆に見えてくる部分がある。引退してからもアンバサダーの立場でいろんなものを見ることができています。こういう場合はこうしたほうがいいっていうファイルが僕のなかにはあるので、これからも自分の立場からF・マリノスというチーム、クラブに対して貢献できればいいなって思いますね」

波戸がつないだ背番号「4」の歴史は、那須大亮《だいすけ》、栗原勇蔵、そして畠中槙之輔に受け継がれている。那須はアテネオリンピック代表、栗原、畠中はA代表に選出され、F・マリノスの「4」のブランドを保ち続けていると言っていい。

今も年に1度は、恩人の井原と食事をともにするという。

「会うたびにいつも言うんです。井原さんがつけた4番に乗っからせていただいて、本当にありがとうございました、と」

外様だろうが生え抜きだろうが関係ない。人との縁を大切にする波戸康広だからこそ、歴史をつなぐことができた。

2001年

初のナビスコカップ優勝と降格危機

「プロだから対価はもちろん必要。でも何よりもこのクラブでサッカーをやらせてもらえることが自分の場合は一番でした」

――永山邦夫

クラブ一筋という言葉は、永山邦夫にこそ最もふさわしい。日産ユース第１期生として１９８９年に日産自動車サッカー部のトップチームに昇格し、横浜マリノスに移ってからも、いぶし銀ぶりをいかんなく発揮してきた愛称「おにく」さん。両ステージ制覇を果たした２００３シーズン限りで15年間の現役生活にピリオドを打ったが、それ以降も指導者としてずっとこのクラブにかかわっている。人生の大半を捧げてきた、正真正銘のワンクラブマンである。

運命に導かれたとしか言いようがない。

幼稚園からボールを蹴り始め、教えてもらったコーチが立ち上げた「かながわクラブ」に小学校入学と同時に加入。どんどん上達していくなかで、そのコーチは加茂周の提唱によって育成部門の充実を図る日産自動車サッカー部のジュニアユース、ユース部門に携わるようになった。これも縁。プレーを評価されていた永山少年が流れのままに身を任せていたら、立ち上がった日産ユースにたどり着いたというわけだ。

自宅は三ツ沢公園球技場の近くとあって、小学生のころからスタンドに足を運んだ。中学生になると一人で試合観戦に行くことも少なくなかった。お気に入りは木村和司でも金田喜稔でもなく「花の83年組」のなかでも、守備のユーティリティプレイヤーとして、いぶし銀で鳴らした田中真二であった。

「パオさん(田中の愛称)になぜだか惹かれたんですよ。何気ないプレーでまわりを助けたり、相手も嫌がったり。ずっとパオさん推しでした」

派手じゃなくてもいいから、チームを助けられる選手になりたい。

田中に憧れを持ち、自然と目指していくようになる。ユースではサイドバック、センターバックとしてみっちり鍛えられた。

「今まで町のクラブ育ちだったので、素走りなど、そこまできつい練習もなかった。でも日産ユースでは新子安のグラウンドに陸上トラックもあったので、延々とそこで走るトレーニングもありました。夏場の走りもかなりきつかったですね。僕だけじゃなく、上の先輩たちも草むらに行って吐いたりしていました。でも、楽しかったですよ。ヤンチャな先輩が結構いて、でもサッカーになると読売ユースに一泡吹かせてやろうぜ、みたいにまとまっていましたから」

読売には打ち負かされてばかり。意気揚々とよみうりランドまで出向くも、悔しい気持ちのまま帰路に就くしかなかった。読売に追いつけ、追い越せ――。その思いがあるからこそハードになる一方の練習にもついていくことができた。

努力は結果にあらわれる。高２時に日本クラブユース選手権初優勝を成し遂げ、ＡＦＣユース選手権に臨むユース代表にも選出された。そして高校を卒業する１９８９年にトップチームへの昇格が決まる。記念すべき日産ユース第１号の選手となった。

永山が加入した時期は日産自動車サッカー部の黄金期とちょうど重なる。

１９８８〜１９８９シーズンは加茂周監督のもとＪＳＬ、天皇杯、ＪＳＬカップの３冠を達成するシーズン。金田、木村ら日本を代表するすごいメンバーの末端に、自分がいると思うだけで興奮した。

同期には日産ファーム出身の松橋力蔵、静岡学園出身の鈴木正治、修徳出身の神野卓哉らがいた。翌１９８９〜１９９０シーズンは加茂の勇退に伴い、元ブラジル代表主将のオスカーが現役を引退、そのまま監督に就任した。若手の抜擢に積極的なオスカーのもとで永山はすぐに出場機会を得ることにもなる。

「チームメイトがすごい人たちばかりなので、やっぱりプレッシャーはすごくありました。当然、まわりの要求は高いし、ミスをすると〝そんなミスあるのかよ〟っていう厳しい目もありました。特に和司さん、金田さん、越田（剛史）さんはムチャクチャ怖かった。試合に出してくれたオスカーには本当に感謝しかないんですけど、逃げ出したくなるくらいのプレッシャーがいつもあったんです。〝そんなもんもできんのか〟って言われないよう、必死にやるだけでした」

猛者ばかりのチームにおいて永山が手本としたのが、憧れてきた田中であった。同じいぶし銀のにおいを感じてくれたのか、「パオさん」は永山に対しても優しく接してくれた。

「僕と変わらないサイズでセンターバックもやるし、どこでもやる。本当に参考になりましたね。実際、一緒にプレーするときは常にパオさんのことを目で追っていました」

1年目のシーズン、チームは2年連続で3冠を達成する。出場機会が限られたなかでも、高卒1年目のルーキーながら「蚊帳の外」に置かれることなく食らいついていった。

プロのJリーグ誕生前とあって両親を安心させるために大学にも通っていた。しかし、高いレベルのチームについていくにも必死なのだから、勉強のほうに意識を向けられなかった。1年足らずで中退を決め、逆にサッカーでメシを食っていく覚悟を固めた。2年目には出場試合を倍増させ、澤登正朗《まさあき》や後にマリノスでチームメイトになる小村徳男や三浦文丈らとともにバルセロナオリンピック代表メンバーとしてアジア予選にも参加した。フットボーラーとして軌道に乗せたシーズンでもあった。

22歳のときにJリーグが開幕する。初年度こそ16試合の出場にとどまっていたが、翌

１９９４年は開幕戦から先発に定着した。だが、これからというときにアクシデントに見舞われる。１９９５シーズン開幕直前だった。練習試合で右ひざを負傷してしまい、前十字、内側側副靭帯、半月板を「全部持っていかれてしまう」大ケガを負った。

復帰まで1年半という長い月日をリハビリに費やすことになる。

患部は水が溜まりやすく、ひどく腫れた。曲げ伸ばしをするだけでも苦労した。ちょっと良くなってリハビリの強度を上げると、痛みがぶり返してしまう。延々その繰り返し。ボールを蹴ることなんて永遠に無理じゃないかとさえ思えた。

それでも日暮清《ひぐれきよし》トレーナーらメディカルスタッフからの手厚いサポートが、永山を失意のどん底から引き上げていく。

「術後の足の曲げ伸ばしだとか、サイベックス（筋機能解析運動装置）で筋力を戻すとか、やることが限られたなかで、良くなっていくっていう感触が得られないもどかしさがありました。状態に波があって気持ちが沈むこともありましたが、日暮さんを信じてついていけばいいんだろうなって」

再びピッチに立つことを、何よりもスタッフたちが信じてくれた。だから希望を持てた。永山はついていくどころか、ストイックゆえにやりすぎてしまうきらいがあった。デリケートな箇所のため、無理は絶対に禁物。日暮がうまくコントロールしてくれたことで、痛みのぶり返しが次第になくなっていった。

ようやく復帰できたのが１９９６シーズン途中。練習前後に時間を掛けて、ひざをケアすることが永山の日課となっていた。微妙な感覚を取り戻すことまでは難しかったが、その違和感ともうまく付き合いながらコンディションとパフォーマンスを維持した。１９９８年には再びシーズンを棒に振るケガに見舞われたが、ケガからの回復の工程は体に染み込んでいただけにパワーアップしてピッチに戻ることだけに集中できた。

大きなケガを経て、タフになった永山にやっと活躍の場が訪れる。ファーストステージを制した２０００シーズン、オズワルド・アルディレス監督のもと右ウイングバックで先発機会を増やしていき、キャリアハイとなる24試合に出場して２ゴールを挙げる。

日々のストイックな姿勢は誰からもリスペクトされた。ケガを再発させないようにトレーニングとケアに時間を掛け、食事にも睡眠にもこだわった。常に一定のコンディションを保ち、サブに回ってもモチベーションを高く保った。

「アルディレスはアルゼンチン人監督らしく球際のところの要求が多かった。そこをしっかりと出しながら、自分ができるプレーを確実にやることを心掛けました。

すべてはサッカーのためにじゃないですけど、食事も睡眠もすべて最善を尽くしたうえでグラウンドに向かいたいと思っていました。一日をしっかりやり終えたかどうか。そういった気持ちで続けていたのは確かです」

永山にとって忘れられないシーズンとなったのが２００１年である。

成績不振によってアルディレスが解任され、暫定的に監督を務めた下條佳明を経て、セバスティアン・ラザロニが新監督に就任。前年のチャンピオンシップに出場したチームが残留争いに巻き込まれる一方でヤマザキナビスコカップは決勝まで駒を進めた。

10月27日、国立競技場。決勝の相手は常勝軍団のジュビロ磐田だった。

スコアレスのまま、後半40分過ぎに入ったところで永山は痛恨のミスを犯してしまう。ペナルティーエリア手前で清水範久を倒したことで、この日2枚目のイエローカードを受けて退場処分を食らったのだ。

目の前が真っ暗になった。

ピッチを後にしてから時間とともに自責の念が強くなっていく。10人になったチームは割り切って守り、ＰＫ戦に突入。頼むから、勝ってくれ――。心のなかでそう何度も絶叫した。

「マツ（松田直樹）が必死に鼓舞して、みんな何とか粘ってくれて。ＰＫ戦に勝ったときはもちろん嬉しかったんですけど、何か申し訳なくて（笑）。ロッカーでは冷やかされもしましたよ。優勝したことで、みんなもう（退場のことは）どうでもいいみたいな雰囲気だったので、まあ良かったな、と」

川口能活の海外移籍に伴い、大舞台でゴールマウスを守った4年目の榎本達也が相手のＰＫを3本も止める活躍でタイトルを手にすることができた。永山も新守護神に感謝するしかなかった。

栄冠を一つ手にしたとはいえ、シーズンのクライマックスはむしろここからだった。この時点でリーグ戦の順位は16チーム中14位。1つ順位を落とせば降格圏内になる。

「ナビスコの決勝で負けてしまえば、また展開も違っていたかもしれませんけど、何とか優勝できたのでいい風向きになるんじゃないかっていう期待感もありました。ただ正直、チーム状態がそこまで悪かったという記憶はないんです。なぜか成績がついてこなくて、悪循環のなかに入っている感じがありました」

チームにはピリピリした雰囲気が漂っていた。ヤマザキナビスコカップ決勝後は1分け2敗。勝点5差の開きがあった東京ヴェルディに抜かれ、ついに15位まで転落する。

ある日の決起集会で松田が音頭を取ってみんなで一つになろうと〝茶髪指令〟を出した。31歳の永山も人生で初めて髪の色を「おとなしい感じくらいで」染めてみた。

残留争いのプレッシャーを、さほど感じていたわけではなかった。というのも、日産時代に散々受けてきた経験があったからだ。

「日産のときは勝って当たり前で、何かミスしたら先輩たちに怒られるっていう怖さがずっとありましたから。それに比べたら、経験も積んでいたし、プレッシャーに押しつぶされそうなこともない。マツや（中村）俊輔たちも、そうだったと思いますよ。自分たちの力を出していけば大丈夫だろうなっていう思いは、僕にはありました」

チームの一人として何でもいいから力になりたい。試合当日の朝は、池田誠剛フィジカルコーチの声掛けに応じてチームメイトの何人かと散歩することにした。気分転換にもなり、ちょっとしたコミュニケーションの場にもなった。チーム目線に立って考えることがこのシーズンは多くなっていた。

残り2試合。11月17日、三ツ沢でのガンバ大阪戦を２－１で振り切って残留圏内の13位に浮上できたことが大きかった。最終節のアウェイ、ヴィッセル神戸戦は負けさえしなければ自力で残留を決められる状況になった。

最終節はガンバ戦で大活躍した中村が累積警告で出場できず、ラザロニも前節の退場処分によってベンチ入りが禁じられた。異様な雰囲気に包まれていたなか、２試合ぶりに先発のピッチに立った永山は守備に重心を置きながら慎重にプレーした。前半14分、ドゥトラの先制フリーキックは今も脳裏に深く刻まれているという。

「まずは点を取られちゃいけないっていうマインドで試合に入ったなかで、あのＦＫは一瞬、スローモーションのように見えたんですよ。素晴らしい軌道でした。ゴールが決まった瞬間、安堵したと言いますか、チームもこれで行けるぞってなりましたね」

三浦知良のゴールで追いつかれて延長戦に突入したものの、残留を争っていたアビスパ福岡が負けて降格になったことでＦ・マリノスの残留が決まった。うっすら茶髪のベテランも、ホッと胸をなで下ろした。クラブ史上最大の危機は、かくして免れたのであった。

残留争いのプレッシャーはなかったが、逆に優勝争いできていないプレッシャーは感じていた。日産時代からの先輩たちは言葉にこそ出さないが、顔を曇らせているに違いなかった。

「優勝争いが当たり前でしたからね。後ろから刺さるような視線とプレッシャーはいつも感じていました。ただ、一方であの２００１年のときに踏みとどまることができたから、

２０２２年の今もずっとＪ１に踏みとどまれているんじゃないかとも感じるんです」

ケガとの戦いは続いていた。

両ステージ制覇を果たす２００３シーズン。ひざの痛みに苦しめられてコンディションが上がらず、ついには現役引退を決意する。

33歳、日産ユースから一筋。ワンクラブマンの功労者には翌年の開幕戦に引退試合が用意された。前座試合としてＯＢとユースが対戦し、最後はレフェリーの粋な計らいでＰＫとなって永山が最後に蹴り込んだ。

横浜国際総合競技場は大いに沸き、大きな拍手に包まれた。

「僕のような選手に引退試合まで用意してもらって感謝しかありません。ユースの選手と一緒にプレーできたのも本当に嬉しかったです」

ユースで始まり、ユースで終わる。粋な計らいだった。

引退後は指導者の道に進む。ふれあいサッカープロジェクトコーチから始まってジュニアユース新子安コーチ、日本工学院F・マリノスコーチ、プライマリーコーチ、監督を務めてきた。２０２２年にトップに昇格した山根陸もプライマリー時代の教え子の一人である。

「彼は練習以外でもずっと残ってボールを蹴っているような子でした。サッカーが大好きで、賢くプレーして。飛び抜けて何かがすごいっていうわけではないんですけど、面白い選手になるんじゃないかなって期待はありました」

２０１９年からは日本工学院Ｆ・マリノスの監督を務め、コロナ禍の２０２０シーズンには神奈川県社会人１部リーグで優勝を果たしている。今もやり甲斐を持って、全力で指導にあたっている。

日産ユースに入ってから35年以上、クラブに携わってきた。ここにいることが永山にとっては、ずっと「日常」である。

「自分にとってマリノスは何よりも大切なバックボーン。いつかこのクラブから離れるときに、〝ああここでやってきて良かったな〟って幸せに思うんじゃないですか」

現役時代の永山には、ちょっとした〝伝説〟があった。

毎年の契約更改は、金額が上がっていようが下がっていようがいつも一発でサインしていたという。ただある年、既にサインを済ませているのにもかかわらず、後日、クラブのほうから再提示を受けて年俸が上がったというエピソードを持つ。

永山は「それはご想像にお任せします」と笑った後、こう言葉を添えた。

「確かに、もっと交渉しなくていいのかって言われたことはあります。プロですから対価はもちろん必要ですよ。でも何よりもこのクラブでサッカーをやらせてもらえることが自分の場合は一番でしたから」

最大の対価は、このクラブの一員であること。

この価値観はこれまでもこれからもきっと変わらない。

2003年～2004年

監督就任1年目から
F・マリノス史上初の連覇

「俺のときはスタイルを確立して優勝できたわけじゃない。今はそれがある。このクラブは、洗練された都会のチームでなければならない」

——岡田武史

「日韓ワールドカップを充電期間にさせてもらって、次の2003年からまた（監督を）やろうとは思っていた。札幌時代には単身赴任もした。ただ家族からは別々に生活をするのはやめようと言われていたし、俺もそうだなと思った。いろんなクラブからオファーをもらったなかで、自宅から一番近いF・マリノスにした」

岡田武史が、ついに動いた。

アジア第3代表決定戦でイラン代表を撃破した、1997年の〝ジョホールバルの歓喜〟で日本代表を初めてワールドカップに導き、フランスワールドカップ後の1999年からはJ2に降格していたコンサドーレ札幌の監督に就任して2年目に優勝とJ1昇格を果たした。言わずと知れた大物監督。サッカーをもう一度学ぼうとした日韓ワールドカップが終わったことで、動向に注目が集まっていた。選んだのが、１９９５シーズン以来リーグ制覇から遠ざかっていた横浜Ｆ・マリノスであった。

松田直樹、中澤佑二、波戸康広、奥大介、遠藤彰弘といった日本代表クラスに加え、就任に合わせて初の移籍で騒がれた久保竜彦を筆頭に、佐藤由紀彦、マルキーニョスらも名を連ねた。浦和レッズで契約満了となった河合竜二や、全国高校選手権でスポットライトを浴びた桐蔭学園の阿部祐大朗もＦ・マリノスのユニフォームに袖を通している。クラブは転換期を迎えようとしていた。

チームに対する最初の印象は「確かにみんなうまい。だけど勝つことに対する執着心は薄いと感じた」。Ｆ・マリノスを「山の手サッカー」と皮肉まじりの言葉で表現した。執着心を醸成するために規律を植えつけることから始めている。

ロッカールームを整理整頓させ、スパイクを脱ぎっぱなしにしている選手がいれば注意した。ニューヨーク市長が地下鉄の落書きを減らしたことで治安の向上につなげたというエピソードがヒントになったという。町全体の雰囲気が犯罪率そのものを下げた事実を踏まえ、ロッカーの乱れやスパイクの脱ぎっぱなしを当たり前にしない雰囲気が、〝緩み〟を許さなくすると考えた。

ランニング一つ取ってもコーンの内側を回るズルは見逃さない。「勝負の神様は細部に宿る」と言い聞かせ、どんな練習においても最後までやり切らせた。

岡田が驚いたのは、選手自体も「山の手サッカー」からの脱却を図ろうとしていたこと。

優勝できないこれまでのままでいいとは誰も思っていなかった。変化の兆しを待っていたかのように、雰囲気がガラッと変わっていくのを感じた。

3月21日。開幕戦はアウェイでいきなり前シーズン覇者のジュビロ磐田が相手だった。

スタメンのボランチには中心選手の一人である上野良治《よしはる》ではなく、プロ2年目の那須大亮を抜擢した。彼の本職はセンターバック。先入観を持たない岡田の一手は、チーム内外に驚きを与えた。

「ヨシハルとは話し合った。使いたいとは思っていたけど、アイツのところでテンポが遅れてしまうのが俺はどうしても嫌で、こういうプレーをしてくれって何度か伝えた。最終的には〝やらないんだったら、使わない〟と。するとアイツも〝じゃあ自分は向いていないですね〟と言ってきてね。みんなポリシーを持ってプレーしているのは分かる。これはヨシハルだけじゃないけど、これまでのプレースタイルを変えてくれと言っても簡単じゃないなというのは最初の鹿児島キャンプのときから感じていたこと。

代わりに那須を使ったのはボランチの隣が攻撃に出ていくアキ（遠藤）だったから、守備のときにつぶせるヤツがいい、と思った。練習でも中盤でつぶせずにディフェンスラインまで相手にスーッと来られてしまうことが多くて、ワンストップさせたかった。那須はボランチをやったことないって言っていたけど（笑）」

これがハマった。那須が後ろで〝重し〟になることで遠藤が後ろ髪を引かれることなく前に出やすくなった。オープニングマッチの先制点はその遠藤が決め、王者相手に4発快勝する。

「注目されているのは分かっていたし、どういう試合になるかは、これからにもかかわってくる。ものすごく大きなポイントとしてあの開幕戦を捉えていた。俺が求めるプレーをみんな納得して能動的にやってくれていたと思う。球際の厳しさ、闘う姿勢とか基本的なことなんだけど、それをレベルの高い選手がやるわけだから。勝負に対する執着心はものすごく強くなっていったと感じていた」

岡田についていけば勝てる。説得力は広がりを帯びた求心力となってチームにエネルギーを生み出す。スタートダッシュに成功し、ファーストステージを制覇。韓国代表の柳想鐵《ユサンチョル》を再獲得して、ケガで離脱した波戸の代わりに右サイドバックにコンバートしたことも大きなヒットになった。


最後の最後まで勝負に執着する。その姿勢が発揮されたのが、言うまでもなく両ステージ制覇を成し遂げるジュビロとのセカンドステージ最終節である。

11月29日、雨の横浜国際総合競技場。首位ジュビロに対して勝点は3差あり、勝利しても2位鹿島アントラーズが勝てば優勝はできないという状況だった。

開始早々にグラウに先制ゴールを許し、ＧＫ榎本哲也が退場。勝負師は表情をピクリとも変えず、打開策に頭をひねらせていた。０－１で前半を折り返した選手たちを労いつつ、戦術的な確認と同時に共有させる作戦を伝えた。

「もし我々が後半の早い時間帯で2点取ることができたら、逆にジュビロの総攻撃を食らって持ちこたえられない。手は一つしかないと思った。ハーフタイムに〝何とか1点取って、残り10分間に入るまで耐えろ〟と言った。〝最後の10分に入ったら、相手の心理とすれば守り切りたいと思うようになる。そうなると逆に攻めてこない。そこから何点取られてもいいから、怖がらずに前に行け〟とね。まあ、それでもうまくいかなかったなと思っていたら、あのタッ（久保竜彦）が……」

相手はJリーグ随一と言っていい攻撃力を誇るジュビロである。1人少ない状況で総攻撃されたら守り切るのは難しい。後半5分に、得意のセットプレーからマルキーニョスが同点ゴールを挙げたのは狙いどおり。勢いづくところで敢えてトーンを落とさせて、残り10分に備えてパワーを温存させた。

大橋正博の投入を合図に、ラストに入ってギアを上げる。待ってましたとばかりに松田も前に出て行く。それでもうまくはいかない。

榎本に代わってピッチに入っていた下川健一のフィードを松田がつなぎ、そしてジャンプ一番、久保が決める。それでも指揮官は厳しい表情のままだった。大型ビジョンに映し出されたアントラーズの面々がひざを落とすと、ようやくガッツポーズを繰り出して歓喜の輪に吸い込まれていった。

就任1年目で両ステージ制覇という、前年のジュビロ以外には達成したことがない最高の結果を手にした。にもかかわらず岡田はまったくと言っていいほど満足していなかった。選手に対してではない。自分に対して、である。むしろ自問自答する心の声が、日増しに大きくなっていく。

ひと呼吸置いて、岡田は言った。

「自分のなかでも違和感があった。選手たちに確率論でよく話をしていて、現代サッカーでは得点の5割くらい、つまり半分がカウンターだ、と。守備なら前に残っている相手のトップに対して1人が手前、もう1人が奥というように必ず挟むようにした。攻撃だと真ん中から攻めていくとカウンターを受けてしまうから、サイドへ出すようにしていた。選手も最初のうちは、本当は真ん中に行きたいけど監督が言うからと、仕方なくやっていたよ。でもそうやって勝っていくと、真ん中が空いていたら本当は出していいのに、中を見もせずに外に出すようになった。それを見たときに、自分の指導というのは、結果は出せたとしても、選手を育てているのかと疑問に思ったんだよ。

そんなとき、のちに『生物と無生物のあいだ』の著書などでも知られる生物学者の福岡伸一さんに出会った。福岡さんから、新陳代謝で古い細胞が死んで新しい細胞が出来ても、脳は何も命令していない、細胞同士が折り合いを成して新しい同じ形をつくるんだと聞いたときに、ハッと思ったね。脳が監督で細胞が選手としたら、脳がイチイチ命令せずに、折り合いをつけていくチームこそが長い目で見れば強いチームなんじゃないか、と」

韓国代表のストライカー、安貞桓《アンジョンファン》やユース出身の田中隼磨、ジェフユナイテッド市原コーチ時代やフランスワールドカップでもメンバーに入ったベテランの中西永輔らが加わった2004シーズンは、真逆のアプローチをする。「極端に言うなら、好きなようにやってみろ」だった。

自分の要求をこなしてきたメンバーだけに、180度の転換であっても彼らなりに適応できると期待していた。

しかしながら――。

リーグ開幕前の2月からスタートしたACL（AFCチャンピオンズリーグ）、A3カップ（A3 NISSANチャンピオンズカップ）とアジアの戦いを通じて、選手たちの戸惑いは伝わってきた。あえて与えていないのだから多少時間はかかるとしても、折り合いをつけていく兆候が一向にして見えてこなかった。

岡田の決断は早かった。

ファーストステージ開幕戦の浦和レッズと引き分けて、第2節で対戦したのがイビチャ・オシム監督率いるジェフユナイテッド市原。消極的なパス回しを引っかけられ、ことごとくカウンターを浴びて0－3と大敗を喫した。チームの姿は監督を映す鏡でもある。久保いわく「負けず嫌いがすごい」人は、勝負にこだわらなかった自分を許せなかった。

「船が大きくなっていないのに、帆だけを大きくしようとしてバランスを崩してしまった。間に合うか分からないが、今からやり直すことにする」

試合後、選手たちにこう詫びたうえで確率論のロジックとアグレッシブに勝負を追求する

「2003年スタイル」のベースアップに取りかかることを伝えた。いずれにせよ、開幕2戦目ならもっと判断を先延ばしにしてもおかしくないなか、自分の責任においてパッと判断できるところは岡田の真骨頂とも言える。

「1シーズン制ならもうちょっと引っ張っていたかもしれないけど、2ステージ制なんだからそんな悠長なことを言ってたら間に合わなくなる」

チームはその後、巻き返しを図って勝ち星を重ねていく。アグレッシブなプレーに物足りなさを感じる選手がいれば、荒療治も厭わない。ACLのグループリーグにおいて韓国の城南一和とアウェイで戦った際には、安を先発から外している。

「韓国のチームと試合をするのに、ジョンファンをサブに置くっていうのは、当時で言えば本来考えられない。プライドを傷つけることにもなるから、なぜこの決断に至ったのかをジョンファンにはしっかり説明した」

安を先発から外したチームは1－0で勝利した。求められているものがなにか、安はベンチから自分の目で見て理解することになる。Jリーグのゲームに戻ると前線から執拗にプレスをかけていく安がいた。そして躍動するような彼の守備が攻撃にもいい効果をもたらし、ゴールを量産していくようになる。チームはジェフ戦以降、負けなしで突き進み、ステージ最終節のアントラーズ戦はその安が決勝点を奪ってJリーグ史上初となる3ステージ連続優勝を果たした。岡田マジックは冴えに冴えていた。

チームは来たるべきチャンピオンシップに向けて静岡・御殿場でキャンプを張っていた。セカンドステージは6位にとどまり、優勝したレッズとは勝点14の差をつけられていた。久保、安の両エースのみならず柳、遠藤までケガで欠くとあって「レッズ有利」の声が広がっていた。

爆発的なスピードと決定力を誇るレッズのストライカー、エメルソンをどう封じるか。コンサドーレ時代に直接指導しており、特長は誰よりも分かっている。まずもってエメルソンにボールを出させないように前線から猛烈なプレッシャーを掛け、ボールが出てもラインを下げずに前で対応させる作戦を立てた。コンパクトな陣形を敷く分、「プレスバックする前線」と「下がらない最終ライン」で挟み撃ちにすればいい。前線から守備で追えるスピードタイプの清水範久と坂田大輔が2トップに入るなら、この作戦しかないとも思えた。ボールを持てば、狙いはサイドの裏。3バックで来るであろうレッズのサイドにロングパスを送り、清水と坂田の2人を執拗に走らせる。御殿場では守備よりも攻撃のほうに時間が割かれた。

横浜国際総合競技場での第1戦は、まさに作戦どおりの戦い方で勝利をもぎ取った。エメルソンにボールを出させず、出されたとしても挟んで対処する。逆に攻撃に転じれば、サイド裏にボールを送って攻め立てた。この試合、パターンを増やしていたセットプレーから奪った河合のゴールを守り、1－0で逃げ切った。前年、レッズから戦力外を受けた河合の起用も当たった。ただ「作戦どおり」ではあっても「狙いどおり」ではなかった。岡田はむしろ「頭を抱えた」と明かす。

「ホームでの第１戦はそこまでやるつもりはなかったんだよ。泥臭くなんとか頑張ってスコアレスに持ち込むくらいでいい、と。（作戦を）使うなって言ったのに、アイツら全部出しちゃった（笑）。手のうちをすべて出してしまったから、ウチはプラスアルファがもうない。ギド（・ブッフバルト／レッズ監督）は手を打ってくるだろうしね。これは弱ったなと思ったんだ」

だが第２戦に向けたミニキャンプにおいて、選手たちのつくり出す雰囲気が岡田の懸念を消していく。ささいな戦術は勝ちたいという気持ちの前では屁のツッパリにもならない。選手たちに話していた言葉が、まさに自分に向けられているようでもあった。

「メチャメチャ激しいんだけど、みんな声出して活気があって、笑顔があって。どんな練習をやったかはよく覚えてないんだけど（笑）、あっ、これは優勝するなって思ったんだよな。それはよく覚えてる」

埼玉スタジアム２００２に場所を移したチャンピオンシップ第２戦。後半に入って中西が退場し、そこで与えた直接ＦＫを三都主アレサンドロに決められた。これで２戦合計１－１。延長戦に入る前、岡田は選手たちにあえて指示を送らなかった。

「もちろんいつもなら戦術的な指示をいくつか出す。でもこのときは何も言う必要がなかった。頑張れよってそれくらい。後で樋口（靖洋コーチ）に聞いたら、俺が何も言わなかったから選手たちはザワついていたらしい（笑）」

１２０分間では決着がつかなかった。ＰＫ戦は運次第とも言われるなか、岡田は絶対に勝つと思えた。そしてそのとおりになった。

チャンピオンシップでも体を張って戦っていたのが、ベテランの上野であった。2003年は4試合の出場にとどまっていたが、このシーズン、岡田は主力として起用した。

「1年目が終わったときに、ヨシハルには、〝移籍したいならそうしてもらって構わない。こちらも協力できるところは協力する〟と伝えた。でもアイツのほうから〝もう1年やらせてほしい〟と。こだわっていた自分のプレースタイルを変えてきた。2年目の優勝はアイツのおかげだと今でも俺は思っている」

上野が変わったと言える一方で、岡田がつくり上げたチームの雰囲気が上野を変わらせたとも言えた。ドライでシビアな勝負師の顔はあくまで一面にすぎない。精いっぱいやっている選手を岡田は決して見捨てたりはしなかった。そのフラットな目線こそが、選手たちをヤル気にさせた。

クラブの30年の歴史のなかで、リーグ2連覇はこの一度だけである。岡田とともに栄光を築いたメンバーのうち、3人が天国に旅立ってしまった。岡田が心を痛めたのは言うまでもない。

松田直樹への思い――。

「こんなにすごい才能があるのかと最初は驚いたよ。でも全力を出していないなと分かって、そういう目で見ていたらアイツ、キャンプでメチャメチャ頑張ったところもあってキャプテンにした。そうしたら一気にトーンダウンしちゃった。あるとき呼び出して話を聞いたら、〝絶対に認められようと思って練習から頑張って、キャプテンって言われたときに俺、勝ったと思いました。でも実は全然勝ってないことに途中で気づかされました〟と。モチベーションが落ちて練習に来られなくなっても俺はなにも言わなかったよ。そこからアイツは自分自身で立ち直ってきた。やんちゃなところはあったけど、それがマツだった。

１対１やれば圧倒的なのに、１回でも抜かれてしまうのを嫌がった。プライドが許さないんだよ。だからいつもスッと下がって、ほかのヤツに行かせていた。だから俺は逃げないようなシチュエーションにして、練習だけじゃなくて試合でも〝マツ、逃げるな〟と言い続けた。俺がこれまで指導してきた選手のなかでもあれだけ身体能力があって攻守にやれるディフェンダーはやっぱりいないんじゃないかな」

奥大介への思い――。

「最初に大介のプレーを見たとき、正直俺は好きじゃなかった。ハードワークできるイメージもない。でも、こうやってほしいと伝えたらアイツはすぐにそうした。一緒にやっていくうちに、コイツは本当にサッカーが好きなんだなって感じたよ。大介がいなかったら、特に２００３年の優勝はなかったと思ってる。セットプレーからの得点がすごく多くて、やはり大介のキックの精度によるところが大きかった。タツ、サンチョル、ユージ（中澤）とヘディングに強いヤツが多かったから、いいボールさえ来ればゴールになった。そして率先してハードワークをやろうとしてくれた。本当にアイツのおかげ」

柳想鐵への思い——。

「サンチョルにはサイドバックやれ、ストッパーやれ、ストライカーやれ、ボランチやれっていろんなポジションをやってもらったけど、どこでもアイツは100パーセント、全力でやってくれた。彼との思い出でいうと、ジョンファンを先発から外したACLの城南一和戦で俺はサンチョルをゲームキャプテンにしたんだよ。ホームでは先にやられていたから、〝同じチームに2度負けることは絶対に許されない〟って、ものすごくみんなに気合いを入れてくれてね。それであの試合に勝つことができた。韓国人選手のなかでは洪明甫《ホンミョンボ》、ジョンファン、サンチョルの3人をよく知っているけど、俺の目から見たらいつも100パーセントのプレーを出していたのがサンチョルだったんじゃないかな」

彼らとともに2連覇を果たした岡田であったが、再びもう一人の自分がささやいていた。

お前は、本当にこれでいいのか——。

ブラジルからマグロン、ジュビロからグラウ、そしてライバルのレッズから山瀬功治を獲得するなど積極的に強化を図って競争を激化させる。若い選手を一気に増やしたのも特徴的だった。

「大体どのチームでも3年もすると、監督、選手が同じだとマンネリ化する。長く監督をやる人は、たとえばマンチェスター・ユナイテッドを率いたアレックス・ファーガソンならデイビッド・ベッカムのことが象徴的だけど、中心選手を入れ替える。つまりは監督が代わるか、選手が代わるか。3年目に入るから変化を持たそうと思ったし、クラブの将来を考えれば若返りという考えもあった。マグロンはこれまでの俺ならちょっと獲らないようなタイプ。これまでと違うサッカーがやれるかもしれないという野心もあったよ」

だが岡田は舵を切る難しさに直面する。

メンバーを入れ替え、ボールも人も動かしていくスタイルへの変化を目指していくものの、引き分けと負けの数がかさんでいく。勝負に対する執着心がどことなくボルテージを下げ「目の前」より「先」を考えようとしていく雰囲気があった。決してそんなつもりはなかったのだが、微妙にニュアンスが変わるだけで影響が出てしまうのだからチームマネジメントというものは難しい。１シーズン制となった２００５年は優勝争いに絡めないまま、12勝12分け10敗の9位に終わった。

ドイツワールドカップを見てまた新しい勉強をしたいとも思っていただけにこのシーズン限りで退任することも頭にはあった。だが、彼は続投の決断を下す。「うまくいかないまま退くのは自分のなかでなかなか納得できない」とコンサドーレ時代にもやらなかった4年目を選択したのだ。

２００６シーズン。開幕から4連勝して首位に立ったものの、第5節のレッズ戦に敗れてから失速する。２００３、２００４年のやり方に戻したところで発展はない。そう考えて、試練の道であっても突き進もうとした。8月23日のホーム三ツ沢での大宮アルディージャ戦に敗れて12位となり、クラブに辞任を申し出てチームを静かに去ることになった。

岡田は〝アフター2連覇〟のチームをどうつくりたかったのか。

「俺がタツを使ったのは、アイツは戦術を伝えてもあまり分かってないんだよ（笑）。もちろんそれじゃ困るんだけど、ようは俺に縛られていない。何が言いたいかっていうと、一人ひとりが楽しくてしょうがねえなっていうサッカーで、それで勝っていく。当時、ジュビロの在り方を目指したところもあったのよ。ジュビロは同じメンバーでやっていても、継続して勝っていて、監督の政さん（鈴木政一）はわざと自分の影を薄くしていったよね。だから政さんには、何回も話を聞きに行ったんだよ。自分のなかでは一つ、目指す姿ではあった。大きな勝負が懸かったときには選手は言われたことをやるんじゃなくて、自分でやるようにならなきゃダメだから」

チームを次のステップに進めさせることはできなかった。このことを指導者としての己の課題とした。

２００７年12月、日本代表を率いていたイビチャ・オシムが病を抱えたことで、岡田がバトンタッチを受けた。南アフリカワールドカップ直前は結果が伴わずに大バッシングを受けるが、チームはそれをバネにベスト16に躍進して、一転、大きな称賛の声を浴びた。

「散々、まわりから叩かれて、選手たちもコンチクショウとなって、俺の言うことだけじゃなく、もうやるしかないって選手たちが開き直ってやり始めて、目標としたベスト4に多少なりとも近づくことはできた。コンチクショウっていうのを俺は〝ブラックパワー〟って呼んでるんだけど、これは、ものすごくエネルギーがある一方で長続きしない。エネルギーを持続させるにはどうしたらいいんだろうってF・マリノスのころから結局はずっと追っていくことになるんだ」

２０１４年からFC今治の会長職を引き受けたのも、この命題とずっと向き合ってきたからだ。ＦＣバルセロナのメソッド部長であったジョアン・ビラと出会い、「16歳までに身につけさせる型をつくる」と決めて、3年半を掛けて「岡田メソッド」を完成させた。小さいころはある程度自由に、16歳くらいから戦術的にという従来の手法とは真逆に、型を固めておいてから自由を授けるというアプローチに着手した。愛媛県の小さな海事都市において地元の少年団、中学、高校の指導者全員に会いに行き、メソッドを無償提供してコーチングスタッフを派遣。今治東高校が全国サッカー選手権に出場するなど段々と成果が出始めるようになっている。

岡田はF・マリノスを離れてからもつねに気にかけてきた。２０１９年にはアンジェ・ポステコグルー監督のもと、〝アタッキングフットボール〟を標榜して岡田の２００４年以来15年ぶりとなる優勝を果たした。

「ポステコグルーは就任した２０１８年のうまくいっていない時期でも（やり方を）変えなかった。俺だったら勝つほうに切り替えていたと思う。うまくいかないときにそれを続けることがいかに勇気のいることか。それが２０１９シーズンに活きたということ。監督に言われて、無理やりやっているサッカーじゃないよ。選手たちはハードワークを徹底してやるし、そのなかでも（戦術に）とらわれずに自分の直感を信じて動いているから本当に素晴らしいチームだよ。俺のときはスタイルを確立して優勝できたわけじゃないから。今のチームにはそれがある。このクラブは、洗練された都会のチームでなければならない。F・マリノスらしく優勝したことに心から敬意を表したい」

岡田武史は現実を戦いつつも、常に浪漫を追うことを忘れなかった。新たなるステージに向かおうとしなければ洗練も、発展もない。F・マリノスはその宿命にあるのだと、身をもって示した人であった。

2003年

初のJリーグ完全制覇

「いいチームやったよ。みんな優しかった。
うまかったし、どっからでもパスが来た。
点も取れたし、何よりサッカーが楽しかったよ」

――久保竜彦

久保竜彦は迷っていた。

８年間在籍したサンフレッチェ広島のＪ２降格に伴って移籍を決めたストライカーには、いくつかのオファーが届いていた。最終候補として残ったのが、２００２シーズンを制した王者ジュビロ磐田と、元日本代表監督である岡田武史の監督就任で話題をさらっていた横浜Ｆ・マリノス。ジュビロは「強いから」、Ｆ・マリノスは「吉浦（茂和）先生（筑陽学園時代の恩師）が岡田監督を〝ええ男〟と言うとったから」と残した理由は久保らしい、いたってシンプルなものであった。

話を聞きに横浜に向かうと、岡田自ら会いに来てくれた。

「日本代表の監督もやっとったからちょっと気難しい人かなと思ったけど、全然そんなことなかったね。覚えとるんは〝練習をちゃんとこなせれば、お前のことは絶対に試合で使う。本当にお前のことを必要としている。だから来い〟と俺と嫁の前でハッキリ言ってくれたこと。あんな言い方されたことない。年俸の条件も気にかけてくれて、隣にいた強化の人に掛け合ってくれとった。この人、カッコええなと思ったよ」

その日のうちにF・マリノスに行くことを決める。岡田のもとでサッカーをやりたいという感情が心の底から溢れ出たからだ。

松田直樹、安永聡太郎、波戸康広、清水範久、佐藤由紀彦とチームには同い年の選手がいっぱいいた。寡黙でシャイだが、溶け込むまでに時間はかからなかった。シーズン前の鹿児島・指宿キャンプでは特別に一人部屋が与えられている。これはあまりにも久保のイビキがうるさかったからという〝ドラゴン伝説〟の序章でもあった。

F・マリノスには慕っていた奥大介がいた。サンフレッチェ時代の先輩である大木勉に紹介されて食事をしたことをきっかけに親交が生まれ、トルシエジャパンのときには部屋を行き来したこともあった1つ年上の先輩。見知らぬ横浜での生活とあって、プライベートでも助けてもらっていた。

岡田のトレーニングでは、とにかく勝負にこだわりを持つように叩き込まれた。ミニゲーム一つとってもそうだった。

勝負の神様は細部に宿る。

岡田が選手たちによく語っていた言葉だ。久保もランニングでコーンの内側を回ったときに、「ちゃんと外回れ！」と叱られた。

「岡田さんの期待を裏切らんように、手を抜かんように。勝負に対してむっちゃ厳しかったから、それについていくようにというのはずっとあった」

久保はブラジル人ストライカーのマルキーニョスとコンビを組む。２００３年３月21日、前年王者のジュビロをアウェイで撃破した開幕戦からずっとスタメンで起用されたものの、すぐにアジャストしたとは言い難い。彼のなかで試行錯誤がつきまとった。

「サンフレッチェはカウンターのスタイルやったからボールをキープしながらとなると、どこに自分がおったらええんか、最初はよう分からんかった。動きすぎたらボールは出てこん。どう動けばいいかってそればかり考えとった。最初うまくいかんかったのは、マルキーニョスとうまくやらんといかんと考えすぎたこともある。負けんようにせんと、とも思った」

分岐点となったのが、中断期にあった新潟・十日町合宿。マルキーニョスと同時に動き出すのをやめて、遅れて動くようにするとボールを引き出してシュートまで持ち込むシーンが増えた。何となくつかめた感じがあった。

動き方が分かったところで夏に入ってから得点のペースを上げていく。チームは10勝2分け3敗、2位のジュビロと勝点1差でファーストステージを制覇。続くセカンドステージも大事な場面でゴールネットを揺らす久保がいた。

終盤戦に入り、名古屋グランパス、鹿島アントラーズに2連敗を喫して7位に後退したが、

11月22日、アウェイのベガルタ仙台戦で久保が圧巻のハットトリックをマークして優勝戦線に踏みとどまる。

奥との呼吸はまさに、あうん。ラストパスを受けて左足アウトサイドでスピンをかけてゴールに蹴り込めば、次はポストプレーで奥にボールを落としてから縦に抜けてボールを呼び込み左足でそのまま流し込んだ。

「大さん（奥）のパスはズレん。シュートのイメージが湧くようなパスをくれるんよ。こっちも余計なことを考えんでいい」

だがこれはお互いさま。久保も奥が蹴りやすい位置にボールを落としている。信頼と信頼によって、あうんの呼吸が成立するのだ。このハットトリックも、ファーストステージのガンバ大阪戦の〝トラップがめんどくさかった〟と放ったアクロバティックなボレーも、２人の呼吸と技術が最高の形で噛み合ったものだ。

「タツの一番の魅力は動きの質。アタマが良くないと、あんなにオフサイドが少ないってことはあり得ない。動き出しも駆け引きもアイツ、細かくやっているんです。大胆じゃなくて、むしろ逆で繊細なんです」

随分と昔に奥から聞いた話をぶつけると、久保はその言葉を噛みしめるように頷いた。

「そうよ。1個、2個遅かったらもうボールは出てこんから、俺は動かんよ。大さんの場合は、ボールが来ること分かっとるからこっちも動く。目が合おうが、合うまいが。ポジションをしっかり取って前にスペースさえ空けておけば大さんからは絶対に出てくる。先に（スペースに）入り過ぎんように、狙っとることだけ分かってもらえれば、俺が蹴りたいところに合わせてくれるんよ」

ベガルタに勝ってチームは3位に浮上。勝点3差で迎える首位ジュビロとの最終戦に勝利すれば得失点差で順位を上回るが、両ステージ制覇の完全優勝には2位のアントラーズが引き分け以下に終わらなければならない。

ベガルタ戦を終えて久保は奥と酒を交わしている。2人だけの決起集会だった。

奥はこう言った。

「タツ、俺は次の試合、ジュビロには絶対に負けたくない。優勝とかチャンピオンシップとかそこじゃない。タツ、頼んだぞ」

奥にとってジュビロは古巣。大一番での強さは誰よりも分かっている。ジュビロ超えを果たす目的でこのF・マリノスに移籍してきた。頼んだぞ、の言葉は久保の胸に鳴り響いていた。

11月29日、横浜国際総合競技場。

冷たい雨が降りしきるなかでの決戦は、いきなり苦境に立たされる。開始早々の前半2分、グラウに先制ゴールを決められ、前半15分にはゴールキーパーの榎本哲也がグラウを突き倒して一発退場となる。

久保は怒りの表情を浮かべていた。

「〝テツ、何しとんじゃ〟としばらくはカッカしとった。殴ってやろうかって思ったくらいよ。

そうしたら大さんが近くに寄ってきて〝タツ、大丈夫。落ち着け〟と。でもこの状況なんじゃけん、落ち着けんよ。そうしたら何分か経ってまた大さんが〝ジュビロを見てみろ。前に来ないやろ。絶対にチャンス来るから狙っとけ〟と言うんよ。確かに、そうなんよ。ジュビロが前に来んのよ」

ジュビロは2位アントラーズを得失点差で4点上回っているため、アントラーズが勝って自分たちが引き分けでも優勝する可能性が高かった。F・マリノスとしてはこの混乱時に一気呵成に来られたほうが嫌だった。奥の言葉によってようやく気持ちを鎮めることができた。

マルキーニョスからパスを受けて、利き足とは逆の右足で放ったシュートはポストを直撃。そうだ、チャンスはあるのだ。

前半を終えて0－1。それも1人少ない状況である。他会場では2位のアントラーズが2－0で浦和レッズをリードしていた。逆転優勝は絶望的と言ってもおかしくなかった。

それでもF・マリノスは後半早々、ドゥトラの左コーナーキックから久保がニアで合わせ、ゴールキーパーとディフェンダーが弾いたところを最後はマルキーニョスが押し込んで同点に追いつく。あと1点――。

「バテててもいいけ」と久保は走りまくった。ゴールすることだけを考えた。慕う奥に「頼んだ」と言われているのに何も仕事をしなかったら男じゃない。疲れていても不思議と体は軽いままだった。

アディショナルタイム直前、クラブの歴史が音を立てて動く。

榎本哲の退場で代わりに入ったベテランゴールキーパーの下川健一が放ったフィードを、前に上がっていた松田がつないでゴール前へ。

ディフェンダーにとって、背後に出るボールを落とさないで直接クリアするか、バウンドさせて処理するか、判断するには難しい絶妙なボールだった。久保は相手に自分が近くにいることを悟られないようにして距離を近づけた。

「あれはマツのセンスよ。ディフェンダーが嫌がるボールを知っとるから、あれが出せるんよ。日ごろの練習でもマツからのああいうボールはあったし、上がってきとったけ、何かするやろうなとは思っとった。落とせ、落とせと思って近づいたら、よしっ、落とした！」

ボールがバウンドするや否や、猛然とドラゴンが襲い掛かる。どれほど飛んだだろうか。相手の打点をはるかに超えたヘディングシュートは、弧を描くようにしてゴールキーパーの頭上を越えてゴールに吸い込まれていく。

「ボールに向かっていく俺のほうが相手よりも有利よ。あとはファウルにならないようにだけ気をつけた。変に興奮状態になると、そういうところに気づけない。だから大さんのおかげ。ああやって最後まで落ち着いてプレーできたから」

勝利を決めた後、大型ビジョンにアントラーズが同点に追いつかれていた光景が映し出されていた。奇跡の両ステージ制覇達成も、久保の耳には入ってこない。奥の期待に応えられたことだけで胸がいっぱいで優勝したとまでは思ってなかった。奥に思い切り抱きつかれた。

「おっ、大さん泣きよる」とまた胸が熱くなった。

神懸かり的な一発は、感性頼みなどではなかった。彼いわく、「練習のたまもの」。その言葉に微塵たりとも嘘はない。

筑陽学園時代はヘディングが嫌いだった。元々は攻撃的なミッドフィルダーで、マラドーナのビデオばかり見ていた。マラドーナがやってないのに、と思いながらも吉浦監督から「コツをつかめるまでちゃんとやれ」と言われて、渋々ヘディングの練習をやり続けた。ジャンプ力、瞬発力を買われてのこと。日々繰り返すことでボールに当てるタイミングを自分なりにつかんだ。

サンフレッチェ時代には元チェコ代表イワン・ハシェックからヘディングの技術を学んでいる。身長は176センチだが、競り合いに滅法強かった。

「俺はそのときまでボールを思い切り叩きつけるばっかり。ハシェックは当ててホワーンとコースを狙うのがうまかったんよ。バランスを崩さずにジャンプして、腕の使い方もうまい。ハシェックを見て、何度も練習したよ」

〝ホワーン〟はまさにジュビロ戦で繰り出したものだった。

練習のための練習にはしない。雨の試合のヘディングには特有の難しさがあった。見上げると雨が目に入ることで、人はどうしても目をつむってしまう。

「そうなると人間の本能として頭を下げてしまうんよ。目線も下がる。だから日ごろの練習で雨が降っとっても頭を下げないように意識する」

すべて練習で裏打ちされたものを出したに過ぎない。松田のパスも、頭にインプットされていた。久保からすれば「奇跡の優勝」ではあっても「奇跡のゴール」ではなかった。

アウトサイドでゴールを決めたベガルタ戦の一発だって「アウトサイドのほうがコースに向かっていくインパクトを出せる」から。「だけど立ち足と体勢のつくり方が難しいだけ」と、難しい課題を練習で克服したからこそ迷わず繰り出せるのだ。


２００３シーズン、キャリアハイの16ゴールを叩き出した久保はジーコジャパンに呼ばれ、日本代表の新エースとして期待を集めていく。２００４年4月、欧州の地で強豪チェコ代表を撃破した左足の強烈なゴールはサッカーファンに大きなインパクトを残した。

だがＦ・マリノス2年目はケガに苦しめられることになる。ＡＣＬ、Ａ3カップと公式戦が増えただけでなく、日本代表の活動もあり目まぐるしいほどのスケジュール。疲労が溜まる一方で、ケタ違いの瞬発力とジャンプ力は体に負担を掛けていく。最初に悲鳴を上げたのは右ひざだった。「腸脛靭帯炎」と診断され、やっかいな痛みが伴った。少し回復すると痛み止めの注射を打ち、ごまかしながらでもピッチに立とうとした。

ひざの次は腰。「椎間板ヘルニア」と診断され、岡田との話し合いもあって治療に専念することにした。浦和レッズとのチャンピオンシップも欠場した。

いろんな治療を試しただけでなく、「体にいい」と聞いて断食も定期的に行なっている。

家では精進料理を食し、あらゆる治療法を取り入れた。翌2005シーズンもリーグ戦は10試合の出場にとどまり、ゴールはわずか「1」。試合に出たいのに、ピッチにすら立てない。辛抱が続いた。大好きな酒も1年にわたって断っている。

「ピッチに立たんとダメやろ。試合やりたかったよ。でも何でやれないのかって思うとつらかった。試合をスタンドから見ててどうするん。苦しかったね、あんときは」

ドイツワールドカップにはやはり行きたかった。2006年に入ると随分とコンディションも上がり、日本代表にも復帰して2試合連続のゴールを挙げる。開幕戦では京都パープルサンガ相手に2ゴール。先発でコンスタントに出ているとあってワールドカップ行きは「有力」とみられていた。

5月15日メンバー発表当日、山形での断食を終えて新幹線で帰京する際、マナーモードにして窓際に置いていた携帯電話が鳴った。

「よし、合格か」

そう思って電話に出たが、F・マリノススタッフの重い声が耳に届いた。

「そりゃあ悔しかったよ。家族に報告して会見が終わって広島の知り合いに電話したんよ。わざわざ横浜まで来てくれて。大さんとか知り合いも続々……あんときだけは久しぶりに飲んだな」

岡田と別れのときがやってきた。

４シーズン目を迎えた２００６年の岡田Ｆ・マリノスは開幕４連勝と最高のスタートを切ったものの、すぐに失速してしまう。８月19日、アウェイのセレッソ大阪戦に敗れて、敗北の数が勝利の数を上回ると、岡田からクラブハウスの監督室に呼ばれた。

「岡田さんが〝お前、ケガをしとるかもしれんけど、最後の試合、使わせてもらう〟と。それに次の試合で辞めるという話もしてくれた。びっくりしたよ。これは本人に聞いてないから分からんけど、一度言葉にしたら守るというか、やっぱりあの人は男じゃと思ったよ」

指揮官は辞意を固めていた。最後の試合、なぜ自分が使われるのか。最初に、練習をちゃんとやっていれば絶対に使うと言ってくれたからじゃないか、と久保は言った。

あきらめずにリハビリする姿を見ていたのが岡田だった。試合に出られなくとも、久保はちゃんとやってきた。そしてやはりストライカーとして信頼を置いていたからなのだろう。

中３日で行なわれた大宮アルディージャ戦。４カ月ぶりにフル出場を果たしながらもゴールネットを揺らすことはできなかった。勝たせるだけの力が、そのときの久保にはなかった。１－２で敗れ、指揮官は静かにチームを去った。

Ｆ・マリノスの一つの時代が終わろうとしていた。

奥は契約満了に伴ってＦ・マリノスから、Ｊ１に昇格する横浜ＦＣへの移籍が決まった。

久保には契約更新のオファーが届いていたものの、奥を追いかけるようにして横浜ＦＣへ移籍する。

「大さんに相談したら〝お前はお前で頑張れ。どこかでまた一緒にプレーすることになるから〟と。ただ岡田さんもおらんくなったし……。（サンフレッチェ時代の先輩の）高木（琢也）さんから声をかけられて、嬉しかったところもあったから」

F・マリノスで輝かしい結果を残したのは２００３シーズンだけ。それでも5年分、いや10年分のインパクトがあった。

「いいチームやったよ。同級生が多かったし、先輩もヨシハルさん（上野良治）、アキさん（遠藤彰弘）、みんな優しかった。それにみんなうまかったし、どっからでもパスが来た。那須（大亮）はようパスがズレとったけど（笑）。（佐藤）由紀彦とドゥトラのクロスは重かった。首を思い切り振らんでいいんよ。当て方だけ気にしとけばよかった。

練習は岡田さんのもとで厳しくガツガツやるけど、ロッカーでは何のわだかまりもない。点も取れたし、何よりサッカーが楽しかったよ」

最高のパスに最高のシュートで応え、男気には男気で応える。仲間を大事にし、トレーニングから一つのシチュエーションを大事にするからこそシュートが美しく、ゴールシーンが気高い。それがあの２００３年であった。

40歳を過ぎ、今は「夕焼けの風景に惚れた」として山口の港町に移住して自由気ままに暮らしている。畑で野菜を耕し、海に出て漁の手伝いもする。カフェの店長もやる。自分のポリシーに正直に生きる久保竜彦の人生そのものが美しく、気高くもある。

2003年～2004年

Jリーグ連覇の裏側で

「練習や試合を見に来てくれるファン・サポーターにやっぱ松田が一番だと思われるようにしたい」

——松田直樹

松田直樹は、どこまでもストレートである。

喜ぶ、怒る、嘆く、楽しむ。

プレーから伝わるその感情と体内温度はダイレクトに伝わり、スタンドとピッチの距離が縮まっているような感覚にすら陥る。ゆえに人々に感情移入させ、熱くさせる。

彼はかつてこんなことを語っていた。

「昔は熱さと冷静さの割合が9対1くらい。年を取ってからは8対2、7対3。熱さは消えないよ。だって俺から熱さを取ったら、悲しい人間になっちゃう（笑）。

イエローカードも一つの勲章くらいに思っていた。本当は冷静なのに、相手との駆け引きでわざと熱くみせたりすることもある。ベンチには〝落ち着け〟って言われて、冷静さを理解されないときもあったけど（笑）。でも試合で相手チームに何か理不尽なことをされたり、言われたら、俺はそのまま黙って見過ごすわけにはいかない。そこは闘いだから。絶対に相手にはなめられたくない。なめられたら終わりだから」

統率の人、読みの人、対人に強い人、テクニックに長けた人、スピード勝負も負けない人。我慢できずに攻撃に出ていっちゃう人。最低7割の熱を持って、良い意味でも悪い意味でも何かやってくれる人……。「やっぱマツはすげえな」の感嘆もあれば、「マツが上がったところを狙われちゃったよ」の悲嘆もある。ストレートな感情が透けて見えるプレーはどこかジェットコースター的な要素もともなって人々を飽きさせない。それゆえ松田は愛される。

あのときもやってくれた。

２００３年11月29日、奇跡の両ステージ優勝を果たすことになるジュビロ磐田戦。１－１のまま終わりは刻一刻と近づいていた。勝てなければ優勝はない。ＧＫ下川健一のフィードに対して前に上がっていた松田が再びポーンと前線へ大きく蹴り出す。雨に濡れたピッチに大きく弾んだボールは、久保竜彦のヘディングシュートを呼び込んだ。

ここぞの場面でのアシストは久保をして「マツのセンスよ」と言わしめた。規格外同士の共鳴が、逃げかかっていた栄光をガッとわしづかみにしたのだ。

松田はユニフォームの胸部分をめくり上げていた。雨と汗で黒マジックがにじんだアンダーシャツには、ケガで離脱している選手たちの名前が極太字で書き込まれていた。別カードの鹿島アントラーズが引き分けてF・マリノスの優勝が決まった瞬間、ピッチにひざをついてむせび泣いた。

このシーズン、一番苦しんでいたのはほかならぬ松田であった。

前年の2002年、日本列島が興奮の坩堝と化した日韓ワールドカップが幕を閉じて、どこか次の目標を見いだせないままでいた。そんな折にかつて日本代表を指揮した岡田武史が新監督に就任したことで「この人に自分を認めさせたい」と新たな目標を見つけた。最初の鹿児島・指宿キャンプでは飛ばしに飛ばし、岡田からキャプテンの打診を受けた。

キャプテンはチームの中心を意味すると松田は捉えていた。イコール、岡田に認めてもらったと勝手に思い込んだ。するとマグマのように燃えていたモチベーションの炎が、急激に小さくなっていくのを感じた。

疲労が取れず、倦怠感が襲うようになる。ワールドカップから随分遅れての燃え尽き症候群の始まりというのも、何だか松田らしい。

開幕戦からして、いつものパフォーマンスから程遠かった。

前年王者ジュビロに4－2と快勝したなかで、失点シーンは彼らしくなかった。1失点目はカバーに遅れ、2失点目は1対1に競り負けたことで守り切れなかった。若いGK榎本哲也にキレてみたが、熱をぶつける場所が違うってことは分かっていた。そんな自分がひどく情けなく思えた。

倦怠感は収まるどころか、ますます強くなる。

2006年のドイツワールドカップを目指すジーコジャパンにもここまで継続的に招集されていたが、「急性上気道炎」との診断を受けて辞退。岡田に相談に赴き「1週間休め」と強制休養を命じられた。何もする気が起こらず、自宅から一歩も出ることはなかった。鏡で自分を見たら「目が死んでいる」と感じた。認めたくない自分の弱さと静かに向き合う時間にもなった。

休養明け、すぐに岡田のもとに出向いた。「自分は逃げていたのかもしれない」と伝えると指揮官は「マツ、よく気づいたな」と言ってくれた。見透かされていたのかなと思うと、気持ちがフッと楽になった。

苦しんでいたのは「心」のみならず。1998年に手術した古傷である右ひざの痛みが再発していた。思うようにスピードやアジリティを出せず、痛みの影響で体のバランスを崩したこともあって、セカンドステージは太腿裏の肉離れなどケガを繰り返して出場機会もわずかにとどまっていた。

それでも最終節のジュビロとの大一番は先発のピッチに立つ。直近で出場した第12節、名古屋グランパスエイト戦は2枚のイエローカードを受けて退場していただけに、メンバーから外されることも頭にはあった。岡田からハッパを掛けられたと思い、久しぶりに体の芯から熱く火照った自分がいた。

榎本哲の退場から同点に追いついて1－1のまま進んでいた終盤、3バックから4バックに移行する際、河合竜二に対して右サイドバックに回るように指示が出ていた。だが松田は自分がケガで不在のときに中澤佑二と河合がセンターバックでコンビを組んでいたため、岡田に自ら志願して右サイドに回った。

「逃げ」のままであったら、あの大事な局面で不慣れなポジションをやろうとは思わない。チーム状況を考えて自分から動いたことが、最終的にはゲームを動かすことになった。

嬉しさと、チームに迷惑を掛けた申し訳なさがミックスした涙は止まることがなかった。チームメイトやスタッフに引き起こされても泣きじゃくった。雨に打たれて、汗もびっしょりかいたグショグショでヨレヨレな背番号3が大きく見えた。


松田直樹が動けば、ドラマになる。激アツなエピソードには事欠かない。

残留争いに巻き込まれた2001シーズンには、決起集会の席を設けてチームメイト全員に〝茶髪指令〟を出した。当時、ルーマニア代表が全員金髪にして一致団結を図ったというニュースを知り、松田が提案したのだった。この年、ルーキーだった坂田大輔はその衝撃をこう述べている。

「〝一体感ないとダメだ。みんな髪染めようぜ〟と、先輩方もいるなかで、24歳のマツさんがパッと決めてみんなに伝えました。本当に一体感が生まれたかどうかは別として、発信したり、人を巻き込んだりするところはすごい。結局みんな髪、染めましたからね。マツさんより年上の（上野）良治さんは〝俺、（髪染めようと）やったけど、うまく染まらなかった〟と言っていましたけど」

松田が提案したルールはこればかりではない。試合前の全体ミーティング後、監督、スタッフには部屋を出てもらって選手だけの時間をつくることにした。一人ひとり試合への抱負を述べさせて一体感を持とうというもの。これはチームの伝統として引き継がれることにもなる。ほぼ全員、茶髪にして臨んだ最終第15節のヴィッセル神戸戦に引き分けて何とか残留を果たした。松田の執念が実ったのだ。

そのリーダーシップは誰もが認めていた。センターバックのナザが練習試合でミスをしてもセバスティアン・ラザロニ監督が何も言わなかったことに対して納得がいかなかった。ナザはラザロニが連れてきた選手。チームメイトを集合させて指揮官のもとへ出向き、「怒るべきところはみんな平等に怒ってほしい」と毅然と伝えている。理不尽と感じたら、行動に移せる人であった。

チームメイトを巻き込んでしまう熱さ、まわりを焚きつける熱さ。後輩にはプレー中、自分に対して敬語を使わせなかった。同じ温度で戦いたかったからだ。ピッチ上、那須大亮とのバチバチはちょっとした名物でもあった。〝お前ちゃんとやれよ！〟〝やってるよ！〟の応酬から、松田がベンチの岡田に向かって〝コイツ交代させてください〟とばかりにジェスチャーを送ったこともある。那須もひるむことはなく、結局は「ヤル気にさせてくれる」。いったんピッチを離れたら引きずらないのも松田なのだが。

２００４年の浦和レッズとのチャンピオンシップで有名なエピソードが、栗原勇蔵の闘魂注入ビンタである。横浜国際総合競技場での第１戦を１－０で制し、埼玉スタジアム２００２

に乗り込んだ。完全アウェイなら逆に燃える。高ぶる感情の仕上げをこの日ベンチに入った栗原に託した。

「勇蔵、気合いを入れてくれ！」

目をぎらつかせて、アントニオ猪木ばりのビンタを要求した。ただ、明らかに人選を間違えていた。栗原は高校時代、ゲームセンターのパンチ力を計測するゲームで「どえらい数字」を叩き出して地元のボクシングジムから勧誘を受けている。かつ、高校時代のあだなは「マグワイア」。丸太のような腕をしたメジャーリーグのホームランバッターである。

遠慮のない一発は、ボクシングのストレートのようにアゴを射抜いた。

「パワーありすぎ。意識が飛ぶかと思った。足元がフワフワしながらピッチに入っていったくらいだから」

頭クラクラ、足もとフワフワ。

だが気合いはマックスで入った。第1戦同様、エメルソンを封じ込めた。カウンターを封じるために、オーバーラップを自重した。終盤に差しかかる際、中西永輔の退場から三都主アレサンドロに直接FKを決められて2戦合計1－1に追いつかれたものの、逆にこういうピンチの状況は大好物だった。

「相手2人に対して、1人でどう止めるかというのがディフェンダーの醍醐味。ボールホルダーにプレッシャーを掛けながら、自分の行かせたい方向に行かせて最後はやらせない。そういう駆け引きには自信があるから」

ピンチになればなるほど冷静になる。ゲキ熱もいいが、このゲッツ冷が何ともまた頼もしい。ヒヤリとさせられる場面はあったが、ゴールは割らせることはなかった。

何かをやってくれる千両役者。

なかでも後方から一気に出ていくオーバーラップはいつもスタンドをどっと沸かせる見せ場であった。２０００年、オズワルド・アルディレス体制のときに３バックの中央で１人だけ高めのポジションを取った。ボールを奪ってカウンターに転じると前線に上がって攻撃に参加するという斬新なスタイルは松田だからこそ可能とした。

「世界のディフェンダーのなかで自分が目指してきたモデルというのはない。でも強いて挙げれば自由人という意味ではオランダのルート・フリット。ポジションとか関係なく、彼は自分のサッカー観を大事にして自由に動いていたから。自分もそういう存在になれたらと思う」

この年の５月６日、ホームでの京都パープルサンガ戦で松田は観客の度肝を抜く。

相手のコーナーキックからボールを奪取して中村俊輔にパスを出し、迷わず一直線にゴールへと向かう。その中村からラストパスを受け取り、前に出てきたＧＫの鼻先をかすめるループシュートを決めたのだ。

中村はこのように評していた。

「最終ラインの一人が豪快な上がりをするというスタイルをつくったのはマッさん。あの豪快な上がりはチームに勢いだったり、勇気だったりを促してくれる。闘将というか、そんな言葉がピッタリとはまる人」

プレーに乗せてチームメイトに、ファン・サポーターに自分なりのメッセージを発信できる稀有なフットボーラー。誰の心にも残り、誰の心をも熱くした。

F・マリノスとの別れのときもそうだった。

２０１０シーズン限りで契約満了となったことは大きな波紋を呼んだ。16年間マリノス一筋でやってきての非情通告に対して怒りがどうしても収まらず、それ以降はクラブとの対話をシャットダウンした。ストレートな男ゆえにこうなることは予想がついた。清水範久、河合竜二、山瀬功治、坂田大輔ら功労者が大量解雇となったことでファン・サポーターも反発し、みなとみらいのマリノスタウンまで約１００人が乗り込んで抗議する騒動も起こった。少し時間を置いた後、シャットダウンした非礼をクラブに詫びて最終節12月４日の大宮アルディージャ戦のメンバーに入った。F・マリノスでのラストマッチは後半残りわずかとなったところで投入された。ピッチに向かう前、ベンチにいる選手、スタッフに「ありがとう」と感謝の言葉を伝えた。

田代真一が泣いているのを見て、松田は照れ臭そうにつぶやいた。

「やめてくれよ。俺も泣いてしまうから」

チャントと歓声と涙と。交代する河合とピッチサイドで抱き合ってから、彼はダッシュでピッチに駆け出していった。チャントのボリュームは上がりっ放し。見せ場を共有してきた背番号3とスタンドが、揺れ動く感情のなかで一体となった瞬間でもあった。

「俺、マジでサッカー好きなんすよ。マジでもっとサッカーやりたい」――。

サポーターへの挨拶も、型どおりのものではなかった。まわりもそこを聞きたいわけじゃない。心にわき上がったものをストレートに言葉にする。松田直樹はそれでいい。サヨナラなんていらなかった。

2011年、JFLだった松本山雅に移籍してサッカーに変わらぬ情熱をぶつけていた矢先、練習中に倒れ、急性心筋梗塞によって34歳の若さで天国に旅立った。

松田はよく言っていた。

「俺の場合、アピールするのは監督に、とかじゃないんだよね。練習や試合を見に来てくれるファン・サポーターにやっぱ松田が一番だと思われるようにしたい」

松田直樹というフットボーラーは常に、ファン・サポーターに目を向けていた。ファン・サポーターと心を通わせていた。

今もF・マリノスのゴール裏には彼のイラストが入った横断幕が掲げられている。見守っているというよりも、永久欠番の背番号3はきっと一緒になって闘っている。

ピッチも、スタンドももっと熱くなれよ。

松田直樹のそんなメッセージを、誰もが感じている。

2004年

Jリーグ2連覇

「サッカーにおいてはもちろん、人間的にも成長させてもらいました。本当に感謝しかないですよ、F・マリノスには」

——河合竜二

河合竜二はそのとき中澤佑二と目が合った。

2004年12月5日、横浜国際総合競技場、Jリーグチャンピオンシップ第1戦。久保竜彦、安貞桓の両エースをケガで欠くファーストステージ覇者の横浜F・マリノスは、セカンドステージを圧倒的な強さで制した浦和レッズをホームに迎え、リーグ得点王となったエメルソンのスピードを封じて前半をスコアレスで折り返していた。

後半21分、F・マリノスのコーナーキック。

対人に強いアルパイからガチッとマークされた中澤から、後方に控える河合に目配せがあった。

「俺おとりになるから、みたいなメッセージをくみ取ったんです。僕が後ろからニアに入っていって、前にいたマツさん（松田直樹）が逆にニアからファーに回って、ちょうどブロックしてもらう形になった。そこからは覚えてないです。真っ白（笑）。気がついたらジャンプしていて、銀色のボールが目の前にあって〝ふかすな。叩け！〟と思っただけ。あんまりヘディングは得意じゃないんですけど」

高い打点から放たれたボールは叩きつけるようにしてゴールを割った。河合がボードを飛び越えて雄叫びを上げながらゴール裏のサポーター席に向かうと、スタンドは祝福の紙吹雪が舞っていた。

戦力外となった古巣相手に、それもチャンピオンシップの大舞台で決勝ゴールを叩き出すというドラマのようなストーリーを一体、誰が予想できたであろうか。

２００２年11月のことだった。

東京生まれ、埼玉育ちの河合は１９９７年に西武台高校から地元の浦和レッズに加入したものの、泣かず飛ばずで、ここ2シーズンは1試合に出場したのみ。告げられた契約満了は「予期していたもの」だった。

「大体分かっていたとはいえ、ゼロ円提示を受けたときはやっぱりショックでした。オフには結婚式を控えていたし、どうしたもんかなっていう感じでした。今だからできる話ですけど、当時の自分はプロとしての自覚がまったく足りていなかった」

シーズンが終わって1度目のトライアウト後、関東サッカーリーグに所属するクラブからオファーが届く。しかしサッカーだけで生活することは難しいため、迷った挙句に断っている。それにトライアウトでのパフォーマンスが良かったことで、ほかにも誘いの声が出てくるんじゃないかと期待もしていた。結婚式から5日後、2度目のトライアウトに臨んだ。

「一定以上のものは出せたかなって感じました。個々のプレーを見せたい選手が多いなか、チームとしてまとまることができて、そのうえで自分のプレーも出せましたから。それでも引っかからないってことは、自分のプレーは認められていないんだなって」

　現実は厳しかった。Jリーグのクラブから声はかからなかった。同じ状況のトライアウトメンバーが集まって就活のための中国遠征に向かう予定だったが、祖父が亡くなったことで取りやめた。声をかけてくれていたJFL（日本フットボールリーグ）のクラブへの移籍を決めた直後に、岡田武史監督が就任したF・マリノスからまさかのオファーが届いたのだ。

「もうびっくりです。そのシーズン2位のチームでしたし、当時のF・マリノスと言ったら日本代表クラスがそろっていましたから。後々ほかの方に聞いたら、レッズでプレーしていた井原（正巳）さんが日本代表時代に指導を受けていた岡田さんに助言してくださった、と。エリート集団のなかで雑草みたいに戦えるヤツが欲しかったとも聞きました」

　こんな奇跡はなかなかない。何を隠そう、彼は日産自動車サッカー部の熱烈なファンであった。

「小学生のころ、特に金田（喜稔）さんがすごく好きで、日産サッカースクールのイベントに行って一緒に写真も撮ってもらって。リキさん（松橋力蔵・現アルビレックス新潟監督）

にも教えてもらったことがあったんです。だから自分が憧れたチームに行くっていうのは、何だか不思議な気がしました」

もし中国遠征に行っていたら、F・マリノスからの連絡が届かなかった可能性があった。「祖父がつなげてくれた」と河合は思った。

戦力外から拾われた身でエリート集団に入っていく難しさはあった。新しいチームメイトから冷たい視線を感じた。

「練習から全体的にピリピリしていて、みんなとにかくうまいんです。練習から少しのパスのズレも許されない。ちょっとズレようもんなら舌打ちされたり、文句言われたり。ましてやトライアウトから来ているから、〝お前誰だよ〟みたいな雰囲気もありました。でもここでやっていかなきゃ先はない、と自分に言い聞かせていましたね。

最初はずっと一人で行動していました。オフの日、埼玉に戻ったときに親友に状況を話したら、〝それ、かなりきついな。竜二頑張れ〟って。だからもう仕事と割り切ってやるようにはしていました」

人見知りの性格も手伝って孤独を募らせる河合だったが、波戸康広、遠藤彰弘、佐藤由紀彦、佐藤一樹らに食事に誘われて、徐々にではあるがチームの輪に入っていく。レベルの高いチームに何とかついていこうと努力する姿をまわりも認めるようになっていた。

つぶし役のボランチとしてテストされながらも最初はまったく試合に絡めなかった。

２００３年４月23日のナビスコカップ、ベガルタ仙台戦に途中出場して〝F・マリノスデビュー〟を飾ったものの、自分が機能した感じは一切なかったという。

ある日、監督室に呼ばれた。岡田から話があるというのだ。

急に怖くなった。加入して数カ月でクビという最悪のシチュエーションも想定してドアをノックした。待っていたのは真逆の反応だった。

「岡田さんから〝お前はサッカーセンスがある。化けるから、まずはしっかり体をつくれ〟と言われて、メチャメチャ嬉しかった。プロになっていい評価を受けたことなんかなかったし、いいのか悪いのか面と向かって評価を言ってくれる監督も初めてでした。ましてや日本代表を率いてきた監督の言葉ですからね。あの言葉がなかったら、僕は変われていなかったと思います」

監督から言われたとおり、体づくりを一から見直した。中澤やドゥトラらがいつも早くクラブハウスに来て準備しているように、自分もそうしたいと実行に移す。筋力トレーニングとストレッチに着目して、練習前後の時間を大切にした。人の倍はやった。

コンディション不良の松田に代わって、セカンドステージから最終ラインに入って出場機会を伸ばしていく。毎試合が必死だった。

「この試合でダメだったらまたクビになるかもしれない。だから目の前の試合に全部出し切ろうっていう思いで１試合１試合に懸けました。１２０パーセントと言っても大袈裟ではなかったです」

自信が芽生えるなんて余裕もない。ついていくだけで、120パーセントを出すだけで精いっぱい。そうやっていくうちに最終節、両ステージ制覇が懸かったホームでのジュビロ磐田戦（11月29日）にたどり着く。

松田、中澤とともに3バックに並ぶ。開始2分だった。

左サイドからクロスを送られ、前に出てクリアしようとしたが届かずにグラウに渡る。そのまま入れ替わられてあっさりと先制点を許してしまった。

「どうしてあのシチュエーションで飛び込んだのかよく分からない。自分の未熟さを痛感させられた試合でもありました。あの試合はただこなしているだけで、何もできていなかった。今でもあまり覚えてないんです」

後半途中でピッチに下がった。久保のヘディング弾によって優勝できたことは素直に嬉しかった。その一方で自分のパフォーマンスに納得がいかなかった。

しっかり体をつくれ――。

望んでいたものを手に入れたのは、奇しくもケガがきっかけだった。2004年のファーストステージも制し、セカンドに向けて準備するために7月下旬に行なわれた北海道・七飯町での夏合宿。河合は内側側副靭帯損傷の大ケガを負い、長期離脱を余儀なくされた。

塞いでいても何も変わらない。この年は開幕前にケガに見舞われ、復帰後もACLもあって試合が続いていたため、体づくりが進んでいなかった。

発想を転換させた。日暮清トレーナーに復帰したときの「理想の自分」を伝え、メニューを考えてもらうことにした。ケガのショックを即座に打ち消し、モチベーションに変えた。

「体の切れを出したい、スピードを身につけたい、体幹を鍛えたいなどと、日暮さんに要望をいっぱい出したんです。半分くらいは無理だと思いながら（笑）。でも日暮さん、分かったとOKを出してくれて、筋トレ、体幹、アジリティと3カ月間みっちりやりました。あのときの体が一番、バッキバキでした」

一心不乱という表現がピタリとはまる。

食事もこれまで以上に栄養価とバランスを徹底した。妻が彼女なりに研究しながら作ってくれた。無職となっていたときに結婚式を挙げた2人。F・マリノスで一旗揚げることは、2人にとって絶対に成し遂げるべき目標でもあった。

満を持して復帰したのが、10月17日、アウェイでのレッズ戦。中澤、栗原勇蔵との3バックでレッズを無失点に抑えた。移籍して初めてと言っていいくらい、はっきりとした手応えが残った。

「段違いのスピードを持っていたエメルソンに、ついていけたんですよ。体が明らかに変わって、間合いも詰められた。エメルソンを抑えられたなって思ったし、〝俺、こんなに動けるんだ〟って思いましたから」

古巣との一戦はいつも特別だった。2003年9月13日、セカンドステージでのアウェイ戦。自分の姿が大型ビジョンに映し出されるとブーイングではなく拍手が起こった。戦力外で出された同情なのか、それとも敵として怖くない存在だからなのか。無理やり闘争本能を焚きつけようとするから、どうしてもネガティブに受け取ろうとする。

「反骨心を持ってF・マリノスにやって来て、レッズに対しては今に見てろよっていう思いがモチベーションになっていました。今なら、プロとしての自覚がなかった自分が悪いって分かるんですけど、そのころはまだ若くてそう思えないところがありましたから」

自分が出場した2003、2004年のレッズ戦は2試合ともクリーンシート。相性の良さも買われているとすればチャンピオンシップで先発するチャンスは十分にあると思えた。そしてそのとおり第1戦の先発メンバーに名を連ね、決勝点を奪うことができた。

守備はほぼ完ぺきと言ってよかった。直前の御殿場合宿で徹底してやってきたエメルソン対策もはまった。下がらずにコンパクトな陣形を保ち、スペースを与えなかった。

「エメルソンがボールを持ったら、みんなで囲むというのは練習で確認していました。ハイラインで、なおかつあれだけラインをしっかりそろえて戦えるってなかなかない。みんなが集中していました」

決勝点&無失点の活躍に、何年ぶりかに連絡してきた昔の友人もいた。電話の数もメールの数もすごくて、これがチャンピオンシップなのかと実感した。とはいえ、第1戦が終わったに過ぎない。河合も緊張の糸をピンと張り詰めた1週間を送った。

12月11日、真っ赤に染まった埼玉スタジアム2002。

スタメンに河合の名が呼ばれるとブーイングが巻き起こった。ようやく認められたという思いが胸に去来すると同時に、赤一色の異様なスタンドからのプレッシャーにも逆にスイッチが入った。

後半29分、中西永輔がスピードに乗ってゴールへ襲いかかるエメルソンを倒してしまい、一発退場。与えた直接ＦＫを三都主アレサンドロに決められて、先制点を許す。2試合合計1―1の振り出しに戻った。

終盤にはセットプレーから田中マルクス闘莉王にフリーでヘディングシュートを打たせてしまう。幸運にもＧＫ榎本達也の正面だった。

「僕が闘莉王のマークだったんですけど、ブロックされてしまった。その場合（マークを上野）良治さんにチェンジするべきだったと思うんですけど、良治さんも気づいてなくて。お互い目を合わせてホッとしたことを覚えています。でもあのシチュエーションで決められなかったんだから、俺たちは持ってるな、みたいな前向きな気持ちでした」

試合はＰＫ戦の末に、Ｆ・マリノスがリーグ2連覇を達成する。河合にとってレッズを見返すことができた最高の夜になった。

このチャンピオンシップから約1カ月後のことだった。全国高校選手権に初出場した母校・西武台高校の応援に駆けつけたとき、お世話になったレッズ時代のＧＭとばったり出くわした。

冗談っぽく、こう言われたという。

「お前をクビにしたのは失敗だったよ」

ちょっとでも気を抜けば涙が飛び出してしまいそうなほど、嬉しかった。頑張ってきて良かったと思えた。

「向こうからしたら冗談かもしれないし、なにげない一言だったと思うんです。でも僕からしたら、この一言のためにやってきたからすごく報われた。よし、言わせたぞって。

2004年は僕に多くのものをもたらしてくれた1年になりました。大ケガを乗り越えられたのも、ネガティブなことをポジティブに転換できたから。その後のサッカー人生に役立つことになりました。積み重ねたものが優勝という結果にあらわれたので、努力は裏切らないということも実感できました」

疎外感はもはや過去の話。河合はF・マリノスの中心メンバーの一人になっていく。ボランチで起用されることが多くなり、ピッチ内外において影響力を強めるようになる。

奥大介が2006シーズン限りでチームを離れる際に「お前みたいなヤツがキャプテンをやったほうがいい」と言ってもらえたことも心に響いた。意気に感じて次期キャプテンに立候補し、2008年から2年間、キャプテンを務めている。

〝ハマのマムシ〟こと小椋祥平は2008年、J2の水戸ホーリーホックから加入したが、元々一匹狼タイプだっただけに移籍当初、孤立を深めていた。助け船を出したのが河合であった。輪に入りやすいように仕向けていた。同じような境遇からエリート集団に入る難しさは分かっている。移籍してきた選手や若手に目を配り、帰属意識を持ってもらうようにした。一方で、クラブ伝統とも言える練習でのピリピリ感も意識した。高いレベルについていけない者は置いていかれる。それがF・マリノスだと理解していた。

昔から憧れていたのが5歳年上の上野だった。同じ埼玉の武南高校のスター。移籍してきた当初、隣にいるだけでも緊張したものだ。偉大な先輩が２００７年限りでチームを離れると、上野が着けていた「6番」を２００８年から背負うようになる。

だが、２００９年には内側側副靭帯損傷の大ケガで長期離脱を強いられ、巻き返しを図った翌２０１０シーズンも先発の座から遠のいた。そして松田、清水範久、山瀬功治、坂田大輔らとともに契約満了を伝えられることになる。

「この年はスタートから（レギュラー争いに）絡めなくて、（木村）和司さんの構想に入っていないのは感じていました。ただそういうときに何を見せられるか。よく覚えているんですが、２００７年に鈴木隆行さん、吉村光示さんが試合に出られなくてもプロとしての姿勢を見せてくれていたので、僕もそこはしっかりと見せていかなきゃいけないと思っていました。精神的にも大人になりましたね。戦力外って言われたときしょうがないとも思ったけど、納得できるほどでもなかった。怒りとかではなくて、ただただ寂しかったですね。F・マリノスから自分がいなくなることなんて想像できなかったので」

ラストマッチとなった12月4日、最終節の大宮アルディージャ戦。試合を終えてから、スーツに着替えてゴール裏のサポーター席にあらわれた。感謝の言葉を述べた後に、こう伝えた。

「これから先どこに行くかまだ決まっていませんが、どっかでサッカーを続けてここ（日産スタジアム）にまた戻ってきたいと思います」

背番号6を小椋に託して横浜を離れた河合はコンサドーレ札幌に加入。8年にわたってプレーし、チームの精神的支柱となる。J2に甘んじていたチームに生ぬるさを感じた彼は、敢えてF・マリノスで学んだ厳しさを持ち込もうとした。練習で自分のところにズレたパスが来たら、受けずにそのままスルーした。さすがに舌打ちはしなかったが、受けてあげるのが普通という常識を壊した。パスの一つのズレも許さない姿勢がチームに広まった。2012年に日産スタジアム、2017年にニッパツ三ツ沢球技場と、最後の言葉どおり、選手としてF・マリノスサポーターの前に戻ってもきた。

2018年の引退後もクラブに残って「コンサドーレ・リレーションズチーム・キャプテン」（CRC）に就任する。2022年からは女子サッカー、カーリング、バドミントンのチームを統括するコンサドーレ北海道スポーツクラブのスポーツダイレクターとしても活躍している。

F・マリノスとの出会いがなければ、今の河合竜二はなかった。

「サッカーにおいて成長させてもらったのはもちろんですけど、人間的にも成長させてもらいました。コンサドーレには愛着があります。F・マリノスにも同じくらいの愛着があります。本当に感謝しかないですよ、F・マリノスには」

NISSAN
3
NISSAN
22

ANA
14
ANA
36
ANA
shop

3章

2007年～2013年

マリノスタウン誕生と
届かなかった一勝

左伴繁雄
松永成立
山瀬功治
中村俊輔
山崎慎×緒方圭介

2007年

世界に誇れる施設、「マリノスタウン」オープン

「クラブハウスはＦ・マリノスのブランドを見せられ、クラブを愛する気持ちになり、横浜の垢抜けた強さも象徴するデザインだった」

――左伴繁雄

横浜市のみなとみらい地区にクラブハウス、事務所機能、育成組織施設すべてを一つにまとめた「横浜Ｆ・マリノスＭＭ21トレーニングセンター」、通称「マリノスタウン」がオープンしたのは２００７年１月27日のことだった。

それまでトップチームは横浜市戸塚区にある戸塚トレーニングセンター（現・東戸塚フットボールパーク）を使用し、事務所機能と育成組織施設は横浜市神奈川区にある日産新子安グラウンド（現・横浜市立子安小学校）を拠点にしていた。例えば鹿島アントラーズのような「一体型施設」は、Ｊのビッグクラブに位置づけられるＦ・マリノスとしては実現しておかなければならないハードルでもあった。

横浜の一等地に出来上がった世界に誇れる施設。約４万５６００平方メートルの敷地内に

は、天然芝2面、主に育成組織が使用する人工芝2面と計4面のグラウンド、２０００人を収容する観戦スタンド、そして3階建てのクラブハウス、駐車場を備え、オフィシャルショップ、レストラン、コンビニエンスストアも併設された。クラブハウスにはトレーニングルーム、メディカルルーム、ミーティングルーム、流水プール、大浴場などトップチームに必要なものがすべてそろえられ、事務所機能に加えて、栄養士がメニューを策定する食堂も加わった。

クラブの筆頭株主である日産自動車が横浜市との間で年3億円、10年間定期借地権契約を結び、日産は初期費用に約20億円以上を投入したとされている。また日産のグローバル本社自体も、２０１０年までに同地区への移転が決定。クラブは賃貸料を日産側に支払い、運営していくことになった。当時、「日産リバイバルプラン」で業績の回復を図っていた日産側の状況、一体化施設というクラブの宿願、そして同地区の開発に力を入れていた横浜市側の事情などが絡み合って、実現に至った。

マリノスタウン計画を立案し、実際に動かしたのが２００１年6月から２００７年5月まで6年間、代表取締役社長を務めた左伴繁雄（現カターレ富山代表取締役社長）である。

英国日産自動車製造の立ち上げにかかわったキャリアを持つ左伴は、45歳で横浜F・マリノスの社長に就任するまでは、サッカーに対して強い関心があるわけでもなかった。ただ、サッカークラブのある町が、どのような雰囲気を持っているかは多少なりとも肌感覚で分かっているつもりだった。

「英国日産にいたころ、僕はサンダーランドに住んでいました。同じ州にあるニューカッスルは大きなクラブだったけど、サンダーランドＡＦＣは小さなクラブだった。それでもサッカークラブは地元に溶け込んでいて、地域の人にとても愛されていました。練習が終わると、集まっていた地元の人が選手たちに声をかけていたり、スクール生もそこで練習していたり、そんな光景をよく目にしていたんです。

　就任初日に東戸塚のトレーニングセンターに行きました。事務所機能は新子安にあって、聞けば、スクールはあちこちで活動していて施設がバラバラに点在している、と。最初からそこには違和感があったんです」

　その疑問は自分だけが抱いているものなのか。社員はもちろんのこと、育成組織の指導者や、スクール生の保護者にも多数ヒアリングしたという。

「育成からは〝トップチームの選手たちの背中を見るほうがいい〟、保護者からは〝Ｆ・マリノスのユニフォームを着ていなかったら、普通のサッカースクールと変わらない〟とか、そういう多くの声も聞きました。だからこそ、やっぱりクラブの施設は一つにまとめなきゃいけないなって思いましたね。

　だけどトップチームが結果を出して大見得を切れるような状況にしなきゃならないというのが先にあったので、その構想はしばらく封印することにしました」

　２００１年、残留争いを何とか乗り越えつつ、ヤマザキナビスコカップを初制覇。奥大介、中澤佑二らを獲得した２００２年はリーグ２位まで上昇し、翌２００３年は勝負の年と位置づけて岡田武史監督の招聘に成功。さらには待望の日本人ストライカーである久保竜彦を獲得する。

そして補強の目玉となったのが、２００２年日韓ワールドカップで優勝したブラジル代表のキャプテンを務めたカフー。２００３年夏にＡＳローマを退団することで交渉をスタートさせ、仮契約まで済ませていた。

「グローバルスタンダードのトップ選手が一人ほしいという話になり、彼は人格的にも素晴らしいという評判も聞いていましたから、ぜひ来てもらいたい、と。そこで話を持っていったら、意外や意外、いい反応がきて仮契約までできたのに、ＡＣミランに持っていかれてしまった」

最終的にはミラン側が約１億円の違約金をＦ・マリノス側に支払うことで決着している。苦い経験にはなったものの、Ｆ・マリノスがチーム改革に本気で取り組んでいることを内外に示すことはできた。

勝負にこだわる集団へ。岡田率いるトップチームは２００３年、ファーストステージどころか、最後の最後でセカンドステージも制して両ステージ完全制覇を果たす。これによって封印していた新施設構想を持ち出すことになる。

「このとき、三つの大きな動きがありました。一つは両ステージ制覇を果たせたこと、もう一つは日産グローバル本社がみなとみらいに移転する検討に本格的に入ったこと。そして最後の一つは、当時の中田（宏）市長が熱心にクラブをサポートしてくれていたこともあり、横浜市側と一定の面積を超えた土地を借りることを条件に、地代を大幅に減免する話ができたこと。我々としては一極集中して、クラブのすべてのインフラをみなとみらいの施設にそろえられるし、日産としては横浜市に拠点に置く地盤固めの布石になるし、行政としては土地を有益に使ってくれるところに預けられる。3者がウィン、ウィン、ウィンになると言ってよかったのです」

２００４年11月29日、マリノスタウンの建設計画は発表された。当然、多くの費用がかかることを想定しないわけがない。設備にかかった費用は賃貸料として分割で日産に毎年支払うことになった。これが、のちに２００８年のリーマン・ショックの影響などもあり、クラブ経営を圧迫することにもなる。

「東戸塚のトレーニングセンター、新子安の施設などに払っているコストと、みなとみらいの一極集中でかかるコストを試算すると、２００５年でいえば営業収入は約48億円でしたが、これが50億円、それ以上と売上を増やすことができれば、ＰＬ（損益計算書）上でもペイしていけるという判断がありました」

２００５年当時、営業収入でＪクラブのトップを誇る浦和レッズで約58億円。現実的な目標だと左伴は捉えていた。

世界に誇れる施設にしたい。

左伴は現場のトップである岡田と何度もミーティングを重ねて、要望を取り入れている。グラウンド横には傾斜のある坂までつくった。

「岡田さんからは多くのアイデアをいただきました。傾斜の違う坂によって筋力、持久力、瞬発力を鍛えるのに使い分けたいんだ、と。プールも20メートルあって、トレーニングができるように、水が流れるものにしました。トレーニング施設だけじゃなくて、選手が練習を終えてロッカーに入るまでのスパイクを脱ぐ場所は、水で流したら泥がちゃんと排水溝に落ちるようにやや傾斜をつけたり、本当に細かいところまで決めていきました」

　練習グラウンドを監督室からは見えるように、逆に外からは監督室が見えないような配慮もなされている。社員と選手たちが交流を持てるようにと食堂も同じにした。チーム、会社すべて合わせて一つの大きな組織。お互いがもっともっと分かり合えれば、組織として強くなっていくと考えた。

　そして左伴がこだわったのが、クラブハウスのデザインであった。

「マリノスタウンは、当時、横浜駅東口のそごうやルミネなどからもバッチリ見えましたし、じつは羽田空港に発着する飛行機から見える場所でもあったんです。最初はシンプルな体育館みたいなデザインが上がってきたので、これは違うな、と。そこで建築家の方山裕一さんにお願いして、何度も何度も描き直していただき、最終的には、上から見るとＶＩＣＴＯＲＹのＶに、横から見るとＹＯＫＯＨＡＭＡのＹに、そして真ん中にトリコロールのスリットを入れたデザインにしてもらいました。マリノスのブランドを見せられ、クラブを愛する気持ちになり、それでいて、横浜のちょっと垢抜けた強さも象徴するようなデザインになったんです」

サンダーランドで経験したように、地域の人々が集える場所にしたかった。育成組織が使える人工芝のグラウンドを２面用意し、トップチームのトレーニングや練習試合を座って見るためのスタンドをつくった。育成組織も、スクールに通う子どもたちを送り迎えする保護者も、ファン・サポーターもみんなここに集えるにぎやかな場所にして、地域のアイコンになっていきたい――。その思いを強めることになったエピソードがある。

２００３年に両ステージ制覇を果たし、みなとみらい地区で優勝パレードを実施した。岡田や選手たちがオープンカーやバスに乗り込み、約３万人の人々が沿道に集まってくれた。嬉しかった一方で、クラブ創設から10年経っても、地域にまだまだ浸透できていないことも痛感させられた。プロ野球の横浜ベイスターズが１９９８年に優勝した際は約40万人が集まっていた。その10分の１にも満たない現実に、ショックを覚えた。

「ベイスターズには地域の人もおらが町のチームという認識で、優勝を祝福してあげようっていうマインドがある。でも、F・マリノスにはまだそうじゃない。野球とサッカーでは歴史が違うとは言っても、地域との人々との触れあいというものを、もっともっと真剣に考えていかなきゃいけないと思えた瞬間でもありました」

左伴は野球を題材にした１９９９年公開の映画『フィールド・オブ・ドリームス』を、どこかマリノスタウンに重ねていた。

「If you build it, he will come」（それをつくれば、彼がやって来る）

「それ」というのは野球場のことで、「彼」とはケビン・コスナー演じるレイ・キンセラの父、ジョン・キンセラのことだ。レイは父であるジョンが野球ばかりに興じていたことに反発し続け、満足な親子関係でなかったことを、心の奥底で知らず知らずのうちに強く悔いていた。農場を経営するレイは、どこからか聞こえる不思議な声に耳を傾けて、トウモロコシ畑に野球場をつくる。すると、1919年のワールドシリーズで八百長事件に絡んだとして永久追放された一人、シカゴ・ホワイトソックスの〝シューレスジョー〟ことジョー・ジャクソンが、仲間を引き連れてベースボールをする。その後、レイがいくつかの不思議な声に従って行動すると、「彼」こと、亡くなった若かりしジョンと出会いキャッチボールをする、というストーリーだ。手づくりの野球場に多くの野球ファンが集まってくるラストシーンに、胸を打たれた。

「夜中にみなとみらいの造成地を眺めていたときに、ライトのぼわーっという光が、映画のトウモロコシ畑みたいに見えて、レイと奥さんと娘さんがこっち向いてサムズアップしているような幻想を見たんですよ。お前、よくつくったなって。

子どもたちを喜ばせるためにマリノスタウンをどうやって使おうかな、おじいちゃんおばあちゃんたちをどうやって呼ぼうかな、選手たちにはここでどんなファンサービスをしてもらおうかな、スクール生はどのような形ならトップチームの選手とかかわってもらえるかな、育成選手たちはどうしたらいいのかな、とか、わくわくしながら、いろんなプランを作っていきたいと思っていました。練習試合も観客がいたほうが選手たちにとってもテンションが上がるだろうし、選手の引退試合をマリノスタウンのグラウンドで開催するのもいい。それもスタンドをつくった一つの理由ではありました。実際、２００６年には柳想鐵と安永聡太郎の引退試合もできましたしね」

現実的に「それ」をつくれば、新しいストーリーが始まる。そこに期待をしていた。

マリノスタウンの魅力も手伝って、スクールなど育成組織に入ってくる子どもたちの数も増えた。認知度、地域への浸透度も高まった手応えはあった。しかしながらトップチームは２連覇以降タイトルから見放され、左伴はマリノスタウン完成から数カ月後の２００７年５月に退任となる。

２００８年にはリーマン・ショックが世界を直撃した。その余波は日産自動車本体にとどまらず、クラブにも多大な影響を及ぼした。日産からのバックアップに頼れず、当初に目論んでいた営業収入も、２００８年は約41億円、２００９年から２０１１年は約35億円と上がるどころか下がったことで、設備投資の償却分を含め年間６億円とも新聞などで報道された維持費が大きな負担として重くのしかかることになった。

２０１６年５月に横浜市との10年間の定期借地権契約が終了するため、クラブはちょうど１年前の２０１５年５月21日に移転を発表する。契約更新には賃料アップも条件となる。すでに進めていた過度に日産に依存しない経営戦略に伴い、様々な要素から判断し、手放す決断をするしかなかった。以降、チームは日産スタジアムのある新横浜公園内を新たな拠点とした。そして２０２３年１月、横須賀市久里浜の「F・マリノススポーツパーク」に拠点を移す。この一連のストーリーは左伴も想像していなかったに違いない。

２０１５年にマリノスタウンからの移転を決めたのが左伴と日産自動車の同期入社であり、２００９年７月から代表取締役社長代行、２０１０年２月から代表取締役社長を務める嘉悦《かえつ》朗《あきら》であった。

「嘉悦さんには本当に苦労をさせてしまった。現在にいたるクラブのオペレーションをちゃんと前に進めたのは、彼ではないでしょうか」

マリノスタウンから羽ばたいていった選手が多数いることも忘れてはならない。

プライマリーからジュニアユースに昇格するタイミングで、マリノスタウンがオープンしたのが喜田拓也だ。トップ選手を夢見る中学生には、施設がキラキラして見えたという。彼はこのように語っている。

「トップチームが隣で練習をやっているので、見ることもできたし、温度感、空気感というものも伝わってきました。トップチームの選手を身近に感じられた、その意味ではこれ以上ない環境だったかなとは思います」

トップチームの選手との交流も少なからずあった。その一人が松田直樹だった。

「声をかけてくれて、一緒にボールを蹴ったこともあるんです。あのテンション、そのまんまというか（笑）。マッさんってやっぱすごくかっこいいな、プロの選手っていいなって思った一つの出来事でもありました」

身近にあるトップチームを感じられたことが喜田の成長を促した。中村俊輔はセリエAのレッジーナトップチームの選手にとっても、自慢の施設であった。中村俊輔はセリエAのレッジーナではクラブハウスのシャワーが海水混じりだったり、グラウンドの芝がはがれてボコボコだったりと厳しい環境を知っているだけに、「こんな素晴らしい施設でトレーニングさせてもらってすごく感謝している」と述べていた。もちろん中村だけではなく、多くの選手たちが同じ思いであった。

日本で開催されたクラブワールドカップでマリノスタウンを拠点に置いたバルセロナやACミランからも環境面で高い評価を受け、中国や韓国のサッカークラブが多数、視察に訪れたりもした。

マリノスタウン移転後、施設は壊されて、今はその面影すらない。

しかしながらグローバルスタンダードを目指すそのマインドは、「正の遺産」として受け継がれている。

2007年

コーチとして復帰。GK育成にすべてを注いで

**「F・マリノスに戻った理由の一つは、
やっぱりリーグ優勝がしたかった。
日産スタジアムが満員のなかで優勝できたんだから、
もう思う存分泣けましたよ」**

——松永成立

名ゴールキーパーは、いつしか名ゴールキーパーコーチと呼ばれるまでになった。

日産自動車サッカー部に入って味わった絶望と苦痛、失望の底に叩き落とされたドーハの悲劇、そして横浜マリノスを去らなければならなかった無念、ジャパンフットボールリーグ（ＪＦＬ）からのリスタート、京都パープルサンガでのＪリーグ帰還……波乱万丈のストーリーそのものが名伯楽の道へとつながっている。

どうして日産の加茂さんがここに来ているんだ？

あまり注目されていなかった東海大学サッカーリーグに加茂周監督があらわれると、関係者がざわついた。お目当ては、愛知学院大の松永成立。2学年先輩の境田雅章が日産自動車

サッカー部に加入した関係もあって、愛知学院大の試合をチェックしていた加茂からひそかにマークされていたのだ。

「僕たちの東海リーグは芝じゃなくて土のグラウンドで試合をやっていて、そこに加茂さんが視察に来てくれるんだから、僕としてはものすごく嬉しかったですよ。日産と言えば木村（和司）さん、金田（喜稔）さん、水沼（貴史）さんたちがいて、そこに加わることができるんだと思うと興奮を覚える自分がいましたね。ただ加入の決め手はと言われれば、一にも二にも加茂さんの存在です」

１９８５年、期待に胸を高鳴らせて加入したものの、初日の練習から現実を突きつけられてしまう。全体練習前にまず自分の個人練習をやることが松永の日課であった。社会人になっても踏襲しようとしたところ、ウォーミングアップ代わりとばかりに打ってくれる木村、水沼ら先輩たちのシュートを一本も止められなかった。

「入ったチームを間違えたと思いましたよ」

来る日も来る日も止められない。10本中10本決められたことだってよくあった。

シゲ、お前出直してきたほうがいいんじゃないの？

お前はホントにヘタクソだな。

ジョーク混じりと受け取る余裕もなくなっていた。ムカッときた、悔しかった。反論できないことが情けなくて仕方がなかった。自信喪失な日々のなかでも加茂は先発起用の方針を曲げない。それもどこか息苦しくて仕方がなかった。

「試合に出してもらったところでミスのオンパレードで、自分もリーグのレベルに合ってないと感じました。先輩たちからも〝お前のミスだぞ〟〝お前が出なかったら勝てる〟ってハッキリ言われる。自分のなかでもモチベーションのモの字すら出なくなって、獅子ヶ谷のグラウンドに行くこと自体が苦痛になりました」

もう試合になんか出たくない。

思い切って加茂にその気持ちを伝えると「分かった」と言ってくれた。苦痛から一気に解放された気がした。

だが試合当日、ミーティングの席でスタメンに自分の名前が呼ばれて頭が真っ白になる。

「ミーティングが終わってから加茂さんのところに行って〝話が違うじゃないですか！〟って言ったんですよ。でも、スタメンが変わるわけじゃない。試合までがすごく憂鬱になって、試合に出るのが本当に嫌だった。勝ったのか負けたのか、結果も内容も全然覚えてないです」

限界は近づいていた。だがいくら近づいても、どこかまだ頑張れる自分がいた。

獅子ヶ谷グラウンドに到着するだけで嫌な気分になるのに、それでも練習の1時間前に個人練習をやることは絶対に欠かさなかった。

「これさえも欠かしてしまったら本当にこのチームから去らなきゃいけないっていう気持ちはありましたし、少しでもうまくなりたいとの思いもありました。この二つの理由でやり続けられたのかなとは思いますね」

気持ちはギリギリのラインで踏みとどまっていた。加茂はそれを見抜いていたからこそ乗り越えてほしいとの願いを込めて起用に踏み切っていた。

日々の鍛錬は嘘をつかない。

次第にチームの信頼を勝ち取っていくようになる。１９８７年、日本代表に初招集。加入４年目の１９８８〜１９８９シーズンには、３冠達成になくてはならない存在となっていた。初めて自信というものが膨らんだ。

先輩たちから掛けられる言葉も明らかに変わった。

シゲ、きょうのゲームはお前のおかげで勝ったよ。

飛び上がってしまいたくなるほど嬉しかった。少しは認めてもらったと思えると、プレー自体にも磨きがかかった。加茂に直訴したことで、もしあのとき試合に出ていなかったら、気持ちの糸がプツンと切れてしまっていたかもしれない。ようやく加茂の意図を理解できたような気がした。

「当時の日産の先輩たちは非常にプロ的なシビアな考えで、ヘタならヘタって言うし、うまくなったらうまくなったってハッキリ言ってくれる。じつはものすごく分かりやすいってことに気づいたんです。腹のなかを隠して、ヘタなのにうまいって言う人たちじゃないから、この人たちに認められるために何をしなくちゃいけないのかって明確に分かる。自分の成長というところに対して、ここの環境は非常に助かりました」

入ったのが間違いだったという感情は、真逆になっていた。日本代表メンバーがそろう日産だからこそ、自分も日の丸をつけることができたのだと心の底から思えた。

何だかんだ言って、助けられたことも多かった。後半ロスタイムに追いつかれて目の前にあったワールドカップ初出場を逃がした1993年の「ドーハの悲劇」でもそうだった。帰国後、木村や水沼たちがいつものように接してくれたことで心のダメージは和らいだ。気持ちをチームに向けさせてくれた。

みんなと一緒に優勝したかった。

Jリーグが開幕した1993年、1994年と優勝候補に挙げられながらもステージ制覇すらできず、2連覇したライバルのヴェルディ川崎に水を開けられていた。1995年はどうしても優勝しなければならないシーズンだと位置づけていた。

だが待っていたのは、アルゼンチン人指揮官のホルヘ・ソラリからの〝冷遇〟であった。4月22日、アウェイでのセレッソ大阪戦に0－4で敗れると、中3日での柏レイソル戦からGKのポジションはプロ2年目の川口能活にスイッチする。

続けて大敗を喫していればまだ納得もいくが、セレッソ戦の前はベルマーレ平塚（現・湘南ベルマーレ）相手にシャットアウト勝ちしていただけに気持ちの整理はなかなかつかなかった。

何の説明もなかった。ソラリは加茂や清水秀彦のようにコミュニケーションを大事にするタイプでもなく、余計にフラストレーションは溜まった。ある日のミーティングの席で、指揮官の物言いにどうにも我慢がならず、詰め寄ってしまった。

「どんな理由があるにせよ、監督に対して選手がどんな言動をとったらまずいかは分かっていましたし、すべては選手側が悪いってことで済まさなきゃいけないことだとも思います。いろんな報道もされましたよ。ただ僕としては自分の行動で、若い能活が変な形でクローズアップされてしまったのは本当に申し訳なかったと思っているんです。選手としてものすごい才能を持っていて、開花させてほしいという思いがありました。だからアイツには本当に申し訳なかったなって」

自分のなかでケジメをつけなければならないと退団を決意する。チームにそのことを告げたあと、車のなかで一人、涙を流した。

「やっぱり日産、そしてマリノスが好きでしたから。ここで引退するまでプレーするのが当たり前だと思っていたなかで、それが叶わなくなった。チームに対する愛情も人一倍強いものがある以上、ここを去ることがチームにとって最善の方法なんだと思った瞬間に泣いていました。悔しいし、プライドも全部ズタズタになった。いろんな人に迷惑をかけたし、特に家族にはね。遠征で家を空けることが多くて、妻には迷惑をかけてばかりなのに、こんなことになってしまって。もう堪らなかったですよ」

シーズン途中の異例の退団。カテゴリーを落としてＪＦＬの鳥栖フューチャーズ（現・サガン鳥栖）に移籍することになる。専用の練習場もなくＪリーグの環境とはまるで違ったが、プレーできる喜びを噛みしめた。

しかし激動は終わらない。フューチャーズは経営難に伴って一度消滅。松永は同じくＪＦ

Lのブランメル仙台（現・ベガルタ仙台）に移籍して半年ほどプレーした後、１９９７年８月には京都パープルサンガに呼ばれて2年ぶりにJリーグの舞台に戻ってくる。

ＧＫコーチがいないチームもあった。ＧＫコーチが指導するというよりも自分がやりたいように合わせてくれるチームもあった。マリノスから外に出たことによって、日本サッカー界全体的にＧＫに対するコーチングが確立されていないことを実感した。

２０００年、現役引退。パープルサンガに残ってそのままＧＫコーチに就任したものの、一生懸命に思考をめぐらせたところで指導法のイメージが湧かない。指導の材料がまったくと言っていいほどなかったからだ。

「最初からノッキングしてしまいました。サンガの選手たちも何を教えてくれるんだろうって期待していたのに、何にもないからガッカリされましたよ。ただこれはショックでも何でもなくて、言われて当たり前。どうにかしなきゃいけないんだけど、実際にはなかなかそれができなかったんです」

まずは知識を持たなければならないと思い、サッカーの教則本のみならず、あらゆるジャンルの本を読み漁った。チームのトレーナー、フィジカルコーチに体の仕組み、体の使い方を一から学び、「ＧＫとしてこの動作をしたいなら、こういうふうに体を持っていかなければならない」と一つひとつを〝解剖〟することで、練習法を思いつくようにもなった。知識が深まっていくとともに、トレーニングのアイデアが次々に生まれた。

「一つひとつ練習メニューとして自分の引き出しに入れていったら、3、4年も経つとある程度のものが出来上がりました。それにＧＫのパフォーマンスも向上しているのが、目に見えて分かってくるようにもなったんです」

ＧＫコーチとしての評価を揺るぎないものにしていた２００６シーズン終了時、思いがけないオファーが届く。袂を分かったＦ・マリノスからのＧＫコーチの打診だった。サンガのフロントからそれを聞かされたとき、「嘘ですよね？」と聞き返したほどだ。

新監督には日産ＯＢである早野宏史の復帰が決まっていた。早野と言えば、１９９５年にソラリと対立した際のコーチ。出ていった自分をずっと気にかけてもくれていた。

「早野さんのご指名だったことは純粋にうれしかった。ただ、僕はサンガに拾ってもらって、コーチとしての下地をここで作らせていただいた。マリノスと同じくらいに、サンガにも強い思い入れがありました」

迷うに迷った。背中を押してくれたのは、見かねたサンガのほう。「シゲさんにコーチとして羽ばたいてもらえるのであれば」と快く送り出してくれたという。

２００７年、11年半ぶりとなる古巣への復帰は、プレッシャーがつきまとった。

4人のＧＫのうち、榎本哲也、飯倉大樹、秋元陽太は育成組織出身であり、松永のプレーを見ていた世代。高桑大二朗にいたってはマリノス初期時代のチームメイトであった。

期待を裏切っちゃいけない。ミスは許されない、その思いからチーム合流前に、サンガ時代にやったすべてのトレーニングを記したノートを取り出して、「良かれと思ったものを抜粋」。プレシーズンから開幕までの練習メニューを事前に作成するほどの徹底したこだわりぶりであった。

「選手たちから質問されたことに対しては、すべて答えられるようにと準備したことは間違いないです。一つのミスもしないようにって自分では言い聞かせていましたから」

選手から信頼されたのは理論ばかりがその要因ではない。何より情熱があった。居残り練習をやるとなれば、最後までトコトン付き合った。

「なあなあにしてその日を終わりたくないんですよ。もしできていないんだったら、鉄は熱いうちに打て、じゃないですけど、直せるものはその日のうちに直しておきたい。ハードワークしないとメンタルの強さも生まれてこないと僕は思っています。メンタルの弱いヤツが、強くなれないとも思ってない。むしろ初めから強いヤツってなかなかいないですよ。僕自身もそうでしたから」

選手に真っ向から向き合うために、ときには小さな衝突もある。腹蔵なく伝えるのは日産の伝統でもある。鬼と言われたなら、それは褒め言葉だと受け取った。ピッチ内だけにとどまらず、ピッチ外の行動や振る舞いにおいても注意させた。かつて飯倉がこう語っていた。

「シゲさんは僕にとって師匠だし、すごい存在。技術ばかりでなくまわりの選手から信頼されるための振る舞いを教えてくれています。シゲさんから教わったことは本当にいっぱいあるんです。ゴールを守ることって、本当に難しい。簡単そうなシュートでも強いスピンが掛かっていて、処理を間違ったら失点につながってしまう。ミスが起こったときでも普段の練習や日頃の生活態度でしっかり示していれば、信頼を損なわない。チームからの信頼があればこそ、僕も余計にみんなのミスを守ってあげたい。みんなが信じてくれるように行動していくことが、自分の立ち位置だと思うようになりました」

信頼あってこそゴールを守ることが成り立つ。この教えは選手たちに深く浸透していく。ＧＫの１試合における平均失点数をあらわす防御率は、常にＦ・マリノスでレギュラーを争う榎本、飯倉ともにＪ歴代ＧＫのなかでも上位に位置していた。松永の指導が、彼らをグレードアップさせたことは言うまでもない。

選手を伸ばすには、自分も指導者として伸びていかなければならない。

アップメニューからして同じものはなく、何か新しい要素、足りなかった要素を入れることで選手たちを飽きさせず、刺激を入れていく。

探求の日々の先に、運命とも言っていい出会いが待っていた。それが２０１８年に監督に就任したアンジェ・ポステコグルーである。ハイプレス、ハイラインの超攻撃スタイルを掲げ、広大なスペースへの対処と足もとのレベルアップがＧＫには求められた。

「サッカーの性質が１８０度変わるわけですから、こちらとしても考え方自体を変えていかなきゃいけない。ＧＫ陣も戸惑いがあったなかで、僕としてはそれを取り除いてあげなきゃいけない。また新たに、いろんなことを勉強しなきゃならなかったのは事実です。

ただ日産時代にハイラインをやっていたので、そのメリットとデメリットを多少なりとも分かっていたつもり。この場合はこういうポジショニング、こういう判断って一つひとつ映像を編集してつくって、選手たちに見せていました」

「いろんなことを勉強」にはサッカー以外のことも含まれている。パソコンを駆使しての編集作業も一から始めた。詳しい人に教えてもらいながら、パソコンとにらめっこしながら。ナイトゲームを終えてからの映像作成は徹夜作業になってしまうことも多々あった。

「映像がないと何より選手自体が困ってしまう。自分の寝る時間なんて、どうでもいい話なんです。選手のパフォーマンスが伸びてくれればいいわけだから、そんなに苦痛でもない。自分が指導者を続けていくには、そういった編集作業もいい引き出しになっている。アンジェ監督にそう仕向けられたんだろうな、と（笑）。その意味でも感謝していますよ」

守備のセットプレーを担当したこともあって、ポステコグルーにはオーガナイズのやり方を映像で説明することが決まりになった。これが松永の編集技術を鍛えた。

図解入りの練習ノートも、パソコンに記録させることにした。たどたどしかったのは最初だけ。いつしかスムーズにこなせるようになって周囲を驚かせた。

ハイラインに対応して、正確なキックで攻撃の起点とする。飯倉がヴィッセル神戸に去ってからはその役目を朴一圭《パクイルギュ》が引き継いだ。２０１９シーズン、チームが15年ぶりのリーグ優勝を決めると、松永は人目もはばからず泣いた。出ていくことになった無念の涙から24年の月日が流れ、それは嬉し涙となったのだ。

「F・マリノスに戻った一つの理由としてはもちろん指導者としてのレベルを上げること。

そしてもう一つは、やっぱりリーグ優勝がしたかった。ホーム最終戦で、日産スタジアムが満員のなかで優勝できたんだから、もう思う存分泣けましたよ」

〝GKコーチ道〟を究めんとする日々は変わらない。2021シーズンからはポステコグルーとクラブの了解を取って愛弟子でもある榎本をトップチームのアシスタントGKコーチに引き入れている。クラブの将来を彼なりに考えたうえでの行動である。

いい指導者になる、と期待をしている一人。

「テツの現役時代というのは、本当にミスが少ないGKだったんです。派手さがないって言い方をする人が多いんだけど、そこに関しては僕はものすごく否定的でして。ミスをしないってことは判断がいいってことですから。つまりテツで言うと、サッカーをする頭がいい。シュートストップのときでも、どこのポジションならどこまで防げるかってところを分かっていなきゃいけないし、クロスに対してどこまで出ていいか、空中認知もしっかりないといけない。かなりのデータ量が頭に入っていて、無意識のうちに体を反応させせないといい判断ができません。それが彼にはありました」

榎本は松永にそうしてもらったように選手に対して居残り練習においても最後まで付き合うようにしている。シゲイズムはしっかりと受け継がれている。榎本がこう明かしてくれたことがある。

「〝明日、メンバー外の選手たちにはこういうメニューをやります〟とシゲさんに伝えて、自分で考えたとおりにやってみたら想定していた現象が起こらなかったことがありました。練習が終わって日産スタジアムに行って報告したら、〝そうなんだよ。その練習だとテツが起こしたい現象は出ないんだよ〟と。シゲさんは分かっていたんだなと思うのと、気づいて良かったなと思うのと（笑）。あとは〝やってみないと分からないよ。俺も良くあったから〟とフォローしてもらったのですが、このようなことがあるから毎回ドキドキなんですよ。

この日はクロス対応が中心、この日はシュート対応が中心ってベースはあるんです。ただ何がすごいかって、ＧＫのウォーミングアップからして毎日のトレーニングメニューが違う。それだけじゃなくて、その日の状況を見たうえで付け足したり、削ったりする。コーチという立場になってシゲさんを見ると、先を行き過ぎていて全然追いついていける気がしません」

２０２２年８月で60歳となった松永には、世界に通用するキーパーを育てるという変わらぬ夢がある。

「やっぱりドーハの悲劇で世界への扉をバンッて閉じられてしまった悔いというのは今もあるんです。でも自分はもう現役じゃないから、その扉をこじ開けられない。こういう言い方をすると選手には申し訳ないんだけど、自分の思いを選手に託すしかないんです。日本代表に選ばれてなくても、まわりから〝彼は日本代表の力があるんじゃないか〟って評価されるＧＫを育てたい。それはこれからもずっとやっていきたいことです」

実際、確かなセービング能力、足もとの技術に優れる高丘陽平には、日本代表入りを期待する声も少なくない。高丘のみならず、自分を信じてついてきてくれるＧＫたちの才を極限まで伸ばしたい、その一心で今日も選手たちと向き合っている。

飯倉や朴、六反勇治らのように松永のもとから巣立った教え子のパフォーマンスも継続してチェックしていることはあまり知られていない。

「彼らが試合に出ていたら、ハイライトは必ずチェックします。ここでミスしたか、逆にここでファインセーブしたかって、パソコンでそういう映像を見るのは僕の楽しみ。いいパフォーマンスをしてくれたら、僕としても嬉しいですよ」

鬼のシゲさん、その正体は、仏のシゲさんである。

2006年〜2010年

激動の時代、10番を背負って

「個で仕掛けていく部分、ゴール前の感覚など、今も現役を続けていくうえで必要な要素が凝縮された6年間だった」
——山瀬功治

スローガンは「スクランブルアタック」。

1995年に初めてマリノスをリーグチャンピオンに導いた早野宏史監督が復帰し、みなとみらいにあるマリノスタウンにクラブハウス機能が移転した2007シーズンは、何やら予見があったのか開幕からすぐに緊急発進攻撃しなければならなかった。

開幕から6試合を終えて2勝4敗、13位と沈むなかで気を吐く人がいた。浦和レッズから移籍して3シーズン目に入った10番を背負う山瀬功治である。ここから3試合連続ゴールを挙げて3連勝。ゴリゴリと前かがみ気味で繰り出すドリブルで相手を翻弄してチャンスをつくり出し、テクニックに裏打ちされたフィニッシュワークでゴールを仕留めていく。ポジションはダイヤモンド型中盤のトップ下に落ち着き、吹っ切れたようにピッチを切り裂いた。

「振り返ってみると、レッズのときにはあんまりドリブルをやっていないんです。（田中）達也、エメルソン、永井（雄一郎）さんたち、ドリブルを得意とする人がいっぱいいましたから。僕はコンサドーレ札幌でもそうでしたけど、3人目の動きで裏に飛び出すほうを得意にしていた。逆に、F・マリノスは組織で戦う印象のチームで、ドリブルで勝負するようなタイプがあまりいなかった。自分はこういう個性を持つプレーヤーなんだと、確立していく楽しさがありました。

F・マリノスに移籍してきて、リハビリの段階からチームに対してどういったプレーができるのかを考えていました。ドリブルを意識していたとはいえ、２００５、２００６年は思いとしての割合はそう高くはなかった。明確に意識したのは２００７年だと思います」

コンサドーレ時代に代理人の田邊伸明から「山瀬はドリブルがうまい。山瀬と言えばドリブルだよね」と言われていたという。ずっとピンと来てはいなかったが、やっと飲み込めた気がした。力強さと巧さと勝負強さと。スクランブルアタックがドリブラーへの完全変貌を後押しした――。

それは「禁断の移籍」とも呼ばれた。

２００４年にチャンピオンシップを戦ったレッズから23歳の山瀬を獲得したニュースは驚きをもって迎えられた。左ひざ前十字靭帯断裂でリハビリの最中でもあった。決め手になったのはコンサドーレ時代に自分を引き上げてくれた岡田武史の存在だった。

「レッズはプロとして最初に移籍したチームですし、オファーをいただいてもかなり悩んだのは事実です。ただ最終的には岡田さんのもとでもう1回やってみたいという気持ちが上回っての決断でした」

背番号は、木村和司、中村俊輔がつけてきた「10」。無論、光栄に感じてはいたものの、あえて意識しないようにしていた。

「コンサドーレのときも10番をつけさせてもらいましたし、『キャプテン翼』を読んできた世代ですから10番の持つ特別感を理解しているつもりです。シンプルに嬉しいっていう思いはありました。でも一方で浮かれちゃダメだなって自分を律する意味もあって〝10番はありがたいですけど、それがすべてではないし、番号でサッカーをするわけではないので〟と、まわりにはそのように発信していましたね」

ドライな言葉に映るかもしれないが、不器用な人の正直な思いが詰まっていた。自分を見失ってしまわないように。等身大の自分を客観的に見て、どうやればこのチームに自分がアジャストできるかのみを考えるようにしていた。

しかしながら、そのイメージが湧き上がってもプレーに落とし込めない時期が続いた。2002年の右ひざ前十字靭帯断裂に続いて今度は左ひざ。懸命なリハビリを経て、2005年5月にF・マリノスデビューを果たしたものの、夏場に入ると今度は腰に違和感を覚える。腰椎椎間板ヘルニアだった。痛みは明らかにパフォーマンスに影響を及ぼしていた。もどかしさを募らせるばかりであった。

「痛みによるところでの不調だったので、しんどいシーズンではありました。またケガをしてパフォーマンスが上がらないことに責任を感じましたし、葛藤もありました。岡田さんに期待してもらっているのに、カタチとして返すことができない焦りみたいなものもあったとは思います。その上、チームの成績が出ないとなると、僕としては責任を感じていました」

様々な治療法を試みたものの、劇的な回復は見込めない。すべてやり尽くしたとあって、２００６年のキャンプ中に最終手段と考えていた手術に踏み切った。

これが吉と出る。

「手術する前は（患部の）まわりをほぐそうが、補強しようが、ちょっとした小骨みたいなものが神経をずっと圧迫しているような感覚がありました。でも手術後は、つっかえていたものがようやく取れたっていう感覚でした」

7月末に復帰を果たすと、やっと自分が描くプレーのイメージに体がついてくるようになる。プレーが評価され、8月にはイビチャ・オシム率いる日本代表に初招集。オシムジャパン初陣のトリニダード・トバゴ戦でA代表デビューを果たす。

F・マリノスのためにここから思う存分働けると巻き返しを誓っていたその矢先だった。8月23日、ホーム三ツ沢公園球技場での大宮アルディージャ戦に敗れたことで、岡田は成績不振の責任を取ってチームを離れてしまう。

「ケガで思うようなプレーができない状況でしたから、チームの力となるというところの舞台にすら立てなかった。だからこそ岡田さんに対しては、申し訳なかったなっていう思いしかない。それに尽きます」

申し訳ない気持ちをぶつけるのは、ピッチしかなかった。コーチの水沼貴史が監督に昇格。アルディージャ戦から4日後のアウェイ京都パープルサンガ戦において、山瀬は2ゴールをマークしてチームを勝利に導いている。

もどかしさは消えることなく、つきまとった。自分の体に対してではない。岡田が去った緊急事態においてピッチ外でも何か貢献できないかと考えを巡らせても答えが見つからなかったからだ。

「年齢がまだ若かったところもあるとは思うんですけど、ピッチ内外含めて力不足を痛感させられました。10番を背負わせてもらってチームを引っ張っていかなきゃいけないのに、どうしていいのか分からない。マツさん（松田直樹）、リュウジさん（河合竜二）に頼ってしまっているところはありました」

水沼は知らず知らずのうちに白髪が増えていた。監督経験は初めてながら、伝統あるこのクラブを下位から浮上させていくというプレッシャーは相当なものがあるのだと感じた。チームは9位でフィニッシュ。チームを助ける存在に自分がなり切れていないという現実を突きつけられた気がした。

リリーフ役を果たした水沼が再びコーチに戻り、監督として早野がやって来た２００７年は山瀬にとって勝負のシーズンだった。「スクランブルアタック」のスローガンは、己に照らし合わせてみるとむしろシンクロするものがあった。

ボールを持てば気持ちいいほどにドリブルで仕掛けていく。まとわりついていたもどかしさを、振り払うかのように。

ある映画が一つのヒントになった。それは東野圭吾原作の『手紙』。弟の学費欲しさに強盗に入って誤って殺人を犯した兄と、兄の起こした事件によって社会に背を向けられてしまう弟のヒューマンストーリーである。

感動を覚えた。ストーリーもさることながら、主演の山田孝之を含めたキャストの好演が印象に残った。人々の心を動かせるというのは、アスリートも重なるところがあるんじゃないか、と思えた。

「観てくれる人の感情に何か働きかけるようなことができたらいいなって思って、ドリブルで相手を抜いた瞬間に〝オオッ!〟というスタンドから挙がる声が、何だかすごく気持ちよく感じたんです。

数ある自分のターニングポイントの一つになりました。それまでは自分よりも主役になる選手を引き立たせる選択肢のほうが多かった。でもＦ・マリノスに来て〝自分が主〟の選択肢ばかりになった。やっていて面白かったですよ。何万人もの人が、自分のプレーで沸くと自分のテンションも上がっていく。そういったことが増えていった感覚はありました」

山瀬がたどり着いたＦ・マリノスの新しい10番像。多彩なパスやＦＫで魅せる木村や中村とはまた違うテイストながら、スタジアムを沸かせる「トリコロールの10番」に変わりはなかった。

この年キャリアハイとなる11ゴールを叩き出し、シーズンを通してフルに働いた。ハマったら止まらない攻撃サッカーはやっていて面白くもあった。

「大量得点で勝つ試合もあって、確かにハマれば面白いサッカーでした。ただそれをするには当然ですけど、細かくいろんなところにこだわらなきゃいけない戦術。そのあたりが粗かったので、勝点につながらなかった部分はあるのかもしれません。それでも受けに回ることなく、攻守においてこちらから仕掛けていく、1点取られようが2、3点取っていこうっていうサッカー。うまくいった数としては少なかったかもしれないですけど、F・マリノスの試合、面白いじゃんって観ている方を惹きつけたゲームは多少なりともあったとは思うんです。5－0、6－0、8－1で勝った試合もありましたから」

日産自動車サッカー部OBの早野が着手した「超攻撃」は、伝統への回帰が根底にはあったのかもしれない。とはいえ「粗さ」は解消されないまま終盤には4連敗を喫するなど7位で終えた。早野F・マリノスの野心的な試みは1年で終わりを告げた。

２００８年は桑原隆、途中に日産OBの木村浩吉が指揮官を引き継いだ。山瀬は奮闘を続けていた。チームに自分は何を落とし込めるかを考えてピッチ内外で行動した。好パフォーマンスが評価され、オシムに代わり岡田が監督に就任した日本代表には継続的に招集。この年は国際Aマッチに10試合出場している。

一方でチームはなかなか落ち着かない。木村も２００９シーズン限りでチームを去ることになる。

２連覇以降は中位から抜け出せなくなり、すべてのタイトルに手が届かない。山瀬としてももどかしさばかりが募った。

２０１０年にはレジェンドの木村和司が監督に就任して、スペイン１部エスパニョールから中村俊輔も7年半ぶりにチームに帰還。広島弁で相手をもてあそぶという意の「ちゃぶる」が目指すイメージとして打ち立てられ、攻撃サッカーへの模索が続いた。山瀬は日本代表に復帰し、シーズン自身最多となる33試合に出場。まさか、ここでF・マリノスでのキャリアを終えるとは夢にも思っていなかった。

彼は自身のブログに、代理人を通じて「戦力外通告」を受け、気持ちの整理がつかない心情をつづった。６シーズンにわたってプレーしてきた選手に対する配慮が足りなかったことは、ファン・サポーターをざわつかせた。

「大ごとにしてしまったなっていうのはありました。それでもファン・サポーターのみなさんの反応は有難かったですよ。僕が発信したことに対して、同じように受け止めてもらえましたから。もうかなりの月日が過ぎた今だから、チームが大きく変化していくには何かしら劇的にやらなきゃいけないことも理解できます。ただ当時は、そういうふうには考えられなかったことも事実です」

同僚の栗原勇蔵から受けた言葉が、今でも耳に残る。

「〝スーパーマリオがスターを取って無敵状態になるのに、落っこちて死んでしまうパターンだ〟と。代表に復帰した年でもあったので、勇蔵がそんな表現をしてくれたことを今でも覚えていますね。別に無敵状態ではないけど、うまいこと言うなって」

プロとして初めての契約満了。チームから必要とされていないという事実はつらかった。と同時に、ファン・サポーターから温かい言葉を掛けられたことが救いでもあった。F・マリノスで誠心誠意やってきたことを分かってもらえていた。

最終節、12月4日の大宮アルディージャ戦。山瀬は前半45分間のみプレーしてベンチに下がった。気持ちに整理をつけていたため、感傷的になることもなかった。サポーターからのチャントも胸にとどめた。思い残すことは何もなかった。

試合が終わると、後輩の長谷川アーリアジャスールが泣いていた。交流が深かった後輩の一人でもあった。自分の目に涙が溜まっていることに気づいた。後輩の涙に、もらい泣きした。

栄光の時代ではなかったかもしれない。だがF・マリノスの歴史の1ページに、山瀬功治がその名を刻んだことに間違いはない。10番として全公式戦の２０１試合出場は、中村をしのぎ、30年の歴史で最多だ。そのドリブルはスタンドを沸かせ、人々の心を熱くさせた。雰囲気に乗せられるかのように、クールな山瀬がホットになっていく姿はチームを活気づかせた。紛れもなく、インパクトを残したトリコロールの10番であった。

41歳になった今も、Jリーグの舞台で輝きを放っている。

２０２２シーズンにはキャリア８クラブ目となるレノファ山口に移籍して、遠藤保仁に次ぐJリーグ23年連続ゴールをマークし、J通算６００試合出場も果たした。

シュートにいたる駆け引き、テクニックは芸術を見るようでもある。F・マリノス時代に築き上げたものは、今も色褪せることがない。

「もちろんコンサドーレではコンサドーレでしか、レッズではレッズでしか経験できないものがありましたし、それはどのクラブでも同じ。F・マリノスの6年間ではやっぱり個で仕掛けていく部分、ゴール前の感覚というところ。この年齢まで現役を続けていくうえで必要な要素っていろいろあるんですけど、それが凝縮された6年間だったかな、と。ボランチもやりましたし、戦力外を受けたのも初めてでしたから」

レノファでも年が離れている若い選手に対して、山瀬のほうからコミュニケーションを取ることも少なくない。

「プレーした年数もあるとは思います。レノファの若い選手も、僕に対してはF・マリノスのイメージが強いみたいですよ。インパクトのあるプレーが一番多かったからなのかもしれませんけど」

どこか嬉しそうに、どこか誇らし気に――。

あの6年間が山瀬功治をフットボーラーとして、一人の人間としてたくましくさせたことは、言うまでもない。

2013年

届かなかったリーグ制覇と2度目のMVP

「優勝に懸けてきたのに弾けてしまった。
応援してくれた方たちに申し訳ない。
ショックという言葉じゃ片づけられないものだった」
——中村俊輔

「シュンスケ、ちょっと来てくれ」

2013シーズンに向けて仕上げの段階に入っていた宮崎・シーガイアでのキャンプ中、キャプテンの中村俊輔は中澤佑二とともに、年長者のマルキーニョス、ドゥトラに呼ばれた。4人全員が35歳オーバーの大ベテラン。何の話だろうと思っていると、ブラジル人コンビは気合いの入った顔を向けてきた。

「今シーズン、俺たちはやれる。本気でタイトルを獲りにいくぞ！」

思わず中澤と目が合った。普段、面と向かってそういったことをあまり口にしない彼らのストレートな思いに驚いた。中心選手にこれだけベテランがそろい、他チームと比べても平均年齢が高いF・マリノスの下馬評は、そう高くなかった。目立った補強もなかったため、長いシーズンを乗り切れないと見られてもおかしくはなかった。だが中村は逆の見方をしていた。

「２０１２シーズンは最初かなり苦しんだ。マルキ（マルキーニョス）がケガをして、大黒（将志）もブレーキがかかっていて、開幕から7戦勝ちなしのスタートでしょ。チームも2トップとかいろいろと試行錯誤するなかで自分がトップ下に入る4－2－3－1で落ち着いた。マルキも復帰して尻上がりに良くなっていって最終的に4位まで上がった。自分たちの形をつくれたなって手応えを持ってシーズンを終われたから、いいイメージのままキャンプを迎えられたし、経験のあるマルキ、ドゥトラも今年はやれるんじゃないかっていう思いが強かったんだと思う。前年はスタートが悪かったから、今年は良くしていこうって」

オープニングからギア全開の中村がいた。3月2日、開幕戦となったホームでの湘南ベルマーレ戦で直接ＦＫを叩き込むと、続くアウェイの清水エスパルス戦ではＣＫからそのままゴールに放り込んで5発快勝の呼び水となる。蓋を開けてみると開幕6連勝のロケットスタートで首位に立った。

セルティック、エスパニョール、そして２０１０年に古巣Ｆ・マリノスに復帰してからも主にサイドハーフを任されてきた。純粋にトップ下でプレーするのはジーコジャパン以来だと言い、自由を謳歌できるポジションがチームのポテンシャルを引き出す形となった。

「トップにマルキがいて、サイドハーフにマナブ（齋藤学）とヒョウ（兵藤慎剛）、ボランチにマチ（中町公祐）とカンペー（富澤清太郎）。自分がいろんなところに動きつつ、彼らと絡んでチームの力を引き出すということをやらせてもらえた。相手の弱点を探りながら動くことができたのも、まわりのチームメイトのサポートがあったから」

前で待っているのではなく、あちこちでボールを引き出し、空いたスペースにサイドハーフやボランチが入っていく。ボールを持てばスペースに正確なキックで配球していく。無理な速攻よりも全体を押し上げたうえでの遅攻。中村が動くことで相手の守備をかく乱していった。

トップ下でのプレーは中村に二つの副産物をもたらしている。一つはボールタッチが多くなることで、セットプレーの感覚が磨かれるという効果。中澤、栗原勇蔵を筆頭に空中戦に強いメンバーがそろっていたことも大きく、チームはゴールを重ねていく。「ニアにいるカンペーが効いていた」そうだ。

もう一つは、頭脳と肉体両方における90分間の持続。無理にスプリントを使うケースがサイドハーフのときよりも減り、止まらずに延々と動くことによって逆にスタミナを消耗させずに済んだ。そのため相手が疲れた終盤の時間帯にもチャンスを生み出すことを可能とした。チームはトップ争いに食らいつきながら、8月に入って再び首位に立つと勢いを増していく。そんななか中村にとって忘れられない出来事が起こる。

9月21日、ニッパツ三ツ沢球技場。清水エスパルスを迎えての一戦、ゴール裏に掲げられた「俺達は俊輔と優勝したい」の横断幕が目に飛び込んできたのだ。

「(優勝に向けて)さあ、これからっていうとき。結構大きく書かれてあって、単純に嬉しかった。少しはみんなに認めてもらえたのかな、とも思ったし、優勝への意識をさらに高めることができた」

気分も乗ったのか開始早々の前半4分、マンマークを振り切ってペナルティーエリア左から放ったコントロールショットをゴール右隅に蹴り込んだ。俊輔チャントが夜空に鳴り響いた——。

再びトリコロールのユニフォームを着て3年。

２０１０年2月、7年半ぶりにチームに復帰した際には、「横浜の為に闘う覚悟はできたか?」とサポーターから挑発的な横断幕もあった。２００２シーズン途中に欧州に旅立ったこともあって、冷めた目で見つめるサポーターが少なからずいることも理解していた。

可能性があるなら、いつかは戻ってプレーしたいと考えていた。衰えを感じてからではなく、バリバリで動けるうちに。覚悟なしに出戻りで活躍できるとは無論思ってもいない。

「復帰当初は戸惑うことが少なくなかった。たとえば守備のときに持ち場にいる１人に任せようと思っていると2、3人でカバーする。欧州では同じようなとき１人に任せるから、そういう感覚のズレがいろいろと出てくるから簡単ではなかった」

Ｊリーグ制覇という忘れ物があった。１９９５年の初優勝にも、２００３、２００４年の２連覇にも中村はかかわっていない。あと一歩まで迫ったのが10番を背負って2シーズン目となった２０００年。ファーストステージ覇者として鹿島アントラーズとのチャンピオンシップに臨んだ。

スコアレスドローで折り返した第2戦。執拗なマークは織り込み済み、プレスをまともに受けることも覚悟のうえで、極力、前のポジションを取った。だが自分のミスからボールを奪われ、カウンターで先制点を許してしまう。勢いに乗ったアントラーズにつけ込まれ、前半だけで3点を奪われて大敗を喫した。試合後に中村は号泣。スタッフが腕を支えなければ歩けないほどであった。

「あの試合、自分のプレーが全然できなかった。まだまだなんだと思ったし、もっとやんなきゃなって改めて感じることができた。ただ、あらゆる面で一番成長できた年でもある。10番がモチベーションにもなった。この番号をつけて試合に出るというのはそれほどの重みがあったから」

小学生のころに三ツ沢でＪＳＬ「日産自動車－読売クラブ」の試合を見た。ラモス瑠偉や木村和司のプレーに心が躍らされた。10番はどんなプレーをしなければならないのかを子どもながらに感じ取った。

魅せて勝つ。その思いでやってきたものの、リーグ制覇できなかった事実は心のどこかに引っかかっていた。

Ｆ・マリノス復帰後はルーキー時代の番号である「25」を選択。原点に戻るという意味もこめられてはいたが、自分もそうだったように10番はクラブが期待をこめる若手がつけたほうがいいとも考えていた。〝自分が、自分が〟ではなく一歩引いてチームを客観的に眺めようとしていた。自分はあくまで一つの駒。トップ下を「王様」とせず、「仲介役」とした。一人ひとりが能力を発揮する〝大人のチーム〟になったことで勝ち星が積み上がっていった。

優勝まで一歩ずつ距離を近づけていくなか、よもやの事態が起こる。

直接FKによる決勝点でゴール数をキャリア初となる2ケタ台に乗せた10月27日の大分トリニータ戦を終えた翌週のこと。練習後、腹部に強烈な痛みが走ったことで病院に向かうと、胆のう炎と診断された。1週間の入院を余儀なくされ、4日間の絶食を強いられた。体重は4キロ落ちることになる。

中村不在のチームは11月10日の名古屋グランパスとの一戦に1－2で敗れて足踏み。退院すると中村は午前の全体練習後、昼食を挟んで一人で2部練習を敢行してコンディションを上げていく。休んだのは結局1試合だけ。状態を上げて臨んだ11月23日のジュビロ磐田戦もフル出場して1－0で勝利した。

記録には刻まれないベテランらしいさすがのプレーがあった。リードしてからの終盤、ジュビロはプレスを強めてボールを奪いにかかった。サイド付近でボールを受けた中村は複数の選手に囲まれながらも、サイドチェンジのパスで回避した。守備のボルテージを一気に吸い取ってしまうように。

「（相手も）反対側にうまいこと持っていかれたと思ったら、次からボールを奪いにこれなくなるもの。そういうのって昔、グランパス時代のピクシーとかビスマルクとかがよくやってた。ビスマルクのいたアントラーズはリードしたら時間稼ぎでコーナーに持っていったりとか。自分たちもそれをやろうというわけじゃないけど、勝つために何をしなきゃいけなくて、何をしたらダメなのか。自分だけじゃなくて、チームの一人ひとりが分かり始めていた」

勝負どころが分かっているチーム。いよいよ優勝に王手が掛かった。

11月30日、秋晴れの日産スタジアムはJリーグ最多となる6万2632人の大観衆をのみ込んでいた。浦和レッズ、サンフレッチェ広島、セレッソ大阪の3チームにも可能性は残っていたが、この試合に勝てば、最終節を待たずに自力優勝が決まる。アルビレックス新潟とのホーム最終戦は異様な盛り上がりを見せていた。

3連勝中で順位を8位まで上げてきたアルビレックスも目の前で優勝を決められたくないというモチベーションが高く、出足鋭くプレスを掛けてきた。

チームメイトに少々硬さは感じられたものの、決して悪い入り方でもなかった。試合を進めながら徐々に自分たちのペースに引きずりこむ。中村はレオ・シルバを抜いてすぐに左サイドを抜けるドゥトラにスルーパス。そこからゴール前のマルキーニョスにクロスが届けられたものの、惜しくもGK東口順昭《まさあき》の正面だった。

落ち着いて点を取り、落ち着いて点を取らせない。前半をスコアレスで折り返しても、やるべきことは変わらない。焦らずに自分たちの戦い方を貫くことが大事だと考えていた。

だが得意のセットプレーで中澤に合わせてもゴールを割れない。ジリジリとした展開が続く後半27分、逆に相手のセットプレーだった。栗原勇蔵が弾いたボールが川又堅碁に渡って、先制ゴールを奪われた。後半アディショナルタイムには前掛かりとなったところでカウンターを浴びて2失点目。2点差以上での敗戦はこのシーズン初めてであった。独特の雰囲気にのまれたことも否定はできなかった。

「これだけの雰囲気でやらせてもらえたのはありがたかった。みんなも特に緊張というものはなかったと思う。ただ、いいプレーしたときのいつもの声援とか拍手とか、どこか遠くに感じてしまった部分があった。集まってくれた方の期待に応えられなかったのは、自分たちにそれだけの実力がなかったということ」

優勝にリーチがかかっている状況は変わらない。2位サンフレッチェとの勝点は2差、3位アントラーズとは3差ある。12月7日、初のACL出場枠がかかる5位川崎フロンターレとのアウェイ最終節で勝てばいいだけのことだ。

だが、待っていたのは悪夢だった。

中村のパスからチャンスはつくれど、ゴールが遠い。スコアレスで折り返した後半9分、中村がサイドから中に向かったところで中村憲剛にボールを奪われ、そのままカウンターを食らって先制点を許してしまう。終盤は攻めまくったものの、この1点が重くのしかかった。目の前にあった優勝を掴み取ることはできなかった。崩れ落ちた中村はピッチに顔をうずめ、体を震わせた。

「優勝に懸けてきたのに、それが弾けてしまった。精いっぱい応援してくれた方たちに、申し訳ないなって。ショックという言葉じゃ片づけられないものだった」

いま振り返ると、一つだけ悔いが残ったという。中村が言葉を続ける。

「たとえうまくいかなくても、ベストを尽くす。試合のなかでみんなやっていたし、そこに関しての悔いはない。ただ（フロンターレ戦に向けた）最後の1週間、チームには緊張感が走ってピリピリもしていた。そのエネルギーを、キャプテンとして〝おっしゃ、行くぞ！〟みたいな雰囲気にできなかったんじゃないかっていう思いがある。

自分は練習のなかでその姿勢を見せていこうとしたけど、たとえば選手たちだけでミーティングしても良かったのかなって。ピリピリするのも大事だけど、いつもどおりやっていこうぜって、みんなで（温度を）合わせられるような、そういう雰囲気をもっとつくっていけば良かったのかもしれない」

大きな失敗を踏まえて臨んだのが天皇杯であった。ピリピリは、もう要らない。自然体に近い形で勝ち進んでいき、２０１４年元日、リーグ制覇を奪われたサンフレッチェとの決勝で〝リベンジ〟を果たし、Ｊリーグ開幕後は初となる天皇杯の頂点に立った。このシーズン、中村は33試合出場10得点6アシストでリーグＭＶＰに輝く。２０００年に次ぐ2度目の受賞は史上初めてという快挙でもあった。

中村にトップ下を任せ、〝大人のチーム〟に仕立て上げたのが監督の樋口靖洋であった。中村がジュニアユース時代、指導を受け、才能を引き出してくれた恩人でもある。

「樋口さんは選手の特徴、性格をよく把握していて、選手ファーストで気持ち良くプレーさせてもらえる。自分の身を削って、選手を照らすというか、そういう監督なんじゃないかな。育成組織で樋口さんのもとでプレーしてきたユウゾウ（栗原勇蔵）やテツ（榎本哲也）もそうだと思うけど、安心してプレーに専念できる。お互い細かくコミュニケーションを取らなくとも考え方は分かっているから」

樋口のもとで天皇杯を優勝できたことは、ちょっとした恩返しにもなった。

Ｆ・マリノスは新たなステップに入っていく。

樋口は２０１４シーズン限りで退任し、その年から英プレミアリーグ、マンチェスター・シティＦＣのホールディング会社「シティ・フットボール・グループ」（ＣＦＧ）が経営に参画することになった。

エリク・モンバエルツを監督に迎えて2年目の２０１６シーズンは10位にとどまり、クラブは思い切った世代交代に着手する。2連覇を知る榎本や、不動の右サイドバックとしてチームを支えてきた小林祐三のレギュラー勢を放出。選手のみならず、長年在籍したスタッフの契約も打ち切っている。欧州流のやり方も、変革が必要だということも否定しない。ただ、人間同士のリスペクトにおいてクラブ側との温度差を感じていた。

一選手なのだから「我関せず」の姿勢だって取れたはずである。しかし中村は選手サイドの意見を会社側に伝えてきた。スタッフの契約非更新についてははっきりと異を唱えた。

「本来、選手はクラブのことについて首を突っ込んだりはしない。あくまでピッチの上で勝つために一生懸命にやることが選手の仕事だから。ただ、F・マリノスとして違うんじゃないかと思ったことがいろいろとあって、言っていくのも自分の役割だと思えた。もうそこは来シーズンの自分の契約に何か支障が出たとしても。

もし俺が若かったら、何も動かなかったと思う。でも自分も若いときに、年長者の方がどう動くかを見てきた。たとえば日本代表のある先輩は、代表の出場給がクラブと違って安すぎると日本サッカー協会と戦ってくれた。結果、金額も上がったし、代表の価値自体も上がった。F・マリノスだってそう。先輩方が動いてくれたことで自分たちがやりやすくなったところがたくさんある。だからあのときは、みんなが思っていても言えないことを、自分が伝えなきゃと思ったのは確かだった。

カズシさん（木村和司）、タカシさん（水沼貴史）、金田（喜稔）さん……多くの先輩たちが頑張って伝統を築いてくれた。その後、俺たちはそのおかげでJリーグのよい環境でサッカーができた。先輩方には感謝しなきゃいけないし、その歴史は後輩たちにも示していかなきゃいけない」

日産自動車サッカー部は、組織としての強さがあった。スタッフ、会社の人を含めてつながりを大切にしてきたからこそ。だから中村に動かない選択肢はなかった。

中村には契約延長のオファーが届いていた。受け入れてしまえば、納得したと捉えられてしまうだろう。クラブを離れることなんてこれっぽっちも考えたことがない。それでも断腸の思いで、出ていくことを決断するしかなかった。

感謝――。先輩たちは、そしてこのクラブは中村に対していつも温かかった。桐光学園を卒業して加入したのが１９９７年。当時は日産時代からの獅子ヶ谷グラウンドを使っていた。もっとも思い出に残る場所だ。

「新人時代の獅子ヶ谷、練習場までの階段を上がっていくときに緊張したことを今も思い出す。だってあれだけのすごいメンバーだから。練習はやっぱりピリピリしていて、自分としては遅れを取りたくないから居残りでもずっとボールを蹴っていて。ホペイロにナベっていう人がいて、彼と1対1やったり、シュート練習やったり。本当は午後、練習しちゃいけないルールだったんだけど、あの自主練をやらせてもらったことが大きかった。

試合でも監督の（ハビエル・）アスカルゴルタや先輩たちから、ああしろ、こうしろって言われたこともない。ここに出せよ、とか、ミスするんじゃねえよって言う人もいない。逆にどんどん好きなことやって、どんどん失敗しろって」

大きな思い出になっているゴールが、J初得点を挙げた１９９７年5月3日、三ツ沢で行なわれたベルマーレ平塚戦である。後半途中から出場して、直接FKを決めている。

「1年目で、それも後から試合に出てくるガキに蹴らせてくれるんだから、ありがたかった。もちろん日ごろの練習から（FKは）いっぱい練習していたし、壁に入っているのが井原（正巳）さん、マツさん（松田直樹）たちだから絶対に当てないようにって緊張したし、（決まったら）信頼してくれるようになって〝蹴らしてください〟ってお願いしなくても、〝シュンがいけ〟みたいに言ってくれた。初ゴールは全然いいシュートじゃなかったし、ボールも低かった。それでもこれでチームの一員になれたかなって思えた」

いいチームメイト、いい環境に恵まれたがゆえに、日々成長できた。模範となる先輩がたくさんいた。

「井原さんのプロとしての姿勢を毎日見ることができたのはラッキーだった。（川口）能活さんだってそう。これくらいやんなきゃダメだって思えたし、真似すればいいんだって思えたから。小村（徳男）さん、野田（知《さとる》）さん、ヨシハルさん（上野良治）、アキさん（遠藤彰弘）……先輩方から本当に多くのことを学ばせてもらった」

F・マリノスを離れてからの中村はジュビロ磐田、横浜FCと渡り歩いた。愛着あるクラブに別れを告げた決断に今も後悔はない。次世代を担う喜田拓也たちに、F・マリノスの年長者としてあるべき姿を見せられたのならそれで本望だ。

「ボス（アンジェ・ポステコグルー監督）が来てから、クラブはうまくいっているんじゃないかな。選手だけじゃなく、スタッフ、社員含めてみんなヤル気になっているのが伝わってくる。もしクラブがちょっと違うなっていう方向に行ったら、キー坊（喜田）あたりは自分から動くと思うよ。そこって最後は〝マリノス愛〟だから」

中村俊輔はそう言って、口もとに柔らかい笑みを浮かべた。

対談

チームと選手を支える、新旧ホペイロのプロフェッショリズム

山崎慎 × 緒方圭介

「F・マリノスのスタッフはお互いをフォローしてリスペクトできている。そこから生まれた絆や団結力は本当に強みだと思う」

「一番偉大なのはエンブレム。F・マリノスのエンブレムに恥じないようにというプライドで、フォローしあえている」

クラブにはコーチングスタッフ、メディカルスタッフのほかにもチームを裏方として支える大切なサポートスタッフがいる。

通訳、主務、副務、ホペイロ（用具係）……彼らの働きがなければチームは回っていかない。チームのトレーニング、試合はもちろんのこと、ピッチやスタジアムを離れてからの業務も多い。現在は主務としてチームを支える山崎慎とホペイロの緒方圭介は、スパイクをこよなく愛する〝スパイク兄弟〟としても知られ、選手からも絶大なる信頼を得ている2人。スパ

イクのたまらない魅力から、あまり知られていない裏方の仕事までたっぷりと語ってもらった。

山崎　初対面はオガ（緒方）が鹿児島実業サッカー部3年生のころかな。インターンで3日間ほどクラブにやってきて、そのときから「ホペイロになることが将来の夢」と言っていてメチャメチャ印象に残ってた。

緒方　選手としてはずっとGKをやっていたんですけど、鹿実で現実を突きつけられて。ホペイロっていう存在を知ったその日から、ホペイロになりたいって思っていました。

山崎　高校を卒業するくらいに、日本工学院専門学校に進学すると報告をもらったよね。

緒方　はい。山崎さんの後輩になりました。高校時代のインターンはF・マリノスと、もう1つ別のクラブに行かせてもらったんですけど、山崎さんに憧れたところもありまして。

山崎　それ、いらないから（笑）。でもオガが入学して1年目に（サポートスタッフに）空きが出たから、卒業を待たずに声をかけたんだよね。そうしたら、「学校を辞めてでも入りたい！」って即答だった。コイツ、本当にすごい熱意だなって思ってすぐにクラブ側に相談したんだよね。

緒方　鹿児島から上京するときに、両親には「在学中にもしクラブから声がかかっても学校だけは卒業しなさい」と言われていました。まさか、1年目の冬に話が来るとは思わなかったんですけど、両親に「こんなチャンス二度とないから」と説得したら、納得してもらえました。

山崎　インターンで来たときから熱意がすごかったから、そこで僕もパッと、アイツがいいんじゃないかって思ったんだよ。

緒方　山崎さん、最初はスクールのコーチをされていたんですよね？

山崎　そう。２００９年にＦ・マリノスに入って、スクールコーチを1年経験して、２０１０年からキットマネージャーになった。ホペイロという呼称になったのはオガからだね。僕も前のスタッフが2人抜けて、その代わりに入ったようなものなので、最初は右も左も分からない状態で。スパイクをきれいに磨くとかは当たり前だとして、とにかく選手の要望に応えなきゃっていうのが先にあったね。オガがメインでやるようになってからのほうが、ホペイロの仕事としては進化していると思うよ。

緒方　僕は２０１２年にこのクラブに入ったのですが、山崎さんがやってきたことを真似してきただけ。スパイクをケアする道具が進化しているだけで、原点は一緒です。

山崎　スパイクに対する愛となるとオガのほうが上。

緒方　眺めているだけで幸せだし、スパイクに囲まれていると何だかホッとするんですよね。僕はいつもストーリーを考えてしまうんです。たとえば、選手にも市販のスパイクが届けられるんですけど、箱の蓋を開けた瞬間に、「このスパイクは、この選手に履かれるためにここにやってきたんだな。そしてＦ・マリノスを応援してくれる人たちを笑顔に変える商売道具になるんだな」って。もし、そのスパイクがサッカーショップに行ってたら、高校サッカーの決勝の舞台で履かれるスパイクになったかもしれない。別のストーリーがあるはずなんですが、「巡り巡ってここに来たんだな、この選手に履かれるために来たんだな」って思っちゃうんです。だから、〝新人スパイク〟を箱から取り出す瞬間は、ちょっとたまらないんですよね。

山崎　それは変態レベルだよ（笑）。

緒方　もちろんホペイロには、他にもユニフォームを洗ったりとか、畳んだりとか、たくさん業務がありますが、スパイクをいじったりすることは得意だし、ほかのクラブのホペイロができないような加工もできるのは僕の武器なのかなと思っています。でも、山崎さんもそうですよね。

山崎　当時担当していたシュンさん（中村俊輔）の話で言うと、5年以上も使っている革製のスパイクがあって、これは大事な試合しか履かないんだよね。かかとのプラスチック部分が割れていたのを見つけたから、ホームセンターでパテを買ってきて補修したことがあった。昔、シュンさんはスパイクを預けてくれなかったんだけど、次第に2足、3足と預けてもらえるようになって。それは嬉しかったな。

緒方　わかります。選手から信頼されることがホペイロの喜びでもあるので。

スパイクの管理といっても、ただ保管して、試合会場に運んでロッカールームに並べておくだけが仕事ではない。試合後は紐を取って丸洗いし、乾燥機で一足ずつかわかす。愛情をこめて丁寧にクリームを塗り、紐を通す。そして選手ごとの好みも理解し仕上げる。本当に手間も時間もかかる仕事なのだ。

山崎　選手がオガに信頼を寄せているのはすごく伝わってくる。スパイクに対する要望にも基本的には全部応えてあげているように感じるし、だから選手も気持ちよくスパイクを履けるんだよね。

緒方　でも山崎さんを僕は超えられないんですよ。

山崎　どういうこと？

緒方　たとえば、夜の試合が終わってスパイクのケアをやっていると、どうしても朝の4時、5時くらいまでかかっちゃうんですよ。山崎さんが以前やっていたときは、クオリティとかほぼ変わらない作業なのにもっと早く終えていましたよね。全然追いつけない。僕の場合、効率的じゃないんです。

山崎　それはオガが丁寧にやっているだけだよ。

緒方　そんなことないです。もっと山崎さんがやっていたときに、しっかり見ておけば良かったなって思いますよ。

山崎　さっきのシュンさんの話じゃないけど、スパイクにいろいろとこだわりを持っている選手も多いからね。

緒方　そういうのを強く感じた選手ってほかに誰ですか？

山崎　いまだと水沼宏太選手かな。僕がキットマネージャーをやり始めたころ宏太選手は新人時代だったんだけど、毎回自分で磨いていたね。アウェイの遠征に行ったら必ず僕の部屋に来て、自分の隣でせっせと。今はもちろんオガに任せていると思うんだけど。

緒方　宏太さんはこだわりがありますね。試合の前日まで同じスパイクを履いて、それをケアして試合の日に一緒のスパイクをまた履いていたんです。ただ、宏太さんの足の形って、結構珍しいんですね。できれば練習用と試合用を分けたほうがスパイクの状態はベストに持っていけるから、そうしませんかって提案したことがあったんです。そうしたら半年くらい経って、練習と試合のスパイクを完全に分けてくれるようになった。ケアしたらふっくらするポイントがスパイクの中にあるんです。宏太さんがスタメンで出たときはキックオフ前の円陣を組む前にタッチラインの所に水を飲みに来るんですけど、今はそこでふっくらするポイントをわざわざ僕の目の前で触ってくれて「きょうもいい仕上がりだ」って言って円陣に向かってくれるんです。

山崎　それが信頼だよね。

緒方　僕自身、選手たちのスパイクすべてにこだわりを持っています。紐をどの幅で置いておくのがこのスパイクの正しい形だとか、ベロ部分の高さをどこにしたらこのスパイクはきれいに見えるとか、そういうことも伝えます。

　ホペイロを経て２０１８年から主務になった山崎。主務の業務とはチームの移動、宿泊、食事の手配やスケジュール管理など多岐に渡る。コロナ禍での開催となったACL（AFCチャンピオンズリーグ）なら、ワクチン接種証明など多数の書類を揃えておくのも仕事だ。

山崎　最近で大変だったことと言えば、今年（2022年）の3月12日、アウェイでのコンサドーレ札幌戦。バスがいつもの倍くらいの大渋滞に巻き込まれて、空港に到着したのは、帰りの飛行機の搭乗時刻3分前。みんなにダッシュしてもらって。

緒方　えっ、そうだったんですか！　初めて聞きました。

山崎　選手たちの荷物は別便のオガに全部預けていたし、もし乗り遅れて泊まるとなっても、あれだけの人数で急に宿泊なんて無理だっただろうしね。今振り返ってもゾッとする。

緒方　僕も今年、飛行機であせった話をしていいですか？

山崎　どうぞ、どうぞ。

緒方　アウェイのサガン鳥栖戦（7月16日）なんですけど、一泊して翌朝チームより一本、早い便で帰る予定だったんです。そのときは、日本代表のE－1選手権に参加する7名のメンバーにスパイクを渡さないといけなくなったので、試合後にスパイクをケアして一睡もしないまま飛行機に乗ったんです。少し寝ていて起きたら機体不良かなにかで飛行機が動いていないのに気づいて。結局、飛べないってなったんですよ。

山崎　それは焦る！

緒方　後続の2つの便にランダムで振り分けることになったんですが、もし選手たちより遅い便になったらスパイクを渡せない。運良く同じ便には乗れたんですけど、結局、選手に渡すのが間に合わなくて、夜中に日本代表の宿舎に持っていきました。

山崎　4月にＡＣＬでベトナム遠征したときは、全員のワクチン接種証明とかビザとか、旅行会社と確認を取りながら書類をそろえる必要があっていろいろと大変だったけど、思っていたよりスムーズだったかな。気にかけていたのは食事面。日本人選手はやはり日本食を好むから、醤油とか日本の調味料を持っていくこともできたし。

緒方　主務の仕事は本当に対応力や調整力が求められるから、絶対、僕にはできないです。山崎さんはアンジェ（・ポステコグルー）監督からも認められていましたもんね。

山崎　毎回遠征のスケジュールをアンジェ監督に持っていくんだけど、「慎がこれでベストだと思うならそれでいいよ」と言ってくれてたね。自分の仕事をちゃんとリスペクトしてもらえてるなっていうのは感じた。もちろんそれは今のケヴィン（・マスカット）監督もそうだけど、嬉しい瞬間ではあるよね。オガはどういうときに感じる？

緒方　嬉しい瞬間ですか？　「スパイクをきれいにしてくれてありがとう」って選手に言われるのは、選手が１００パーセントで練習や試合に臨んでいる以上、僕も１００パーセントで返さなきゃいけないのでプロとして当然なんですよ。もちろん、嬉しくないわけじゃないですけど（笑）。ただ、それよりもキックオフの瞬間が一番嬉しいかな。スパイクとかユニフォームとか問題なくちゃんと準備できたから試合ができるというところもありますから。

２人がF・マリノスのサポートスタッフとしてクラブにかかわって10年以上になる。悔しい思い出として２人が口をそろえるのが、あと一歩のところでリーグ制覇を取り逃がした２０１３シーズンだ。

緒方　今も強烈に覚えています。最終節、アウェイの川崎フロンターレ戦（12月7日）に敗れて優勝できなくて。当時、キットマネージャーだった山崎さんはスパイクのケアもできないほど何も手につかずに、そのまま帰っちゃうっていう。

山崎　ふたりとも完全に抜け殻状態だったね（笑）。

緒方　負けた翌日も、リラックスルームでサッカーの映像を見ただけで、また何もできないまま帰っちゃった。準備していたチャンピオンTシャツを、ため息つきながら片づけなきゃいけなかったり……。あと、荷物を運搬するトラックの話で言うと、優勝が懸かった試合のときに山崎さんが洗車したということで、あれから洗ってないんですよね。

山崎　日産スタジアムでのアルビレックス新潟戦（11月30日）ね。僕、そのとき初めて洗車したのよ。その1回だけ。そうしたら勝てなかった。

緒方　だから僕は今も1回も洗ってないです。たとえば遠征で高速道路に乗ってフロントガラスにゴミがついても、雨で流すようにしています（笑）。もちろんトラックの中はきれいにしていますけど。

山崎　だからこそ２０１９年のリーグ優勝は本当に嬉しかったよね。

緒方　チャンピオンTシャツ、ようやくみんなで着れましたもんね。スタッフのみんなとも喜べて嬉しかったです。

山崎　ほかのクラブのことはわからないけど、F・マリノスのスタッフはお互いをフォローしあえる関係性があると思う。今はクラブハウスがなくて、環境的には良くないかもしれない。だけど、自分の仕事をちょっと超えてというように、互いにフォローしあって、リスペクトしあえている。そこから生まれた絆や団結力は本当に強みだと思うよ。

緒方　本当にその通りです。試合が立て込んだりしたときは練習場に行かず、試合の準備を優先してやらせてもらっているのも、他のスタッフのフォローがあるから。僕は、一番偉大なのはこのエンブレムなんじゃないかなって思っています。やっぱりF・マリノスのエンブレムに恥じないようにって、みんな思っているんですよね。そのプライドというか。みんなでいい仕事をするためにフォローしあえるのかなって感じます。

山崎　で、トラック、まだ洗わないの？

緒方　だから、洗っちゃダメですって（笑）。

杯全日本サッカー選手権大会
NNERS
4 TOKYO NATIONAL STADIUM
SAYONARA
国立
競技場
FOR THE FUTURE
PRIDE OF MATSUDA
優勝

45
今度こそ
Siempre en
el Corazón
天皇杯
第93回

4章

2014年〜2019年

CFGとの提携、アタッキングフットボール革命

嘉悦朗
ドゥトラ
中澤佑二
栗原勇蔵
仲川輝人

2014年

CFGとの資本提携がスタート

「タイトルは天皇杯だけだった。
でも今のＦ・マリノスにつながる基盤を残したと
思っていただけたら、これ以上の喜びはない」

――嘉悦朗

２００９年、横浜Ｆ・マリノスは存続の危機に立たされていた。

前年に起こったリーマン・ショックが筆頭株主である日産自動車の経営を直撃し、Ｆ・マリノスにもその余波が広がっていた。ただでさえ、マリノスタウンに莫大なコストが掛かっているのに加え、日産からのサポートが２００９年以降大幅に削減されてしまう。毎年多額の補填を受けてきただけに、クラブの経営再建が急務となっていた。

赤字体質の脱却に着手していた斎藤正治社長が病気療養に入っていたため、日産自動車執行役員を務める嘉悦朗が代表取締役社長代行としてクラブにやってきた。

カルロス・ゴーンのもとで「日産リバイバルプラン」のプロジェクトリーダーを務めた一人であり、グローバル本社のみなとみらい移転における責任者でもあった。サッカー好きとして知られる彼は２０００年代初頭に一度クラブの社長に立候補したのだが、プロジェクトを理由に却下された過去があった。

日産からのバックアップは一番多かった時期と比べるとかなりの金額が削減された。当然ながら強化にもお金が回っていかない。チームも２００９シーズンは中位から下位をさまよっていた。経営も、チーム力も停滞期に入っていた。それでも嘉悦はサッカーの世界に飛び込んできた。

「トップからは〝辞退してもいいぞ〟とは言われていたんです。確かに、クラブはあらゆる面で最大の危機に直面していましたから。ただ、日産への過度な依存から脱却し、持続可能な成長を目指していく、その基盤をつくるのが自分の使命だと覚悟を決め、引き受けました。目指したのはF・マリノスの『再生と進化』。まずは経営の正常化を図り、同時にチーム成績も本来いるべきポジションに戻す。その上でさらなる進化を目指すという意志を込めました。そのためには、コスト削減だけではダメで、自主売上を劇的に伸ばし、常に強化の原資を作りながら成長していくという好循環へのシフトが必要でした」

嘉悦はこの年の7月、代表取締役社長代行に就任し、翌２０１０年2月から「代行」が取れて代表取締役社長となる。

着任早々、毎年のように入場者数が減っている理由をクラブスタッフに尋ねてみた。すると「トップチームの成績が悪いから」と予想通りの答えが返ってきた。そこでプロ野球の阪神タイガースを例に挙げ、こう呼びかけた。「チームが低迷していても甲子園球場はいつも多くのお客さんでにぎわっているじゃないか。我々が目指すべきは甲子園じゃないのか」と。

呼びかけただけで終わりではリーダーではない。具体的な道を示してこそのリーダーだ。日産の再建にも大きく貢献した部署横断型のプロジェクトチームである「クロス・ファンクショナル・チーム」（CFT）の手法を持ち込み、1試合平均入場者数を前年比20パーセントアップの2万6500人にするという目標をブチ上げた。

「パーチェス・ファネル」というマーケティング理論がある。一般の顧客が自社製品を購入し、リピーターになるまでに、いくつかの段階を経て絞り込まれていく様子が、逆三角形のろうと（ファネル）のような形になることを表したものだ。具体的には〝認知→親近→好意→購入意向→購入→再購入〟と6つの段階を経るごとに支持者は減少していく。従って、各段階に応じた対策を講じ、減少率を緩やかにするしかないのだが、嘉悦は、その対策を〝ホームタウン活動〟〝プロモーション活動〟〝ホスピタリティ向上活動〟の3つの領域で担当するCFTに検討させた。ここから出てきた55のアイデアが、クラブ再建の礎となっていく。

「3つのチームから斬新なアイデアが次々に出てきて、本当に驚きましたし、改めてこのクラブのポテンシャルを感じました。日産への過度な依存から脱却するには、自分たちの知恵を絞って自主売上を伸ばすしかありません。不安はありましたが、初年度に平均入場者数を16・4パーセント（2万5684人）伸ばすことができ、自信は深まりました」

ホームタウン活動では日産スタジアムのある港北区を重点地区に設定して「スペシャル

キャラバン」をすべての小学校で実施した。トップチームの選手をゲストとし、〝認知→親近→好意〟を深めた。これにより全観客数のなかで数パーセントに過ぎなかった港北区民の比率が、2ケタ台にまで跳ね上がった。

プロモーション活動では新横浜スケートセンターや横浜・八景島シーパラダイスなど近隣施設とのコラボレーションを積極的に実施。フィギュアスケートのチケットを持っている人は割引にするなど、他のスポーツファンにも〝購入意向〟を持ってもらえるよう工夫した。

そして、ホスピタリティ向上活動。来場した人たちが、試合結果にかかわらず、リピーター（＝〝再購入〟）になってもらうにはスタジアムの満足度を上げなければならない。

「このホスピタリティという切り口はスタッフから出てきました。〝社長、試合結果に左右されずに満足度を上げるには、ホスピタリティの向上は欠かせない要素です。やりましょう〟と。それを学ぶために、ホスピタリティの満足度が圧倒的に高いディズニーランドでの研修も実施しました。来場者の一人ひとりが異なる期待を持ってスタジアムに来ていることを理解し、それぞれに柔軟に、誠実に対応しなければならないことを改めて学びました」

スタジアムのボランティア、警備員など試合運営にかかわるすべての人々に「セーフティー」「チームワーク」「フェアプレー」という3つのキーワードを入れた〝クレドカード〟を作成して渡した。毎試合、開場の3時間前には試合運営にかかわる全員にスタジアムの席に座ってもらい、大型ビジョンでクラブの歴史や3つのキーワードの意味を伝える5分間の映像を観てもらうことを決まりごとにした。

「たとえば風の強い日、スタジアムまわりのテントをたたむかどうかの判断も、以前なら一つひとつ本部に確認していたようです。ただ、スタッフ全員がセーフティーを共有したことによって、それぞれの状況に応じた柔軟で適切な判断ができるようになりました。また、言葉の共有だけでは足りないので、5分間の映像を観てもらった後、毎回、スタッフの1人に、ホスピタリティに関する個人的なエピソードを話してもらうことも決まりごとにしました。〝私は以前、お客様にこういうことで叱られた、こういうことで褒められた〟という経験値をみんなで共有し、蓄積できれば、引き出しが増えますから」

もちろん、入場者数の増加には、嘉悦が自らスペインに飛び、最終交渉にあたって実現した中村俊輔の7年半ぶりの復帰も大きく貢献したことは間違いない。ただ、クラブが総力を挙げて高い目標に挑戦し、わずか1年で目標の平均入場者数2万6500人に近づけたこの成功体験は、クラブ全体の挑戦意欲をさらに引き出すエネルギー源になった。

嘉悦はCFTをさらに6チームつくり、スポンサー収入、グッズ販売、スクール事業の収益増にも注力する。日産からの支援が大幅に縮小されたため、2010年から3年連続で約5億円規模の赤字を出すことになったが、優勝争いをした2013年期は、就任時の2009年に比べ、入場料収入で26・5パーセント、スポンサー収入で10・3パーセント、スクール事業で10・7パーセント、そしてグッズ販売では80・1パーセントと軒並みアップ。決算も5年ぶりに黒字を出した。

「特にグッズの伸びはすごかったです。女性スタッフの意見をどんどん反映していった結果でした。こうしてすべての売上がグングン伸びて、日産からの補填がない状態でも黒字にできたわけですから、クラブ全体として大きな達成感を持つことができました。

ただ、自力での黒字化は価値ある成果でしたが、その額はわずかに９００万円。つまり、〝つま先立ち〟の状態だったわけです。この２０１３年はシーズンを通して優勝争いを続けたことに加え、天候にも恵まれたというプラスの要因がありました。もし１試合雨の日が増えれば入場者数が減って収支はトントン。２試合雨だったら赤字に転じたと思います。達成感があった一方で、〝ここまでやっても、つま先立ちなのか……〟と挫折感のようなものを感じましたし、率直に言うと、この時点で改革の次の一手はありませんでした。そんな矢先にＣＦＧ（シティ・フットボール・グループ）の話が出てきたんです」

２０１２年からスタートしたＪリーグのクラブライセンス制度の影響もあった。３期連続の赤字、また２０１４年度決算から債務超過になるとライセンスが交付されなくなる。経営改革は進んでいるとはいえ、徳俵に足を掛けた状態であることに変わりはなかった。

ＣＦＧは英プレミアリーグの強豪マンチェスター・シティを筆頭に、米ＭＬＳのニューヨーク・シティ、豪Ａリーグのメルボルン・シティを傘下に置いている世界的なネットワークを誇るサッカー事業グループだ。あと一歩でリーグ優勝を逃がし、経営改革の限界も見え始めていた２０１３年の暮れに、日産を通じてＣＦＧを紹介されたことがきっかけだった。

「天皇杯も大詰めを迎えた年末でした。ＣＦＧの首脳陣が来日して、顔合わせをしたんですが、最後にこう持ちかけられました。〝年明けにマンチェスターに来て私たちのすべてを見てください。そしてもし確信が持てたら、話を進めてみませんか〟と。そこで樋口（靖洋）監督と一緒に、マンチェスターに行くことにしました」

元日に天皇杯を制して１週間も経たないうちに、２人はマンチェスターに飛んだ。そこで嘉悦は世界最先端とも言えるノウハウとシステムに圧倒されることになる。才能を大きく育て上げるアカデミー、トレーニングとコンディショニングに導入された先進的なスポーツ医学……。そういった最先端の仕組みやノウハウを次々に目の当たりにした。

「何より驚いたのがスカウト関連のシステムでした。彼らはパソコンを１台持ってきて、〝ここにすべてが入っている〟と言うんです。彼らが採用するゲームモデルとリンクしたポジションごとに世界中から発掘した選手名が表示されていて、それをクリックすると、試合映像をはじめ、あらゆる詳細情報がバーッと出てくる。〝私たちの仲間になったらこれを共有できます〟と彼らは言うわけです。最高の殺し文句でもありました。

あの年（２０１３年）にリーグ制覇できなかったのは、〝チームスタイルの構築〟を進めてきたものの、何か決定的な要素が足りなかったからという認識がありました。経営改革とチームづくりの両面で大きな成果は出た。しかし、同時に大きな壁にぶち当たってしまった。何とかこれをブレークスルーしたい。そんなタイミングでＣＦＧが登場したんです」

２０１４年７月、ＣＦＧは日産自動車とグローバルパートナーシップを結び、そのうえでＦ・マリノスの株を19・95パーセント保有する少数株主となった。日産に過度に依存した経営からの脱却を模索していたF・マリノスにとっても、そしてF・マリノスへの支援を適正化したい日産にとっても、CFGとの提携は〝渡りに船〟であったと嘉悦は言う。

「日産としては、かつてF・マリノスに使っていた多額の資金の一部も含めてマンチェスター・シティのオフィシャルスポンサーになることで、よりグローバルな宣伝効果を得られます。一方、F・マリノスは経営、チームづくりの両面で、シティの先進的な仕組みやノウハウを学ぶことができ、クラブの自立化が加速されていくわけですから」

株式を19・95パーセントにとどめたことも重要だった。CFGは、2014年時点でニューヨーク・シティ、メルボルン・シティの株式を80パーセント保有しており、F・マリノスも同様にCFGが筆頭株主になるという選択肢もあったはずだ。もちろん、Jリーグの外資規制があるためハードルは高いが、そもそも日産もF・マリノスも、これまでと同じように日産が筆頭株主であり続けることは譲れない一線であったようだ。

CFGのスカウトシステムで採用した初めての監督がフランス人のエリク・モンバエルツである。パリ・サンジェルマンやトゥールーズのトップチームや、フランスU－18代表、U－21代表での指揮などキャリア豊富な指導者だ。

「私たちなりにフィロソフィーをつくり、こういうゲームモデルで戦いたいとシティ側に伝えたところ10人以上の候補者が出てきました。それを私たちの判断で数名まで絞ったところで全員とリモート面談を行い、モンバエルツさんに絞りました。

彼は我々の問いかけに対し、自宅の本棚から自分が書いた本を取ってきて、モニター越しに示しながら、〝それはこのようなトレーニングをすることで解決できる〟と明確な答えを見せてくれました。また彼はこう断言したんです。〝F・マリノスの試合は映像で何回も見た。確かに攻守の切り替えの速さは素晴らしいし、ボールの奪いどころもよく分かっている。ただそこからのスピードが遅い。世界の強いチームはボールを奪ってから数秒で得点できる。ここが改善されなければならない最大のポイントだ〟と。

具体的で説得力のある指摘が次々と出てきたことが決め手でした。実際、日本に来てからのトレーニングを見ても欧州のスタンダードがチームに落とし込まれていきました」

ＣＦＧのスカウト網は当然、選手の獲得にも役立つことになる。そのなかからピックアップしたのが、ロマーリオの再来と呼ばれ、ブラジルの世代別代表で10番を着けていたサンパウロのアデミウソンだった。年齢はまだ21歳で、彼にとってもＣＦＧのネットワークに乗ることで、活躍次第によってはマンチェスター・シティにつながる可能性もゼロではないのだから日本行きも悪い話ではなかった。

ＣＦＧとのパートナーシップで世界基準のチームづくりを促し、そのスカウト網によって、のちに監督では２０１８年にアンジェ・ポステコグルーを、２０２１年夏にはケヴィン・マスカットを、選手ではマルコス・ジュニオール、チアゴ・マルチンスらを呼び寄せることになる。ＣＦＧとの提携による成果が表れたのが２０１９年のリーグ制覇であった。

ＣＦＧ主導ではなく、あくまでF・マリノス主導。週１回、ＣＦＧとのリモート会議には必ず出席した。目指すサッカーのスタイルからスカウト、組織の編成に至るまですべてにおいて、あくまでパートナーであるという関係性をお互いに逸脱しないよう、嘉悦は腐心する。依存や支配ではなく、自立のためのパートナーシップであることへの理解を求め続けた。

「ＣＦＧに対しては〝あなたたちのほうが当然、質の高いノウハウを持っている。しかし、Ｆ・マリノスにも20数年の歴史のなかで築きあげた知見やプライドがある。我々のやり方をすべて否定するようなことだけはやめてほしい〟と伝えました。会議では試合のレビューもやりますし、そこでは厳しい指摘や批判もあります。ただ、受け入れがたい意見に対しては〝もっと我々のことを信頼してほしい！〟と、思わず熱くなったこともありました」

日産への過度な依存からの脱却、ＣＦＧとの提携などに取り組んできた嘉悦にはもう一つやるべき仕事があった。それは新聞などで年間約6億円とも報道された維持費がクラブ経営の大きな負担として重くのしかかっていたマリノスタウンからの移転。２０１６年5月に横浜市との10年契約が終了するため、その1年前に大きな決断を下した。

「（移転は）避けて通れない道でした。一方、選手やファン・サポーターの皆さんには納得してもらわなければならない。経営努力もしないで、ただ重荷だから移転するというのでは納得は得られません。だから私は新体制発表会やシーズン最後のあいさつなど、事あるごとに経営の話をし続けました。時にはサポーター席から〝もういいよ！〟とヤジが飛んだこともあります。ただ、クラブを挙げて収益改善に取り組んでいる姿を共有してもらうことは必須でした。特に２０１３年はすべての売上が過去最高水準だったのに、わずか９００万円の黒字でしたから、つま先立ちの収益構造は理解してもらえたと思います。もちろん、水面下では数年かけて関係各所と移転回避のための交渉を重ねました。しかし、大きな流れを変えることはできませんでしたので、幕引きは自分の責任でやるしかないと覚悟を決めました」

嘉悦は２０１５年12月31日をもって代表取締役社長を退任する。代行に就任してから6年5カ月の在任期間は30年の歴史で歴代最長である。

「私が社長をしていた期間のタイトルは天皇杯しかありませんし、２０１３年のリーグ戦はトラウマになるような結末でしたから、今でも重い責任を感じています。でも、その後、２０１９年にリーグ制覇を果たしてくれた。今の横浜F・マリノスにつながる何らかの基盤を残したと思っていただけたら、これ以上の喜びはありません」

嘉悦が取り組んだ改革は、もっと先にならないと評価できないのかもしれない。しかしながら、F・マリノスを自立させ、持続可能なクラブにしていく、その不退転の覚悟を曲げることのなかった6年5カ月であったことは言うまでもない。

2014年

最強の助っ人が捧げた213試合

「三ツ沢の生誕祭のときの写真は僕の宝物。今も自宅に飾っているんです」

——ドゥトラ

クラブ史上最も試合に出場した外国籍選手と言えば、左サイドのスペシャリスト、アントニオ・モンテイロ・ドゥトラである。

２００１年８月から２００６年シーズンまでが第１期、そして38歳で戻ってきた２０１２年から２０１４年７月までが第２期。リーグ戦２１３試合出場は〝助っ人〟で断トツの数字であり、２００１年にはヤマザキナビスコカップ優勝、２００３年、２００４年にはリーグ２連覇、そして２０１３シーズンには天皇杯制覇と、主要３タイトルをこのクラブですべて経験したのは、横浜F・マリノスに移行して以降、日本人選手も含めて彼しかいない。Ｊリーグベストイレブンに２度輝いている助っ人もドゥトラだけだ。そのプロフェッショナルな姿勢はチームメイトから常にリスペクトされ、模範の人でもあった。

２００１シーズン、横浜F・マリノスは過去最大のピンチに陥っていた。ファーストステージはわずか3勝で勝点を11しか積み上げられず、オズワルド・アルディレスは解任。１９９０年のイタリアワールドカップでブラジル代表を率いたセバスティアン・ラザロニが招聘された。その新指揮官に誘われる形でスポルチ・レシフェから半年間の期限付き移籍で横浜F・マリノスにやって来たのがドゥトラだった。

「ジーコが日本のサッカー文化を高めた先駆者であることは知っていましたが、日本自体に対するイメージってそんなになくて、地震が多いとか、言葉が難しそうだとか、そういうことくらい。実際、チームに入ってみて感じたのは思ったよりも個々の技術力、サッカー自体のレベルが高いということ。行き来が多い、テンポが速いという日本サッカーならではの特徴も感じたので、これは自分のフィジカルをしっかり上げなきゃいけないと思ったことを覚えています」

外国籍選手の場合、日本文化に溶け込めるかどうかも大切な要素になる。列に割り込みしないで並ぶ、ゴミをあちこちに捨てないなどマナーを重んじる文化は、生真面目な性格の彼にとってなじみやすかった。

左のウイングバックをラザロニから託された。デビュー戦となったのはセカンドステージ第1節の8月11日、ホームでのアビスパ福岡戦。いきなり決勝ゴールを挙げたその日は28歳の誕生日であった。日本の地で自分のキャリアが花開きそうな予感を抱くことができた。献身的なアップダウンはもちろんのこと、トップ下に入る中村俊輔との連係はチームの新たな武器になっていく。

ヤマザキナビスコカップの初優勝に貢献し、残留を懸けて臨んだのが最終節の11月24日、アウェイでのヴィッセル神戸戦。中村が累積警告で欠場となったために急きょ、セットプレーのキッカーとなり、前半14分に直接フリーキックを叩き込んだ。結果的には1－1のドローでアビスパが負けたために残留が決まったものの、もし彼の一発がなく、アビスパが勝っていればJ2降格になっていた。デビュー戦の決勝ゴールといい、最終節の直接FKといい、ドゥトラがいなければJ1残留は果たせなかったかもしれない。

「個人的にもヴィッセルとの試合はすごく思い入れがあります。プレッシャーのかかる難しいゲームでゴールを決めて、J1に残ったことでF・マリノスでのキャリアが本当に始まったなって思えましたから」

ドゥトラの貢献度は計り知れない。1シーズン限りで日本を離れる助っ人も多いなか、クラブも彼を手放そうとはしなかった。2003、2004年のリーグ2連覇達成も、左サイドの制圧なくしては語れなかった。

「じつは岡田さんとのことで、誰にも言ったことがない話があるんですよ」

彼はそう言って、胸のなかに大切にしまっておいた岡田武史監督とのエピソードを取り出してくれた。2004年10月23日、2－1で勝利したFC東京戦の後のことだ。

「試合中にちょっと治療期間が長めになるかもしれないケガをしてしまったんです。最後までやり切りましたけど、翌日に検査を受けたらやっぱり予想どおりの診断結果でした。落ち込んでいるところに岡田さんがやってきて〝治療のためにブラジルに戻ったらどうだ〟と言ってくれたんです」

指揮官からの提案は異例中の異例と言っていい。シーズンは終盤に差しかかっていたものの、チャンピオンシップに向けた準備がある。日本で治療するのが当たり前なのだが、長いシーズンのなかではリフレッシュを兼ねて外国籍選手のほうから「自分の国に一度帰らせてほしい」と申し出るケースも少なくなかった。

元々、ドゥトラは日本で治療するつもりであっただけに驚いた。そして何よりも岡田の気配りが嬉しかった。

「〝帰っていいぞ〟と言ってもらえるのも、信頼してくれているから。〝コイツは大丈夫、ブラジルに戻ってもしっかりコンディションをつくってくる〟と。岡田さんからの信頼というものをすごく感じて、感動を覚えたんです」

感極まったドゥトラはその場で涙した。岡田の信頼に応えるべく、ケガを完治させ、コンディションもつくって１カ月後には復帰を果たしている。浦和レッズとのチャンピオンシップでも攻守にフル回転で働いた。

２戦合計１－１となってＰＫ戦に進み、ドゥトラは４人目のキッカーに指名された。ここでゴールネットを揺らすことができれば、リーグ２連覇が決まる。

ＧＫの動きを見ながらゴール右隅へのスピードを殺したコロコロＰＫに、山岸範宏は反応できずに見送るしかなかった。

かなり落ち着いていた。

そう伝えると、リモート越しの彼は深く頷いていた。

「もちろん。ボールを持った瞬間に、自分としては優勝できるという確信を持って蹴りに行きましたから。ネイマールもあれを見て相手とのタイミングを外す蹴り方を覚えたんじゃないですかね（笑）」

信頼してもらったことへの恩返し。ドゥトラは岡田とも抱き合った。そのときの感触は今もしっかりと覚えている。

岡田がチームを去った２００６シーズンを最後に、家族とともにブラジルへ帰国する。子どもたちもすっかり日本が気に入っていた。横浜を離れるのは寂しかったが、いい思い出しかなかった。6シーズンを過ごすことができ、クラブには心からの「ありがとう」を伝えた。

このとき33歳。再び舞い戻ってくることを予想した者など、誰もいなかったに違いない。もちろんそれは本人でさえも。

スポルチ・レシフェに復帰してからも活躍を続けていた。

30代後半になったところで衰える気配はなかった。ストイックな生活を送ってきた努力の賜物。現地の新聞でも主人公が若返っていく映画『ベンジャミン・バトン 数奇な人生』になぞらえた記事が出たほどであった。現地では「小さなエンジン」というニックネームで呼ばれた。

「止まらないでずっと動き続けているから、そんなふうに呼んでくれていました。リベルタドーレスカップにも出場できたし、ブラジルでまだまだやれるなという実感はありました」

日本と疎遠になっていたわけでもない。通訳として友人として仲の良いクラブスタッフの細川パブロ大《ひろし》とは定期的に連絡を取り合っていた。

２０１１年8月、チームメイトであった松田直樹の悲報を知ることになる。

「あれだけ活発で元気なマツが亡くなるってこと自体、まず信じられませんでした。本当なのかってニュース記事を何度も確認しました。大きなショックを受けると同時に、深い悲しみを感じた瞬間でもありました」

スポルチ・レシフェから同じ町にある3部サンタクルスに移籍し、キャプテンとしてチームを引っ張っていた折、細川がコンタクトを取ってきた。２０１２年1月、松田の追悼試合となる「松田直樹メモリアルゲーム」への参加要請だった。「ヒロ、行かせてもらうよ」とすぐに返答した。

5年ぶりの日本。松田への思いを胸に、日産スタジアムのピッチに立ったドゥトラは昔と変わらぬパフォーマンスでスタンドを盛り上げた。追悼試合とはいえ、コンディションの良さはチーム強化責任者の目にも留まった。サイドバックを補強ポイントに置いていた古巣からまさかの熱視線。「ドゥーは姿勢もプレーも凄いから」とリスペクトしていた松田がつなげた縁だった。

「もうそろそろ引退しようと思っていたところに、メモリアルゲームへの参加要請がありました。マツのために、ということだけ。だからF・マリノスに戻ることなんてまったく考えていなかったし、オファーが来るなんて想像すらしていなかった」

まさかのまさか。獲得の検討段階に入っていることを知らされると、細川には「もし必要とされるなら行きたい」と伝えていた。家族も喜んでくれた。またみんなで大好きな横浜で生活できる。引退を先延ばしにし、F・マリノスですべてを出し切って現役キャリアを終えたいという新たな目標ができた。

２０１２年3月、〝再加入〟が決まる。6年前とはメンバーもかなり入れ替わっていたため、昔のチームと印象は随分と違っていたという。

「若い選手が多くて、チームは今、変革期にあるんだなと感じました。ただベテランにはボンバー（中澤佑二）、シュン（中村俊輔）、マルキーニョスたちがいて、若手と融合していければ何か成し遂げられるんじゃないかという期待感が僕のなかにもありました」

アラフォーになっても激しいアップダウンを繰り返せるのは、徹底した自己管理と練習前後のケア、トレーニングがあるから。若手の模範となるために、ベテランが率先して働かなきゃいけない、というのが彼の持論でもあった。２００３年時にもチームメイトだったマルキーニョスに「ドゥトラはプレーヤーの鑑。10年経った今も変わらない。年上の彼以上にやらなきゃいけないという思いを抱かせる」と言わせるほど、ベテランのチームメイトに対しても刺激を与えていた。

ドゥトラはこのように振り返る。
「いつ休むか、どれだけ休むか、どのように疲労を回復させるか、またはトレーニング強度をどこまでにすればいいか。僕は自分の体をすべて分かっているから、試合から逆算しながら落とし込んでいくことが可能でした。よく覚えているエピソードがあります。グラウンドを走るトレーニングで、僕が時計もないのにほぼ同じタイムで1周を回っていることに監督の樋口（靖洋）さんが気づいて〝凄いな。どうしてできるんだ？〟と尋ねられたことがあります。自分のリズム、自分の体を分かっているからできること。これこそが長くやってこられた一番の秘訣と言えるかもしれません」

復帰2年目となった２０１３シーズン、チームは開幕から6連勝を挙げて最高のスタートを切る。ドゥトラも不動の左サイドバックとして存在感を示し、連戦であっても変わらぬパフォーマンスを続けていた。

40歳の誕生日前日だった8月10日、ニッパツ三ツ沢球技場でのサガン鳥栖戦は「ドゥトラ生誕祭!!」と名づけられ、約1万人にドゥトラのお面が配られた。スタンドはドゥトラであふれかえった。そのなかには彼の家族もいた。１４０席あったR－40ドゥトラシートも即日完売。ファン・サポーターからも愛されていた。

「ファン・サポーターからの愛情はいつも感じていました。２００６シーズン限りでチームを離れたときも、成田空港までたくさんの人が見送りに来てくれましたから。あの生誕祭も、もう引退間近な自分に対して、あんなふうに祝っていただけるとは思わなかった。あのときの写真は僕の宝物。今も自宅に飾っているんです」

みんなと一緒に、優勝したい――。オジさんと若手が融合したF・マリノスの快進撃は続き、チャンピオンシップで浦和レッズに勝った２００４年以来となる優勝に王手をかけた。だが、アルビレックス新潟、川崎フロンターレとの最後の2試合に敗れ、取り逃がしてしまう。

ドゥトラは「今も説明がつかない」と語る。大きくため息をついた後、言葉を続けた。

「シーズン前には〝ベテランが多いF・マリノスはダメでしょ〟みたいな評判を聞いていました。でも僕は、やるべきことをやっていけば大丈夫だと思っていました。そのとおりに最初の評判を覆していくことができた。満員の日産スタジアムでアルビレックスに勝てば、優勝を手にできる。ケガ人がいるわけでもないし、メンバーもそろっていた。やるべきこともやった。だけど勝てなかった。優勝する運命じゃなかったとしか言いようがない」

ショックはあったものの、立ち止まろうとはしなかった。受け入れ難いことがあったとしても、次の目標に向かって準備していくだけ。気持ちを切り替えて、試合から逆算しながら調整して天皇杯優勝を成し遂げ、ファン・サポーターと一緒に喜べたことは忘れられない思い出になった。

40歳で引退することは心に決めていた。

ラストマッチとなったのが２０１４年7月27日、アウェイでの名古屋グランパス戦。いつものように90分間、フルに走り切ってプロのキャリアを終えた。

「あの試合を終えたときに幸せを感じたんです。90分間しっかりやり切った達成感というだけじゃなく、次の試合がない状況であっても最後の最後までやるべきことをやって終えることができた達成感。樋口さん、チームメイト、スタッフ、ファン・サポーターすべての人に感謝でした」

グランパス戦の前節、ホーム三ツ沢でのヴィッセル神戸戦ではセレモニーが行なわれ、ファン・サポーターには生の声ではなく、収録した映像で引退を報告している。みんなの前に立つと、泣いてしまって感謝の言葉を伝えられないというのがその理由だった。

「きっと一言、二言しかしゃべれずに、泣いてしまうと思ったんです。それだと僕の思っていることがきちんと伝わらない。だから録画にしてもらいました」

シャイなドゥトラらしい。ブラジルに帰国する際には、便名を明かさなかった。サポーターに成田空港まで来てもらうのは申し訳ないとの思いからだった。

ブラジルに帰国してからは２０１７年に古巣スポルチ・レシフェのアシスタントコーチを務め、翌年には同じく古巣のサンタクルスＵ－20チームの監督を任された。だがクラブとの方針の違いもあって6カ月で退任。ほかのクラブから誘いもあったなかで、サッカー界から距離を置くことにした。現在はレシフェで実業家として成功を収めている。

Ｆ・マリノスのことは「真ん中の息子が今も熱烈なサポーター」という次男アンドレを通じて結果や情報を入手している。ちなみに彼は「それも熱烈なシュンスケファン」。パパ以上に中村のことを応援していたそうだ。

今も、映像で何かとよく見返しているゲームがある。

両ステージ制覇を果たすことになる、２００３年セカンドステージ最終節のジュビロ磐田戦である。１人少ない状況で、かつ０－１のビハインド。反撃の狼煙を上げたコーナーキックのシーン。キッカーのドゥトラは正確なキックでニアに飛び込んできた久保竜彦の頭に合わせた。ＧＫがそのシュートを弾き、ＤＦがクリアしきれなかったところをマルキーニョスが頭でねじ込んだ。何度見てもいつも胸を熱くする。

残留を決めた２００１年の直接ＦＫよりも、チャンピオンシップを制した２００４年のＰＫよりも、Ｊ１史上４人目となる２０１３年の40代ゴール（当時。２０２２年時点ではジーコ、三浦知良、中山雅史、中澤佑二、中村憲剛との６人）よりも、この〝反撃のアシスト〟がＦ・マリノスのキャリアで最も心に残っているシーンだという。

「１人少ない10人で負けている状況ながら、あそこで自分のキックから同点になりました。強いボールを蹴ってタツが当てて、そしてマルキーニョスが決めてくれた。あの試合を僕はときどき見たくなるんですよ」

いかなる状況であろうとも、不可能なことなどない。

そう教えてくれた、人生訓になった一戦でもある。思い出に浸るために見ているわけではない。これからの自分に待つ次の〝試合〟のために――。スパイクを脱いでも、最高の準備をする日々をブラジルの地で送っている。

2018年

クラブ歴代最多出場の鉄人、引退

「自分がここまでやれたのも、育ててくれたF・マリノスがあるから。ここで終えるのが、一番いいんだと思えました」

——中澤佑二

ベテランになって大きな変化にアジャストするのは簡単ではない。

それでも受け入れて、何とかやってみようとするのが中澤佑二である。不惑の40歳を迎え、チームキャプテンに復帰した２０１８シーズンに、オーストラリアからアンジェ・ポステコグルーがやってきた。

極端なハイラインを敷いて最終ラインを高く押し上げ、サイドバックが内側に入ってビルドアップに加わり、パスをつないで相手を押し込んでいくアタッキングフットボール。ラインを低く設定して両ワイドの突破力で勝負する前年までの堅守速攻スタイルからの大転換である。

中澤は旬を過ぎた人では決してなかった。２０１７シーズンも全34試合のフルタイム出場。

２０１３年７月から４年半にわたりＪリーグ連続出場記録を「１５７」に伸ばして新シーズンを迎えていた。言うまでもなくＪリーグのフィールドプレーヤー全体における歴代トップの数字だ。とはいえ、空中戦や相手との駆け引きには滅法強くとも、ハイライン背後のスピード勝負になると苦しいのではないかという声もささやかれていた。

リーグ戦初勝利を挙げたのは、第４節の３月18日、アウェイ浦和レッズ戦だった。

広大な裏のスペースにボールを出されれば全力で戻って応対し、ＧＫからのビルドアップではサイドまで目いっぱい開き、サイドバックを押し出してボールを配る。40歳の鉄人は息を切らすことなく、その一連の業務を淡々とやってのけていた。センターバックながらここまで毎試合10キロ以上を走っており、スプリント数は昨年までの平均5、6本から3倍に跳ね上がった。

「前に上がるスプリントというよりも裏にボールを蹴られるわけですから、そこに向かったスプリント。このサッカーなので当然、走行距離も圧倒的に増えます。40歳からでも伸びるんだっていう充実感はありましたね。ラインは下げなくていいと監督にはっきりと言われていました。いいボールが出たらしょうがないくらいの気持ちでした」

スピードの不安は、予測と読みで補った。中澤いわく「サッカーはフライングしていい世界」。相手よりも一歩でも先に出て、コース取りを読み、周囲と連係しながらいい形でシュートを打たせる確率を削ぎ落していく。

「サッカー界の〝あるある〟で言えば、新しくやって来た監督は1年目で土台を作って、2

年目から本領発揮していくことが多いんです。その点ではアンジェさんは、もう最初から自分のやり方を貫いてました」

ハイラインを機能させるには、前線からのハイプレスが大前提となる。当時のメンバーは、それを得意とするタイプとは言い難い。前線の出足が遅くなるとどうしてもライン裏にボールを出されやすくなり、裏を攻略されがちだ。魅力的かつ革新的なサッカーではあっても、マイナス面を突かれてしまうと結果がなかなか伴わない。選手が抱えるジレンマをキャプテンとして指揮官にぶつけたこともあった。

サッカーそのもののみならず、中澤を悩ませていたのが新たに設けられたルールへの順応であった。ポステコグルーはキャンプや試合日など、全員で食事を取る機会がある場合は同じ時間に食べ始めて、一緒に食べ終わることを取り決めた。チームを「ファミリー」とする指揮官の哲学が反映されてのものだ。ただ、それまではずっと「この時間からこの時間までに」とある程度フリーだっただけに、食事前後の準備を徹底していた中澤にとっては、〝たかが食事の時間〟ではなかった。

「僕は誰よりも練習ができるという環境を自分でつくってきました。できれば食事を早く済ませて、いろいろと練習への準備に取りかかりたい。若い選手たちに負けないようなパフォーマンスを出していくには、そこをしっかりやらないといけない。食事が終わるのも一緒ですから、体のケアを含めてやりたいことの時間が取れないというのは多少なりともストレスにはなりました」

ポステコグルーに直接、交渉してみたが返答は「ノー」。ただし、ここでパッと切り替えることができるのが、彼のストロングポイントでもある。

「自分はこうやってきたんだけど、と伝えてもダメと言われたら、突っぱねても仕方ありませんから。練習のスケジュールだって、なかなか出てこない。ずっとやってきたルーティンも崩さざるを得ない。サッカーのスタイルが変わることもそうですが、練習に取り組む普段の生活から変えなくてはいけなくなる。ただ、ギリギリに出てくるスケジュールにどう合わせていくかという即興性が自分についたのは新たな発見でした。そのうち監督がどうスケジュールを出してくるかの傾向も分かってきたんで、じゃあこうだよなって」

中澤には、人生において肝に銘じている言葉がある。

「できる、できないじゃなくて、やるか、やらないかだ」

恩師である岡田武史が南アフリカワールドカップベスト4という目標を掲げたとき、この言葉によって本気になってベスト4を目指すことができた。大会前に負けが続いて期待値は低かったものの、グループリーグを突破してラウンド16に進みパラグアイ代表にＰＫ戦の末に敗れた。もしここを突破していたら目標のベスト4入りを懸けてスペイン代表と戦うことができていた。あと一歩のところまで迫ることができていたのだ。目標には届かなかったとはいえ、本気になって取り組むことの意義を肌感覚で得られた。

できる、できないかでは、無理だと思ってやらなくなる。だが、やるか、やらないかを判断基準に置けば「やる」の一択しかない。サッカーが激変しようが、スケジュールが直前になろうが「やる」だけだった。それがたとえピッチ上の結果として出なくとも。

相変わらずハイラインの裏を突かれて失点を重ねても、「ラインを下げるな」と指揮官からの修正はない。そうは言っても、やられていいわけがない、負けていいわけがない。実際にプレーするのはあくまで選手たちだ。監督の指示どおりにしか「やらない」のではなく、どこか落としどころを見つけて「やる」のがキャプテンの役割だと思えた。裏は裏でも、サイドの裏はやらせてもいいが、真ん中の裏だけは絶対にやらせない。優先順位をつけておくことで、チームメイトも割り切れるようになった。監督の目指すサッカーと現実の折り合いをどうつけていくか。それぞれが考えていくことも後にチームの成長につながっていく。

酷使してきた左ひざが悲鳴を上げていた。

とにかく走った。試合では高いインテンシティが求められ、週明けのトレーニングは走り込みのメニューが中心だった。長年にわたって両ひざ痛を抱えていた。その痛みをごまかしてきたのも限界。特に左ひざは痛み止めの薬を飲んでも、注射を打っても効かなくなった。

8月19日のアウェイ、鹿島アントラーズ戦でその〝一大事〟は起こる。連続試合出場記録は「２００」にあと1試合届かず「１９９」でストップ。ベンチから外れたのは実に6年ぶりであった。

シティグループからやって来たトレーナーからは「オペをしないとダメだ」と忠告され、長年一緒にやってきたチームのメディカルスタッフにも相談したうえで、ついにメスを入れることを決断する。

切り替えの早い人は、すぐに前を向いた。

「走ることも、ジャンプすることもできない。試合に出られないのであれば、自分のひざとちゃんと向き合うべきだなって思ったんです。チームのトレーナーに聞いたら、3カ月で治せれば11月末か12月頭には間に合うぞとなって、そこが僕にとってモチベーションになった。順調に回復していければ、いろんなトレーニングをしてパワーアップできる。これまではひざが悪いために自分を追い込めていませんでしたから、ちょっと違った自分に出会えるんじゃないか、と期待することにしたんです」

リハビリに精を出していた最中、ポステコグルーから呼ばれた。真剣な目つきをした彼からはっきりこう告げられた。

「お前のひざは、もう1年持たない。これからどうするつもりだ」

走力が求められるこのサッカーに適合しないと決めつけられ、去就まで問われた。夏のタイミングで同じセンターバックには、ドゥシャン、チアゴ・マルチンス、畠中槙之輔も加入してきた。必要ないと言われているようなものだった。

「今はリハビリを精いっぱいやることだけしか考えていません」

そう答えるのが精いっぱい。実際、左ひざの回復は思ったように進んではいなかった。そんなときにポステコグルーの一言は、さすがに効いた。心が折れても、おかしくはない。だが中澤は決して折れなかった。外に向けるパワーがあるんだったら、逆に自分のなかに取り込めばいいとマインドチェンジした。

　下半身をこれでもかというくらいに鍛え上げ、上半身の使い方も修正を加えた。自分でも、よくこれだけやれたなというほどだった。自分の思いのなかには、もう一つあった。選手としてどうあるべきか、後輩たちのためにも示しておきたかった。

「僕がダラダラやっていたら、そこは絶対チームにいい影響を与えませんから。自分のためではあるけれども、チームのためにもしっかりやらなきゃならないと思えたんです。将来的に後輩たちも試合に出られなくなって引退を考え始めたときに、僕の態度を参考にするかもしれないから、と」

　裏を返せば、中澤もこのとき引退が頭にあった。30代に入ってから多少なりとも幕引きについては考えてきたつもりだ。

「最初は35歳くらいかなって思っていたんです。でも意外といけるなと思ったし、ドゥーさん（ドゥトラ）が40歳までやったから、俺もとりあえず40歳まではチャレンジかなって。そこまで行けば見える景色も変わってくるでしょうから。40歳で引退と決めていたわけではなくて、その景色を見たときにどう思うかってこと」

　指揮官からはダイレクトに事実上の「戦力外」を受けた。一方でクラブからは契約延長オファーが届いた。俺は一体どうすべきか——。

「お金うんぬんではなく、自分には譲れないポイントがありました。Ｊ１でバリバリのレギュラーとして出られないのだったら、自分のなかにあるプライドが許さないよねっていうところ。確かにカテゴリーを落とすことも、試合には出られないけどF・マリノスのために残ることも考えましたし、いろいろと悩んだのは事実です」

最後の決断は、やっぱり試合に出てから。完治まで6カ月の見通しもあったなかで、わずか3カ月強で間に合わせた。12月1日のリーグ最終節、ホームである日産スタジアムでのセレッソ大阪戦に戻ってきたのだ。

ウォーミングアップの際はピッチに真っ先に出てきた。サポーターも待ってましたとばかりにとびっきり大きいチャントを背番号22に浴びせた。

出番が訪れたのは、残り8分のタイミング。与えられた時間で力の限り、走り、飛び、守った。黒髪をなびかせ、相手に立ちはだかった。

「でも思い切り動けなかったし、飛べなかった。本チャンに合わせるのって難しいなって思いましたね。もしひざの調子がすごく良くて来年もいけるなと思ったら、チアゴと競り合うぞ、みたいな気持ちになっていたかもしれない。でも出来としては明らかにひどかった」

結論は出た。一切の悔いもなかった。

「自分がここまでやれたのも、ヴェルディから２００２年に獲ってもらってプロとして育ててくれたF・マリノスがあるから。ここで終えるのが、一番いいんだと思えました」

２０１９年１月８日、クラブと自身の公式サイトで現役引退を発表した。2度ワールドカップに出場した日本を代表するディフェンダーはそっとスパイクを置いた。奇しくも、彼が一人のアーティストとして尊敬する安室奈美恵と同じタイミングでの引退になった。

F・マリノスでは17年間プレーし、リーグ2連覇を果たした2004年には日本人ディフェンダーとして初のリーグMVPも獲得した。

「育ててくれた」という言葉は、クラブも含まれてのことではあるのだが、大きくは一人の男を指していた。岡田武史である。

「岡田さんと一緒にサッカーできたことは僕にとって大きかった。岡田さんの教えというか、言われたことが自分の基礎になっている。いい監督はいろいろいましたけど、自分のことをしっかり理解してくれたのは誰よりも岡田さんでした。試合に使ってくれる理由を説明してもらえたり、気遣ってもらえたり。日々のトレーニングから、ちゃんと全員を見ているし、選手たちをリスペクトしながら接してくれる方でしたから」

感銘を受けた言葉は山ほどある。その一つがこれだ。

「まあ、大丈夫だろうって思うことを絶対にするな。パスが来なくても守るんだよ。シュートが来なくても守るんだよ」

最後の最後まで気を緩めない。どんな状況であっても手を抜かない。集中を切らさないことで無茶なプレーや余計なファウルがない。40歳になっても、シュートが来なくてもゴールマウスを守っていた。岡田の教えをプレー中に緩めたことなどなかった。

岡田がF・マリノスを離れた後、下がりかけていたモチベーションを引き上げてくれたのが同世代の中村俊輔の復帰であった。サッカーに対する真摯な姿勢は、刺激にもなった。

「17年間プレーさせてもらって、岡田さんも俊輔もそうですけど、節目節目でF・マリノスにいたいって思わせてくれたんですよね。俊輔とサッカーをやっていると、楽しかったし、面白かったですよ」

盟友との思い出のシーンはと言うと、中澤はあのゴールシーンを挙げる。２０１４年5月18日、アウェイでの川崎フロンターレ戦。右コーナーキックに対してペナルティーエリア外、フリーで待っていると、中村から絶好のボールが届けられたのだ。躊躇することなく振り抜いた右足ボレー弾はゴール左を射貫き、中澤は両手を広げて喜びを表現した。

「シュンは本当によく見てましたよね。2－0で勝っていて残り時間も少ないし、ユウゾウ（栗原勇蔵）に行っていいよって。クリアされたらもう1回ヘディングで戻すよって。だから僕はこぼれ球要員だったんです（笑）」

あと一歩で優勝を逃がした２０１３年最終節以来の対戦。同じ等々力陸上競技場。ボンバーボレーという図らずも何ともインパクトの大きなリベンジとなった。

17年間の歴史のなかで「いろいろと教わった監督」として岡田の次に名前を出したのが、２０１５シーズンから就任したエリク・モンバエルツである。フランスのU－18、U－21代表を指揮するなど育成世代の指導には定評があった。

フランス人指揮官は何事も本音で言うタイプらしく、それによって中澤にしては珍しく

「ちょっと衝突したこともある」。それでもこちらが自分の本音をぶつけるとちゃんと理解しようとしてくれたという。

「クラブに世代交代という考え方があるのは知っていましたけど、モンバエルツさんは選手をフラットに見てくれていましたね。ビルドアップやポジショニング、守備に対する考え方、スライドのやり方とかも、とても分かりやすく教えてくれましたし、フランスはこうやって若い選手を育てているんだなということも理解できました。選手へのリスペクトもあって、僕に対しても〝お前はこうやればまだ伸びる〟って言ってくれていましたから」

F・マリノスで出会った指揮官、チームメイト、スタッフの一人ひとりが、「もうひと伸び」を促してくれた。F・マリノスでのリーグ戦５１０試合出場はクラブ歴代最多。きっとこの記録が破られることはないだろう。コンスタントに出場できたのは、指導者の要求にどうアジャストできるかを実行に移し、コンディションに波をつくらず、決して一瞬たりとも手を抜かなかったから。そして変わらぬ向上心を燃やし続けることができたのも、このクラブだったからという思いが彼にはある。

「見え方だけだと、ポステコグルーさんに引きずり降ろされたように思われるかもしれない。実際、サッカースタイルがあそこまで変わらないでひざが持つのであればあと2年はやれたかもしれません。だけど彼に出会わなかったら40歳から新しいサッカーに取り組む楽しさを味わえなかったし、新しい発見もなかったと思うんですよね。チームメイトそれぞれがいろいろと考えるようにもなった。たとえば、どちらかのサイドにボールが展開されて攻めこむときは、逆サイドのウイングは張っているんじゃなくて中に入っていかないと得点が入らない。そうやってみんなで修正していって、２０１９年の優勝があると思います。今の選手たちが楽しくサッカーをやれているのだとすれば、僕は良かったなと思うんです」

引退会見も引退試合もなく静かにピッチを去ってからの中澤は、ラクロスの指導者、解説業、タレント業など大忙しだ。セカンドキャリアに対するアジャストが早いのも納得できる。

17年間も最前線で頑張ってきたF・マリノスのOBだからこそ、クラブに対して何か言えることがあるのではないか。そう尋ねると、彼は首を横に振った。

ただ一つだけ。

「ありました。ファン感だけは絶対に大事にしてねって、それだけですね（笑）」

ファン感謝デー「トリコロールフェスタ」の中澤は、いつもサプライズを起こしてくれた。あるときはマイケル・ジャクソンの「スリラー」をかっこよく踊ってムーンウォークを披露した。あるときは志村けんの「変なおじさん」をユニークに踊って会場を笑いの渦にした。

「1年に1回ですからね。何よりもサポーターに喜んでもらえることは、僕たちだって嬉しいので。選手のみんなには、ぜひ面白く、楽しくやってほしいなって思いますね」

アスリートとしてもエンターテイナーとしても。F・マリノスが誇る鉄人は正真正銘、プロ中のプロであった。

2019年

ハマの番長、ワンクラブマンとして引退

「クラブにかかわるすべての人が良かったと思える、あったかいクラブというか、F・マリノスにとって少しでもプラスになることをしたい」

——栗原勇蔵

ハマの番長は、肩肘張らないくらいでちょうどいい。

２０１９年12月7日、Ｊ１最多の６万３８５４人をのみ込んだ日産スタジアム。15年ぶりのリーグ制覇を決めた横浜F・マリノスが歓喜の優勝セレモニーを行なった後、現役引退を発表した栗原勇蔵がピッチ上で挨拶に立った。

「優勝でこのスピーチができるということで、ものすごい寒いですけど、〝ホット〟しました」

「僕の友達もいっぱい観に来てくれています。もしかしたらもう帰ったかもしれませんが」

ドッと笑いが起こる。さすがにプロ18年間、いや、ジュニアユースから含めれば24年間、F・マリノス一筋のワンクラブマンだけにファン・サポーターのツボは分かっている。つかみはＯＫだ。

「最後にお願いがあります。あっ！　マツさんかと思いました。ハハハ」

マイクのハウリングの音に驚き、天国にいる松田直樹のイタズラと勘違いし、そのついでとばかりに夜空に目をやって「マツさん、引退します」と報告した。

最後の試合もベンチ入りとはならず、ピッチ外からチームの戦いを見守った。

チームメイトと一緒に優勝シャーレを掲げる際には、永久欠番である松田の背番号3を着込んでいた。何をやるにしても、語るにしてもこの人はさりげない。

センチメンタルを寄せつけないようにすればするほど、逆にスタンドはセンチメンタルが漂う。「最後、スタジアムにいるみなさまで僕のコールをしていただけたら」とのお願いののち、スタンドに鳴り響いたチャントは、感謝も愛情も寂寥も人々の様々な感情が入り乱れて大きさを増していた。

あれから3年、長いようで短いようで。クラブシップ・キャプテンとして今もクラブのために働いている。

「あの試合、もし優勝を逃がしていたら、しゃべることも変えなくちゃいけなかったからチームメイトには感謝しかないですよ。1秒でも試合に出られたら本当に最高だったけど、まあそこは勝負の世界ですから。優勝して終われているので、やっぱり最高の締め方になったんじゃないですか」

中澤佑二、松田、中村俊輔に次ぐ、F・マリノス歴代4位となるリーグ戦316試合出場のレジェンドにふさわしい最高の幕引き――。

しかしプロキャリアのスタートはむしろ最悪に近かった。

2002年、ユースから同期の榎本哲也らとともにトップチームに昇格。センターバックの末席に名を連ねた。松田、中澤、ナザ、波戸康広らがいるなかで、1年目は1回たりともベンチ入りしなかった。本人いわく、「プロって何だろうっていうことも分かんないまま、フワッと終わった」。

シーズンも最終盤に入ったころ、練習試合が組み込まれた。ちょっとでもアピールしなければならない立場だったのに、とんでもない失敗をしでかしてしまう。彼は苦笑い混じりに振り返る。

「試合前に居眠りしちゃってて。一番の下っ端だから、誰も起こしてくれなくて（コーチの）樋口（靖洋）のやっさんが来て〝お前、何しとるんや！〟ってガチの説教を食らって。みんなウォーミングアップしてるのに、新人が寝てるわけですからね。そりゃあ誰だって怒りますよ」

樋口は育成組織時代に教わってきた恩師の一人。なぜそこまで怒るのかと言えば、期待の裏返しだったからである。

「お前ならマツ（松田）やユージ（中澤）のなかに割って入ってくる選手だと思っていたのに……」

指揮を執るセバスティアン・ラザロニの視界にはまったく入っていなかった。相手にもされていない、とも。紅白戦になると自分よりも先にコーチがメンバーとして使われたことがあった。ヤル気が失せた。

　そのタイミングで元日本代表監督の岡田武史がやってくる。素走りのトレーニングになると先頭に出て走るようになった。岡田の視界に無理やりにでも入ろうとした。

「あの〝岡ちゃん〟が来るのかと思って、変わるきっかけにしたかった。それまでは高校生の自分から抜け切れてなくてイキがっていたところもあったから、ダラダラやっていたこともありましたよ。でも、若いほうが長距離とか走れるじゃないですか。そこだけは負けないというか、ユースのときに（安達）亮さんのもとでガンガン走らされていたんで」

　あるとき岡田のほうから話かけてきた。

「お前、悪そうなツラしてんなあ。目ツキ悪いなあ。ケンカ負けたことないだろ？」と。そしてジェスチャー付きで「俺も昔はこれ（リーゼント）とこれ（ボンタン）だったんだ」とも。なんでサッカーの話じゃないんだとも思ったが、興味を示してくれていることは何となく伝わってきた。

　腕っぷしが強いというウワサが広まって、誰が言ったかハマの番長。学生時代、片っ端からケンカを買っていたという伝説も漏れ伝わってきた。腕が太かったことから、メジャーリーグのスラッガーを引き合いに「マグワイア」と呼ばれたとか。

　体も強けりゃ、鼻っ柱も強い。岡田の目に留まって２００３年4月23日、ホームでのヤマザキナビスコカップ、ベガルタ仙台戦でプロデビュー。３日後にはＪ１デビューも果たした。

セカンドステージからは松田のケガもあって、先発機会を増やしていく。チームメイトの坂田大輔とともにU－20ワールドカップUAE大会にも出場し、いつしかクラブの期待のホープとして注目されるようにもなった。

栗原には心強い「同志」がいた。浦和レッズから2003年に移籍してきた5つ年上の河合竜二である。

「俺、生意気だったけど、竜ちゃんは同級生くらいの感覚で付き合ってくれました。2004年にはACLがあったので、ベトナム遠征とかで一緒の部屋になって。〝俺たち頑張ろうぜ、絶対に勝とうぜ〟って誓い合っていた。年俸が安かったから、勝利給も欲しかったし（笑）。当時は、マツさんとボンバーが絶対的な存在だったので、2人で何とか追いついていこうっていう感じでしたね」

2月10日、ベトナムでのアウェイのビンディン戦で2ゴールを決めると、相手チームから獲得オファーが届いた。岡田から「行って来い」と言われて、このチームで戦力になっていないのかと落ち込んでいると「冗談だ。行かなくていい」と続きの言葉をもらった。

次にJ1の他クラブからの期限付き移籍のオファーが届く。そのときばかりは指揮官も「武者修行してきたらどうだ？」と真顔で尋ねてきた。

「そりゃあ悔しかったですよ。やっぱり必要ないってことですから。俺は地元の横浜しか知らないし、他のチームに行くことなんて考えられなかったから、〝ここで頑張りたい〟と伝えました。〝分かった〟とその一言だけでしたけど」

２００４年、浦和レッズとのチャンピオンシップでは3バックの一角を、河合、那須大亮、中西永輔らと争った。調子はすこぶる良かった。体も動いたし、何より前年の両ステージ制覇に絡めなかっただけに、チャンピオンシップだけは最低でもベンチ入りしたかった。

だが16人のメンバーから外れることが伝えられると、感情を押し殺すことができなかった。練習でもプレーが荒くなってしまい、ついには岡田から呼び出される。しかしそれはお叱りを受けるのではなく、17人目のメンバーとしての帯同許可であった。力があり余っている感を印象づけて、異例の「プラス1」となったのだ。試合には出られないが、誰かに何かあったら自分が入れ替わりの対象になる。勝利給は自分にも入ると聞いて、意気に感じて盛り上げ役を買って出た。

12月5日、横浜国際総合競技場での第1戦、先発の座を射止めたのは盟友の河合だった。守ってはゼロに抑え、攻めては決勝ゴールを挙げる活躍ぶり。河合がコーナーキックに合わせた瞬間、自分ごとのように喜びを爆発させる栗原がいた。

「美談でも何でもなくて、どれほど嬉しかったか。一緒に頑張ってきた人があんなふうに脚光を浴びて、スゲエなと思ったし、うらやましくもあった。ああ、俺はもっと頑張んなきゃって素直に思いました」

12月11日、アウェイ、埼玉スタジアム２００２での第2戦は闘魂注入で優勝に貢献している。試合前に松田から「気合いを入れてくれ」と頼まれ、マグワイアのような腕から放たれたビンタはアゴにもろに入ってしまった。松田の足元がよろめいてはいたものの、この日もエースのエメルソンを封じたのだからきっと効果はあったのだろう。

試合には絡めなかったとはいえ、17人目のメンバーとしてリーグチャンピオンを実感できた。結局、勝利給はもらえなかったというオチを含めて、思い出深い出来事になった。

レギュラーを張ったと言えるのが、22歳だった2006年からである。松田、中澤を従えて栗原が3バックの中央に君臨する。そのパフォーマンスを評価され、8月にはオシムジャパンにも追加招集され、トリニダード・トバゴ戦でA代表デビューを飾った。
ただチーム自体はスタートこそ開幕4連勝を飾ったものの、それ以降は低空飛行が続いていた。そして8月23日、三ツ沢公園球技場で大宮アルディージャ戦に敗れたことで岡田はチームを離れることになる。

「岡田さんは自分を引き上げてくれた人だから感謝しています。でも当時はショックとかというよりも、毎試合、自分のパフォーマンスを出さなくちゃいけないし、試合も続いていくし、ほかのことを考える余裕なんてなかった。もっと経験を積んでいれば、少しはまわりを見ることができたかもしれないけど、そのころの自分にはまだ難しかった」

プロ5年目にしてやっとつかんだチャンス。自分のことしか見えない、イコール、自分と真剣に向き合っているという証左でもあった。本気モードになったら手がつけられない。類い稀な身体能力を誇るハマの番長は、その才を一気に花開かせていった。

松田、中澤は追いかける対象からライバルへと変わりつつあった。試合を重ねていくことで経験値を積み上げ、まわりを見ることもできるようになる。背番号も２０１０年からは井原正巳、波戸がつけていた「４」で定着し、堅守F・マリノスの象徴ともなっていく。

「自分のキャリアのなかでモチベーションも、パフォーマンスも噛み合っていたのが、あの２０１３年だったと思います。日本代表に行くにしても、優勝争いしていたから気持ちは乗っていた。それにやっぱり優勝したかった。２００３、２００４年に連覇しているといっても、自分は試合に絡めていないんで。ちゃんと主力メンバーとして出たうえで優勝というものを成し遂げたかった」

　中澤とのコンビは、どこが相手であっても制空権を渡したことがなかった。あえて相手にボールを放り込ませては回収する鉄壁のディフェンス。どこが相手だろうが、誰が相手だろうが、やられる気はしなかった。

　しかしながら、勝てば優勝という11月30日のアルビレックス新潟戦で０－２と敗れてしまう。相手コーナーキックに対して栗原はヘディングでクリアしきれず、不運にも、そのボールが川又堅碁に渡って先制点を献上した。

「今でも思い出すと悔しいですよ。ただ、あのときの新潟は本当に強かった。必死にやったなかでの完敗でした。満員の日産スタジアムで優勝を決められたら完璧だったのに、それが出来なかったことで、うまく切り替えられなかったところは正直あったと思います」

最終節で川崎フロンターレにも敗れて、目の前にあった優勝が消えた。充実しているのに、個人としてもチームとしてもレベルアップしているのに。いくらその後の天皇杯を制したとはいえ、リーグチャンピオンになれなかったショックは思った以上に大きかった。

今度こそと思って臨んだ翌２０１４年は優勝争いに絡むことなく7位で終戦。目標にしていたブラジルワールドカップの本大会メンバーからも外れた。パンパンに膨れていたモチベーションが急に萎んでいくように感じた。

ちょっとした燃え尽き症候群。２０１５年、エリク・モンバエルツ体制に移行してからはケガも重なって出場機会が激減する。30歳を過ぎたばかりで、まだまだ老け込む年齢でもない。他のＪ１クラブから獲得オファーが届くのも予想されたことではあった。

「あるクラブから破格の金額でのオファーもあったんです。こんなに評価してもらっているのかって、嬉しくはありましたよ。だけど、もう日本代表に入ってないどころか、自分のチームで出られていないんじゃ、その期待には応えられない。期待に応えるだけの情熱を注げるのかどうかということもあったし、何より、やっぱりこのクラブにいたいなって、その気持ちが先にあった。もしＦ・マリノスからクビって言われたら仕方ないんだけど。

２０１６年からはたまに試合に出てもパフォーマンスが全然上がっていかなかった。やっぱり常に出ていないと試合感覚は鈍るし、個人能力もどんどん下がって悪循環に陥りましたね。いつの間にか自信みたいなものもなくなっていました」

先輩の松田が背中で教えてくれたことがある。同じポジションのチームメイトを内心認めていたとしても、決して口にしなかったことだ。自分が一番。その思いがなければ、競争には勝てるわけがない。だからこそ試合に出られなかったら、悔しさをマックスまで募らせることができ、それが成長へのエネルギーとなる。

栗原もそうやってきたつもりだった。だが、もう試合に出られなくても受け入れてしまっていた。同じポジションのチームメイトを口に出して認めてしまっていた。

あー、そろそろもう引退か。

引退の文字がちらつき始めていた２０１８年、監督としてアンジェ・ポステコグルーがやってきた。最後の最後、もうひと花咲かせたいと思えた。もう一度しっかり体をつくってケガさえなければ、まだやれると自分で自分の背中を叩いた。これまでとは真逆のハイラインも、ヤル気をツンツンとつつく材料になった。

「２０１８シーズンのキャンプは調子がメチャメチャ良くて、スタメンもあり得るんじゃないかって思っていたほど。リーグが開幕して勝ててないときに、ルヴァンカップの初戦（3月7日、ＦＣ東京戦）で先発のチャンスが回ってきた。ここでいいプレーをしたら、リーグ戦にも出られるだろうと思っていたら、開始すぐにハムストリングを肉離れしてしまったんです」

全治6～8週間の大ケガだった。気持ちを昂らせていただけに、その反動も大きかった。心が折れた。復帰後はリーグ戦にも3試合続けて先発出場できたが、自分のイメージからはかけ離れていた。

「（久保）建英《たけふさ》がJリーグ初得点を取って２－０で完封して勝ったアウェイのヴィッセル神戸戦（8月26日）も、俺、もうフラフラしちゃってるんですよ。あれだけ自信があった足腰がもう弱くなっていた。きわめつきは、２０１９年のルヴァンカップ。アウェイのV・ファーレン長崎戦（5月22日）だったかな。スローインで小柄な相手に背負われて、ガンって押されたんですよ。両足で踏ん張っているのにグラついてしまって、〝こりゃあもう俺、何にもいいとこねぇわ〟と。昔なら絶対にビクともしなかったし、片手で簡単に押し返せていたのに」

　引退を決意して家族にも伝えた。11月になって小倉勉スポーティングダイレクターに報告し、ポステコグルーにも労いの言葉をかけられた。

「ここまでよく頑張ったなって言われて。俺も〝優勝、お願いします〟みたいなことを返したんですよ。あんなこと言っちゃったから、こいつ試合に出る気ないなって思われたのかもしれない（笑）。余計なひと言でしたね、いま思うと」

　優勝争いをしているとあってチームメイトにはなかなか切り出せず、最後の試合の直前になってやっと報告した気遣いの人。だからこそチームメイトに慕われたのだろう。だからこそ引退スピーチのときに、ガン泣きしている後輩がいたのだろう。そしてクラブから大切にされたのだろう。

　２０１９年までに、クラブからフロント入りを打診されたことがあった。もう少し頑張ってみたい、との思いを尊重してくれた。出場機会が減っていてもチームに必要な存在として、契約更新のオファーをずっとくれた。

F・マリノスで18年間、ワンクラブマンで終えられたことを誇りにしている。とともに、感謝と使命を胸に刻んでもいる。

「マッさんたち、クラブで功績を残した人があのとき（２０１０年）契約満了になって、ファン・サポーターからすごい反発の声が挙がりましたよね。過去にそういうことがあったからこそ自分が残れた部分もあると思うから、マッさんだけじゃなくて、そうやってクラブから出ていった他の人たちには感謝しなくちゃいけないし、そのことは後輩たちにも引き継いでもらいたい。

だから自分としてはF・マリノスにとって少しでもプラスになるようなことをしたい。このクラブにかかわるすべての人が、かかわって良かったなって思えるような、あったかいクラブというか。いずれは、選手出身者が社長になったっていいと思うんです。あっ、それ俺じゃないですよ（笑）。リーダーシップのあるキー坊（喜田拓也）でしょ、やっぱり」

トークには必ずと言っていいほど、オチがある。

そのいたずらな笑みが、これからもF・マリノスを〝あったかく〟する。

2019年

15年ぶりの優勝と得点王とMVP

「口だけでマリノスファミリーって言っているんじゃない。
そのつながりはもしかしたら
家族以上の存在になっているのかもしれない」
——仲川輝人

仲川輝人は、泣きじゃくっていた。

優勝した「嬉し涙」ではなく、それは「寂し涙」だった。２０１９年12月7日、日産スタジアム。ＦＣ東京を３－０で下して15年ぶりのリーグ制覇を果たし、歓喜に包まれたスタンドは一転して静まり返っていた。マイクの前に栗原勇蔵が立ち、現役引退の報告を始めた。ユニフォームの上にジャンパーと背番号「４」のＴシャツを着込んだリーグ得点王は、みるみるうちに目を赤く腫らした。

「本当にお世話になったし、可愛がってくれた勇蔵くんのために優勝したかった。最高の花道を贈りたいなって。笑って見届けようとは思っていたんですよ。だから最初は笑っていて。でもスクリーンに勇蔵くんが映し出されたら、何かダメでしたね。自然と（涙が）出てしまって。メチャメチャ寂しくなったんです。一緒にサッカーできないのかって思うと、もう……。勇蔵くんが何をしゃべったか、スピーチの内容はほぼ耳に入ってないです。

コロナ前のシーズンだったので今じゃ考えられないですけど、あの時は声出しもできて、チャントを歌ってもらったじゃないですか。あれ、鳥肌立ちましたね。優勝して、6万3854人が入った超満員のスタジアムで引退して、最後にチャントが始まって。こんな人生歩みたいなって思いもやっぱりあったし、メチャクチャ愛されてるんだなって」

紆余曲折を経てこの場所にたどり着いた自分の足跡を振り返って流した涙であってもいいはずなのに、何よりも栗原を思っての涙腺崩壊。彼はそういう男だ。

大学サッカー界ナンバーワンのアタッカー。

専修大学3年時に関東大学サッカー1部リーグ得点王となり、最終学年に入ると史上4校目となるリーグ4連覇に向けてモチベーションはますます高まっていた。しかし思わぬアクシデントが降りかかる。10月の試合でケガを負い「右ひざ前十字靭帯、および内側側副靭帯の断裂、右ひざ半月板損傷」と診断される。選手生命を揺るがしかねないほどの大ケガだった。

その1週間後、彼は横浜F・マリノスへの加入を決断する。午前7時からの朝錬に週3、4回も視察に来てくれた公文裕明スカウトから、大ケガがあっても「君の力が必要だ」と言ってもらったことが大きかった。

「以前から何回もキャンプやトレーニングに参加させてもらって、このクラブと感覚が合っていたというか。なじみやすくて、勇蔵くんとか一見怖そうな先輩も、近くで接してみるとじつは後輩思いでやさしくて。公文さんにはケガしてからもいろいろとサポートしていただいた。情に厚くありたいなと思えるようになったのも公文さんのおかげなんです」

２０１５シーズンにＦ・マリノスの一員になってからは厳しいリハビリの日々が待っていた。それでもボールを蹴れないストレスを、まわりの支えもあって意欲に変換していた。キャンプ中には誰もいなくなった風呂場で患部に湯をかけながら一人でマッサージした。

「願掛けみたいなもので、ひざが良くなるようにってずっとさすっていましたね。ケガをして加入してから、自分の体との対話はずっとやってきたつもりです」

メディカルスタッフとも「対話」を密にした。

ケガを克服しつつ、リハビリを通じて体幹の左部分など弱かった部分を鍛え、肩甲骨の柔軟性を上げるなどトレーナーと相談しながらプロ仕様の肉体をつくっていく。

8月にようやく完全合流。9月の天皇杯2回戦、ＭＩＯびわこ滋賀戦でプロデビューを果たし、続いてＪ１リーグのアルビレックス新潟戦にも出場した。

プロのスタートラインに立つことはできた。しかしながら本来の自分にはまだまだ遠い。ひざが思うように動かない葛藤、もどかしさがつきまとう。踏み入れたトンネルが長い道のりであることを覚悟するしかなかった。

2年目の２０１６シーズンも出場のチャンスを活かせず、自分の序列を上げることができない。チームから俺は必要されているのか、と自問自答を繰り返した。9月にＪ２の町田ゼルビアに期限付き移籍。シーズン後、Ｆ・マリノスに復帰したものの、２０１７年７月から今度はＪ２のアビスパ福岡に期限付き移籍する。

Ｊ２の舞台で実戦感覚を取り戻すと同時に、イメージに近いスピードやキレをプレーに落とし込んでいく。２度に及ぶ武者修行は回り道などではなかった。Ｆ・マリノスで出場機会が乏しいなら、高く評価してくれるクラブに移籍する選択肢もあったはず。だがそれを検討することもなかった。

「Ｆ・マリノスで結果を出さないといけないという気持ちが一番強かったですね。大ケガをしてもオファーをいただいたわけですから感謝していますし、恩返しをしなくちゃいけないって、それはもうずっと。歴史あるクラブにいるというプライドもあったし、自分が試合に絡めないとしてもクラブ自体を悪く思うことはなかったので。むしろ、まだまだ自分の力が足りないんだなって思っていました」

２０１８年に入ってアンジェ・ポステコグルーが監督に就任してもベンチ外が続いた。自分の力が足りないなら、やることは一つしかない。日々１００パーセントでやっていれば、１００パーセントのコンディションを保っていれば、どこかで必ず一度はチャンスが来るはず。仲川はそう信じて疑わなかった。そしてそのときはやって来る。4月18日のＹＢＣルヴァンカップ、グループリーグのＦＣ東京戦で先発のチャンスが巡ってきた。

１００パーセントでずっとやってきたなら、試合のパフォーマンスだって１００パーセントになる。自ずと結果はついてきた。キレキレのドリブルからアシストが生まれた。爆発的かつ圧倒的なパフォーマンスは指揮官を振り向かせるには十分だった。オンリーワンのチャンスをわしづかみにすると、出場機会を一気に増やしていった。

「練習からすべて全力でやってきて、あのFC東京戦のコンディションにつながりました。自分の人生が変わった瞬間。一番は腐らないこと。ベンチ外ならベンチ外で、そのときにどれだけやれているかが大事だと思ってやってきましたから」

アタッキングフットボールを標榜する新生F・マリノスは残留争いに巻き込まれながらも、爽快感あふれるサッカーを展開する。仲川はその体現者となり、ゴールを積み上げていく。

「ボス（ポステコグルー）のサッカーはボールを持ち、持たないときは前からプレッシャーを掛けて相手を崩していくというスタイル。じつは専修大学時代からそういうサッカーをやってきていたので自分にピッタリと合った感じがありました。フォワードに関してはボールを持ったらワンタッチ、ツータッチ以内でクロスを入れていくなど、決まりはあっても、それ以外は結構自由。自分（の持ち味）を表現させてくれたボスには感謝しています」

リーグ戦は12位にとどまり、ルヴァンカップは決勝に進んだとはいえ、湘南ベルマーレに0－1で敗れた。チームも自分も発展途上。リーグ戦でJ1初ゴールを含む9ゴール、ルヴァンカップで4ゴールをマークできたものの、満足する思いなど、これっぽっちもなかった。

「ボランチのところにサイドバックが行くことでそのスペースを突かれるという場面が多かった。もちろん（攻撃では）中央で数的優位になるので中で崩して僕らウイングにボールが渡って1対1で攻撃ができるのはいい部分。だけどボールを中盤で取られた後のケアが、チームの課題としてありました。失点がちょっと簡単になってしまっているというか。ハイラインにしても、どれくらいに設定すればいいのかディフェンスラインに入る選手たちも迷っていた部分がありました」

アタッキングフットボールの大まかなデザインは理解できた。あとは細部をとことん詰めていくだけ。監督の要望を噛み砕きながら、選手とスタッフ、選手同士でもコミュニケーションを取ってすり合わせていく必要があった。

「ボスが目指しているサッカーをもう一度きちんと落とし込もうというなかで、失点が多かったので守備を改善しなきゃいけない、と。たとえば前プレ（前線からのプレッシング）を前提として、中を締めながら外に出させ、そこに圧力を掛けて奪い取る落とし込みは結構やりました。前プレから全部が全部、相手のボールを取れるわけじゃない。外されたときにいち早く全員が帰陣して体制を整えて、またボールを取りに行く。その繰り返しを徹底したというところはあります」

攻撃が終わったら、すぐに全力の守備が始まる。仲川が先導してトランジションを強調することでまわりも引っ張られる。つまり自分が強度を弱めてしまえば、みんなに影響を及ぼしてしまう。その意味では責任重大であった。

攻撃面でもアレンジを加えた。速いクロスをＧＫとＤＦの間に入れてゴールを重ねてきたものの、相手も当然ながら警戒してくる。そこは狙いつつ、マイナスのクロスでフリーの選手のシュートを呼び込む「カットバック」を選択肢に付け足している。

大きな幹を築いた後の細かな枝葉づくり。仲川には手応えしかないなかで新しい2019シーズン開幕を迎えた。背番号は「19」から「23」に。ニッサンを背負うことにした。

「日産と言えば多少なりともGT-Rのイメージがあって、自分もスピードのあるタイプ。掛け合わせる意味もあって背番号を23にしたんです。代々、スピードのある選手がつけていく伝統的な番号になればいい。自分がまずその一番手になりたいという思いがあったし、自分に対してプレッシャーを掛けたかった」

オープニングマッチとなった2月23日、アウェイのガンバ大阪戦。前半すぐに失点を許すと、その2分後だった。左サイドからのクロスがクリアミスとなって流れてきたボールを仲川が押し込んで同点。これで流れを引き寄せ、3-2で打ち合いを制している。

「僕の得点も、F・マリノスのサッカーとしていい形でした。失点しても3点を奪って勝ったというのはチームにとって非常に良かったし、何よりもチームのみんなが自信をつけられたことが大きかった」

去年とは明らかに違う。連勝はあっても連敗はない。残留争いの経験を踏まえ、うまくいかない試合があっても尾を引かなくなったという。

「言葉は変なんですけど、気持ち良く負けた試合が多かったんです。勝てそうで負けちゃったという試合よりは、きょうはもう完敗だな、という試合のほうが多かった。だからスパッと切り替えられましたね」

それでもチームにピンチはやってくる。2位で迎えた第21節（8月3日）、ホームで清水エスパルスに0－1で敗れると、鹿島アントラーズ、セレッソ大阪にも敗れて3連敗。いずれも1点差で落とし、競ったゲームを勝利に結びつけられなかった。順位は5位に。ここで踏みとどまれるか、それともズルズルと後退するか――。

8月24日の第24節、アウェイの名古屋グランパス戦を運命の分かれ道だと仲川は位置づける。

最初から100パーセントじゃなく、それ以上の120パーセント。ハマのGT－Rはすぐさまトップギアに入れた。開始早々、マルコス・ジュニオールからのパスに抜け出し、倒されてPKを得る。これをマルコスがきっちり決めて先制し、5発大勝の呼び水となったのだ。後半にもペナルティーエリア内で倒されて、またもPKを得ている。

開幕戦然り、3連敗後のグランパス戦然り。ここぞのところで、ここぞの活躍をする頼もしさが仲川にはある。それができるのも日々のコンディション管理の賜物。プロになってここまでの〝出ずっぱり〟のシーズンは初めての経験だったものの、スピードとタフネスの出力を落とすことはなかった。

「ひざに大きなケガをするとハムストリングの肉離れが多くなるというのはフィジカルコーチのグレッグ（グレゴリー・ジョン・キング）にも言われていて、自分に合わせた筋トレのメニューをつくってもらったんです。相手よりも一歩早くボールに触るというのが自分の特長。そこで無理をできるようにするために柔軟性をつけながらの筋トレをグレッグと話をしながらやっていきました。

試合に出続けていたので、痛いところもありましたが、メディカルスタッフに遅くまで治療していただいたおかげもありました。これ以上スプリントしたら、スピードを上げたらケガをしてしまうなというのは自分の感覚として分かっているので、練習は大事だけど、ギリギリのラインで攻めつつやる、ということを夏以降やっていました。自分の体のことを自分が一番把握できているというところも大きかったと思います」

ひざのリハビリの際に自分の体とずっと対話してきたことが、仲川の財産になっていた。体の見極めができるからこそ、ギリギリを攻められたのだ。

夏場を過ぎて調子を落とすどころか上がっていく。チームもそして仲川も。第28節、10月5日のアウェイ、ジュビロ磐田戦では左からのサイドチェンジをペナルティーエリア右で受け、ボールを右側に動かすやいなや右足のコントロールショットでファーに流し込む。翌第29節のホーム、湘南ベルマーレ戦（19日）では同じ場所から逆に左側に動かして左足の巻くシュートでゴールを決めている。

「打ったら入っちゃうみたいな感覚は正直ありました。でもそれくらい練習していたというのが裏付けとしてあります。湘南戦のゴールのように、右足で横にずらして、ちょっとループ気味にファーサイドへ打つのは練習からずっとやっていましたから」

じつはこのベルマーレ戦でハムストリングを痛めている。体があまりに動いたために、ギリギリの一線を超えてみたら「ピキッときた」。それでも1試合休んだだけで復帰できたことは幸いであった。コンサドーレ札幌戦（ホーム、11月9日）、松本山雅戦（アウェイ、23日）

と2試合続けてゴールを挙げ、チームは5連勝をマーク。残り2試合となった第32節でついに首位のＦＣ東京を抑えて首位に立った。

続く、川崎フロンターレとの一戦（アウェイ、30日）は圧巻だった。個で突破した左ウイングのマテウスのクロスを、逆サイドの仲川が押し込んで先制点を挙げると、3点目はその仲川が抜け出してからの折り返しをエリキが詰めて今度はアシストをマーク。積み上げてきた〝必殺パターン〟がさく裂したのだ。2連覇中の王者に4－1で圧勝した。

「ボスは元々ディフェンダーだったので、ＧＫとディフェンスラインの間に速いボールを入れられると最も処理が難しい、と言っていました。だから2年間ずっとこの練習をやってきた。（試合が終わった後）みんなと〝俺たちがやってきたことは間違いなかったんだな〟っていう話にもなりました」

優勝にリーチを掛けたところで重圧はなかった。アタッキングフットボールの正解をずっと模索し、精いっぱい戦っていたら優勝が目の前にあったというだけのこと。そして〝兄貴分〟の栗原に最高の花道を贈りたいとの思いからチームは一つになり、攻守にわたってアグレッシブに圧倒した。仲川も徹頭徹尾のハードワークで、90分間を走り抜けた。優勝の瞬間、最高の景色が広がった。

「ボスは優勝って言葉はあんまり言わなかったです。自分たちのサッカーをしっかりやっていけば、自ずと結果はついてくるからって。順位のことは別に気にするな、と。相手の背中をずっと追い掛けていく展開でしたし、最後までチャレンジャーの気持ちだったからこそ、優勝までたどり着けたのかなって思いますね」

33試合に出場して15得点9アシストの大活躍。Ｆ・マリノスはリーグ断トツの68得点を叩き出し、仲川はその3分の1以上のゴールにかかわった。加入前の大ケガもあった、２度の期限付き移籍もあった。苦しんだ分だけ、優勝の喜びがあった。

やるべきルーティンは両手で数えられないほどに増えた。アゲアゲの音楽を聴く、オレンジジュースを飲む、右足からソックスやスパイクを履く、両手首にテーピングを巻く、試合前日に体毛を剃る、試合1時間前にコーヒーを飲む……。もう後がなかった男にとって、ルーティンは不安や弱気を排除して覚悟を決めていく、自分と向き合う時間でもあった。後がないから、先を信じてきたから、マルコスとともに得点王となり、そして「ご褒美に近い」と語るリーグＭＶＰの栄光を手にできた。中村俊輔、中澤佑二に続くクラブ3人目の栄光だった。


一度輝きを手にしてしまうと、今度は持続させる難しさに直面することになる。それは選ばれし者の宿命と言っていいのかもしれない。翌２０２０シーズンは相次ぐケガに苦しみ、次の２０２１シーズンは献身的にチームの役割をこなしつつも2ゴールにとどまった。

「規律をしっかり守るところはチームとして大事な部分なのでそこは守りつつも、やっぱり欲は出していかないといけないなっていう悩みはあったし、そこの線引きがとても難しかった。ＭＶＰを獲った翌年はメチャクチャ苦しかったです。意識しないようにはしていても、思ってもみないところで力が入ったりする。それで肉離れが多くなったってことはありましたから」

ようやく霧が晴れたと感じたのが、２０２２年だった。シーズンインからコンディションは上々で、体にキレを感じた。余計な力みが消え、開幕戦のセレッソ大阪戦（ホーム、2月19日）、次のフロンターレ戦（ホーム、2月23日）で2戦3発と最高のスタートを切った。

好事魔多し、だ。復活の階段を駆け上がっている最中、次の柏レイソル戦を前に右ひざの裏を痛めてしまう。離脱するほどまでのケガには至らなかったが、それでもプレーすれば激痛が走るだけに厄介極まりなかった。試合前に痛み止めの注射を打ち、それだけでは治まらずにハーフタイムにも打った試合もあった。常に１００パーセントの男が、痛みによって70パーセントほどしか出せない感覚の試合が続き、サブに回ることも増えていく。

この事実を彼はチーム外に明かそうとはしなかった。言い訳に聞こえてしまうのが嫌だから。逆に言えば、絶対に活躍してみせるという不退転の決意でもあった。シーズンが終わるまで心に留めることにした。

右ひざは手術した古傷でもあり、デリケートにならざるを得ない。グレゴリーと相談しながらトレーニングを続けて、１００パーセントで戦い、１００パーセントで走れる体とコンディションを取り戻していく。

7月には30歳になった。練習中でもチームの気持ちが緩んでいると感じたら、仲川は指摘することを厭わない。「常勝・専修」時代から培ってきたこと。あえて口に出すことで、自分へのプレッシャーにもなる。

F・マリノスに対する感謝、F・マリノスに対する愛情。このクラブにいればいるほど深まっていくから不思議に感じてもいる。

「口だけでマリノスファミリーって言っているんじゃないんです。自分の家族以上に一緒に時間を過ごしていて、そのつながりは家族に負けず劣らず深いし、もしかしたら家族以上の存在になっているのかもしれない。今やっているサッカーは本当に楽しい。ここの場所は最高に居心地がいいですよ」

2度の優勝を置き土産に、仲川はF・マリノスを離れて次のチャレンジを選ぶことにした。居心地がいいからこその決断だったのかもしれない。

2022年11月28日、国立競技場で行なわれたASローマとの国際親善試合の後、サポーターの待つゴール裏に足を運ぶと涙が止まらなかった。新しい船出を祝福するように、大きな拍手に包まれた。

仲川輝人は泣きじゃくっていた。

それは感謝の涙であった――。

N13
10
TSUBAKI
Owltech
MATSUDA
Owltech
AMPIONS
obama F-Marinos

MEIJI YASUDA
LEAGUE
CHAMPION
PRIDE OF TRICOLORE
明治

日清オイリオ

5章

2020年〜2022年

コロナ禍の進化、30周年と5度目の優勝

マルコス・ジュニオール
日比野恵子
水沼宏太
岩田智輝
喜田拓也

2020年

F・マリノス初の外国籍キャプテン

「加入1年目で優勝できた。ポジティブなエネルギーを持ってこれたと思えて、自然とこのクラブを愛してしまった」
——マルコス・ジュニオール

強いトリコロールには必ず頼もしい〝助っ人〟がいる。

日産自動車サッカー部時代のオスカー、1995年のリーグ初制覇に貢献して〝裏MVP〟の呼び声も高かったビスコンティ、J1、Jリーグカップ、天皇杯すべてのタイトルを経験したドゥトラ、そして2019年に仲川輝人とともに得点王に輝き、圧倒的な攻撃力の中心を担ったマルコス・ジュニオールもその一人である。

テクニックが優れているのはもちろんのこと、マルコスは何よりもフォア・ザ・チームを軸に置く。常に叱咤し、鼓舞し、奮い立たせる。そのリーダーシップを買われて2020シーズンには喜田拓也、扇原貴宏とともにキャプテンを務めた。外国籍選手としては初だ。2021年から着けたエースナンバー「10」も外国籍選手としてはボリビア代表のテクニシャン、フリオ・バルディビエソ以来であった。クラブにとってどれほど重要なプレーヤーであるかが理解できる。

アニメ『ドラゴンボール』をこよなく愛す。髪をきれいに剃り上げた風貌から登場キャラクターの「クリリン」と呼ばれ、左腕にタトゥーまで刻む。ひとたびゴールが決まれば、セレブレーションで「かめはめ波」や「気円斬」を仲間と一緒にぶっ放すのは、すっかり名物となった。ファン・サポーターのハートをガッチリつかんで離さない。

「子どものときからブラジルのテレビで流れていたので、よく観ていました。大人になって髪を自分で剃るようになってから、まわりに〝クリリンに似ている〟って言われるようになった。何かゴールパフォーマンスをやろうと思って、(フルミネンセにいた)2015年から〝かめはめ波〟もやってはいたんです」

マルコスは1993年1月、ブラジルの首都ブラジリアで生を受けた。両親の深い愛情を受けてすくすくと育ち、幼少の頃からストリートサッカーに熱中していたという。地域の子どもたちのためにと立ち上げた伯父アレッシャンドレのサッカースクールに8歳から通うようになる。

「小さい子どもたちも非行に走ってしまう環境がブラジルにはあります。僕を間違った道に行かせないようにと父が伯父に預けたんです。いい指導をしてもらえたと感謝しています。全体練習が終わると必ず個人レッスンが待っていました。右のトラップはこうしなさい、左のトラップはこうしなさい、パスはこうだ、とか基礎のスキルをていねいに授けてくれました。成長していく過程で、社会的な常識や、正しい考え方も教えられました。プロになるためには、サッカーがうまくなるだけじゃなくて、しっかりとした人間にならなきゃいけなんだ、と伯父はよく言っていましたね」

うまくなっていくのが楽しくて仕方がなかった。午前中に練習してから学校に行き、休憩時間もやるのは決まってサッカー。学校が終わって夜になってもずっとボールを蹴っていた。11歳からは伯父のスクールと、天然芝のグラウンドを持つ別のスクールとを掛け持ちするようになる。自然と「プロ」を意識するようになっていた。

12歳になってブラジリアを離れ、リオデジャネイロの名門フルミネンセの育成組織に入る。ここでも伯父のサポートがあった。

地元ブラジリアにある2つのクラブと、リオのフルミネンセ、そしてフルミネンセとライバル関係にあるフラメンゴが候補に挙がっていた。伯父は熱心なフラメンゴサポーターであったものの、インターネットで育成組織の施設、環境面をしっかり調べたうえでマルコスにライバルのほうを勧めてくれたという。

故郷ブラジリアを離れてスタートしたプロへの道。

ホームシックに悩まされ、スーツケースに鍵を掛けずに盗難被害に遭ったことも12歳の少年には大きなショックだった。まわりは知らないヤツばかり。たまらず、アレッシャンドレに電話をかけた。

「もう帰りたいよ」

マルコスの悲痛な声に、大きな励ましの声がかぶさった。

「もう少し頑張りなさい。我慢してやっていけば、絶対に乗り越えられるから。これを乗り越えないとプロにはなれないんだぞ」

あえて突き放しているようにも聞こえた。マルコスはこう感謝する。

「伯父もそう言いながら、心は痛かったと思います。本当は寮まで行って、何が起こっているかを知りたかったと思うんです。でも伯父は来なかった。それは僕のこれからにとって良くないことだと考えたからでしょう」

伯父の言葉を噛みしめた。

次第に環境になれ、育成組織のなかでも頭角を現していく。うまくなっていると実感を持つことで、トレーニングにより集中することができた。

サッカーに明け暮れる日々。その甲斐あって19歳のときにフルミネンセのトップチームに昇格する。デビュー戦ではファーストタッチでゴールを奪っている。

ブラジルU－18代表に続いて、U－20代表にも選ばれた。当然ながら年俸もはね上がった。

順風満帆、それこそが落とし穴だった。

ローンでマンションを購入し、練習が終わったら遊びにお金を使った。暴飲暴食も始まった。２０１３シーズン、マルコスは暗闇に突っ込んでいった。

「あの年の自分は最悪でした。ケガをしているのにお酒を飲んだり、夜遊びしたり、朝までゲームしたり……昼夜が逆転していました。若くしてお金を稼いで、完全に勘違いしていました。〝一日一日を楽しめばいいじゃないか〟って、そんな感じで。そういう生活があって、９回もケガを繰り返しました」

気がつけば散財の限りを尽くしてマンションのローンを払えず、家を出ていくしかなかった。高級車も手放した。リオの住宅街から、郊外の田舎にある、のちに妻となるダイアニの祖母の家へ転がり込まなくてはならなかった。

ハッと目が覚めた。

「２０１５年のはじまりでした。〝俺、一体何やってんだ〟って気づいたんです。何も残ってないし、むしろマイナスになっていることに。自分を見つめ直しました。練習はしっかりやっているのに、なぜうまくいかないのか、と。ピッチ内だけじゃなく、ピッチ外もプライベートもしっかりやっていく必要があるんだと改めて思いました。このままだとせっかく今まで努力したことが無駄になってしまう、もったいないじゃないかって。そこから生活を変えていきました」

暴飲暴食もお酒も夜遊びもすべてやめた。練習後は体のケアに時間をかけ、栄養と睡眠に最大限の注意を払った。最愛のダイアニと結婚し、赤ちゃんができたことも励みになった。

プレーにはっきりとキレが戻った。ケガもしなくなった。

伯父のアレッシャンドレには、不摂生の日々のことを伝えてはいなかった。そのことも「苦しかった」という。

「もしダメな自分のときに伯父が近くにいてくれたら、こういうことは起こらなかったかもしれない」

伯父との大切な日々があったからこそ、彼は間違いに気づいて立ち直ることができた。人間的にもしっかりしなきゃいけない――。その教えが己のマインドに染み込んでいるからこそ、もう一度前に進めたのだった。

期限付き移籍していたヴィトーリアからフルミネンセに戻った２０１５シーズン、マルコスはパフォーマンスを上げてチームの中心に成長していく。このときから始めた「かめはめ波」のゴールセレブレーションで、落とし穴にはまった自分の甘さまで吹き飛ばした。もう二度と同じ失敗はしないと誓った。

フルミネンセで好パフォーマンスを続けるマルコスに、横浜Ｆ・マリノスから運命のオファーが舞い込む。ブラジル国内のメディアによれば、フルミネンセでは給料未払いの問題が指摘されていた。マルコスがその話題に言及を避けるのは、愛するクラブを傷つけたくないからなのかもしれない。「サッカー以外のことまでいろいろと考えなくてはいけなかった」とだけ述べた。『ドラゴンボール』を生んだ日本には、興味もあった。家族、妻、そして伯父に相談したうえで、２０１９年にマルコスは横浜にやって来た。

アタッキングフットボールとの出会いに胸が高鳴った。アンジェ・ポステコグルー監督2年目のシーズン、チームがその完成度を高めていく過程にマルコスはスムーズに溶け込んでいった。

「ブラジルではいろいろな監督と仕事をしてきましたが、ボス（アンジェ）はまた違うタイプで僕にとっても新鮮でした。勇敢な気持ちで攻撃にかかる一方で、ハードワークして守備をこなさなければこのサッカーは実現できない。僕は天才なんかじゃありませんから、チームに対してできることを献身的に、すべてを出し切ってチームを奮い立たせなきゃならないと考えました」

初めての異国の生活も、異国のサッカーもノーストレス。もう何年も前からここにいるように、来日して1カ月も経たないうちになじんでいた。日本語が分からないことは本人にとってさほど問題ではない。ひらがな、カタカナを独学で覚えようともしている。

J初ゴールの興奮と感動は、忘れられないものになった。

3月10日、日産スタジアムでの川崎フロンターレ戦。前半早々に失点してリードを許すなか、反撃に出る。仲川輝人が大津祐樹と連係して右サイドを崩してグラウンダーのクロスをゴール前に送る。流れてきたボールをファーで待ち受けていた左ウイングのマルコスが右足でゴールマウスに蹴り込んだ。

雄叫びを挙げながらダッシュしてガッツポーズを繰り出す。アドレナリン全開だった。

「テルがいいパスをくれました。今でも目をつぶるとあのシーンが真っ先に思い出されます」

その歓喜のシーンを撮った写真をもらい、いつも目に入るようにと自宅の冷蔵庫に貼りつけた。それから一度もはがしたことがない。毎日見ることでチームへの愛を深め、献身を誓い、そして初心を忘れないようにと戒めにもした。

マルコスの活躍と比例するように、前年２０１８シーズン残留争いしたチームは上位をうかがう。ウイングからトップ下にポジションを移したハードワークを厭わない司令塔は、相手の脅威となって存在感をより強めていった。フルミネンセでは主にウイングを任されてきただけに、ボールを多く触れる真ん中のポジションに入ったことでプレーの幅が広がった。

勝ちたい、勝ちたい、絶対に勝ちたい。

そのほとばしる思いは、全身から伝わってくる。試合開始を告げるホイッスルの瞬間からテンションをマックスに引き上げる。たまにエキサイトしすぎてしまうものの、「チームのため」は抜け落ちてはいない。

じつは試合前に取り入れている決め事がある。それはストリートサッカーに夢中になった子どものころから、ブラジルの世代別代表に選ばれた成長期、自分を見失いかけた暗黒期、それを乗り越えてフルミネンセで活躍した上昇期まで、アップダウンがあった自分の半生を「走馬灯のように」サッと頭に浮かべたうえでピッチに向かうようにしていることだ。

過去があって、今の自分がある。そして未来がある。そのモードに入った瞬間に、スイッチが切り替わるという。

来日1年目にリーグ優勝を成し遂げて、15ゴールを挙げて得点王のタイトルを獲得。日本でいきなり成功を収めても、心を浮つかせることはなかった。

「違う文化、違うチャレンジに身を置こうと考えて日本行きを選びましたが、ここまで最初からうまくいくとは思っていませんでした。そうできたのもチームのおかげであり、仲間のおかげ。ボスが僕を信頼して試合に使ってくれて、自信を持つこともできました。スタメンを固めた分、連係面ではすごく質の高いものが出来上がっていきました。そういったことも優勝できた要因だと僕は感じています」

伯父のアレッシャンドレとは常々、連絡を取り合っていた。シーズンを終えてブラジルに帰国すると、すぐに会いに行った。優勝メダルを見せると、自分のことのように喜んでくれた。とても幸せな時間だった。

２年目の２０２０シーズン、充分にリフレッシュを済ませて横浜に舞い戻ってきた。

ある日、ポステコグルーに呼ばれた。三人制を敷くキャプテンの一人として指名を受けたのだ。

「ボスからは〝チームに対する影響力がすごくある。いつも見せてくれている日々の練習の姿勢、試合の姿勢を、若い選手や新しくここにやって来る選手にそのまま示してほしい〟と。責任重大だなと思いましたけど、やり甲斐があるなって」

外国籍選手がF・マリノスでキャプテンを務めるのは初めてのことである。意気に感じないわけがなかった。

ピッチでは「姿勢」を見せていくとともに、新しくこのクラブにやってきた外国籍選手の世話役も買って出る。

「何よりも大事なのがチームワーク。少しでも早くこのチームに慣れてほしいから歓迎するし、そのためのサポートもする。僕は車の運転が好き。今も練習には、僕が車を出してグラウンドまで往復しています。僕の車はタクシーかよって思うくらいに（笑）。でも全然嫌なんかじゃない。その道中でいっぱい話ができるし、仲を深めていくことができますから」

翌２０２１年からは喜田キャプテンを支える副キャプテンとなった。そしてフルミネンセでも着けていなかった10番を託された。ブラジルのスーパースターであり、フルミネンセで一緒にプレーした憧れのロナウジーニョが背負った偉大な番号。F・マリノスが自分にどれほど期待してくれているのか、痛いほどに伝わってきた。

出会いもあれば、別れもある。今までになかった価値観を与えてくれたポステコグルーが6月に退任し、欧州に渡ってセルティックの監督に就任することが決まった。

「マルコスのサッカーが、俺はすごく好きだ」

チームを去る前に掛けてくれた一言が心に刺さった。指揮官の描くサッカーを、一緒に追いかけていたのだと思うと、体が熱くなっていく気がした。

「監督にはそれぞれ自分の仕事のやり方がある。ボスは選手との壁をあえてつくる人でしたが、みんなも僕も彼のことをすごくリスペクトしていました」

２０２２シーズンは加入4年目にして初めてケガに苦しめられた。パフォーマンスがなかなか上がっていかず、控えに回る機会も増えた。それでもベンチでは一緒になって戦い、味方を鼓舞する姿勢を示す彼の姿があった。

「複数箇所をケガして、スタートから出られない試合が続きました。自分自身としては忘れたいシーズンだと思う一方で、成長できたシーズンでもありました。パフォーマンス自体、本来よりは、だいぶ下にあると自覚していますが、日々ベストを尽くしていくことで取り戻せると僕は思っています」

　マルコスには目標がある。オスカーのように、ドゥトラのように、F・マリノスで現役を終えることだ。彼らはキャリア終盤にあったなかでの決断だったが、彼は２０２２シーズンで29歳。まだまだ将来のキャリアを見通せないなかで、栗原勇蔵のように満員の日産スタジアムでユニフォームを脱ぎたいとリアルに考えている。

「1年目にここにやってきて、14年間にわたってリーグタイトルが獲れないなか加入1年目で優勝することができました。ポジティブなエネルギーをチームに持ってこれたんじゃないかと思えて、自然とこのクラブを愛してしまったところがあるんです。F・マリノスの一員になってから、ほかにいろんなオファーをいただいたこともありますが、僕はこのチームが好きだから断り続けている。もしクラブのほうからもう無理だと言われたら、それは仕方のないこと。でも、僕の気持ちとしてはF・マリノスを心から愛しているし、ここで引退したい。この気持ちはずっと変わらないと思っています」

2020年

コロナ禍でも グッズ売上は史上最高

「ずっと目標だった10億円の売上を達成できたのは、F・マリノスで働いてきた30年のなかで一番大きな出来事でした」

——日比野恵子

２０２０シーズンにちょっとした〝奇跡〟が起こった。物販収入が前年から3億３７００万円アップの10億３９００万円を計上。クラブ史上初めてグッズの売上で10億円を突破したのである。

前年のリーグ制覇が好影響を及ぼした面は当然あるものの、この年の頭から起こったコロナ禍の影響で、リーグ全体で入場料収入が約6割減となり、単年度赤字は35クラブ、債務超過は10クラブに及ぶなど、Jクラブが厳しい経営環境にさらされるなかでの快挙。F・マリノスが営業収入でトップとなり、黒字に押し上げる原動力となったのだ。

物販を動かしているのがマーケティング本部商品事業部。長年この分野に携わってきている日比野恵子はメンバーの一人として辣腕をふるっている。１９９3年のJリーグ開幕時から会社に在籍するプロパー社員であり、クラブの歴史を眺めてきた人でもある。

ピンチのときこそ、踏ん張るとき。その気骨はトップチームのみならず、社員やスタッフたちにもある。

「新型コロナウイルス感染症が広がってファン・サポーターの方は観戦できないし、外出もあんまりできないとなって、チケットやスタジアムでお金を使えないなら、グッズに使いたいっていう多くの声をいただきました。私たちとしてはその期待に応えなくてはなりません。在庫を持てないので受注グッズをメインにオンラインで商品を展開して、とにかく少しでもみなさんの〝F・マリノスロス〟を抑えたい、と。わくわくするグッズでロスをフォローしたいと思って、常に新しい受注グッズをと考えて、みんな頑張ってくれました」

応援してくれている人の心がクラブから離れないように。その危機感と行動力なくして「10億円突破」はなかった。

選手、イベント、グッズなどクラブに愛着を持ってあらゆる情報を広めてくれるファンを「スーパーファン」として、その声を顕在化させていく目的で、2018年から「横浜F・マリノス沸騰プロジェクト」を立ち上げた。ここの一つに「グッズ沸騰」が設けられ、SNSで意見を求め、ファンミーティングを重ねて、クラブとスーパーファンによるコミュニケーションの場とした。

コロナ禍においてもここを積極的に活用。グッズを買いたいという声も、どんなグッズを求めているかも把握できた。

「たとえば〝シンプルな商品がいい〟という声をいただくと、うちの部の企画担当者が、じゃあこういうものがいいんじゃないかって企画を出して、それを実際につくっていきました。F・マリノスの商品は基本的にファン・サポーターの方しか買わないんですけど、その方がうちのアパレルを着ていたら〝その服、すごくいいねと会社の同僚に言われました〟と。そういった話もミーティングで出てくるので、リアルな反応を聞けることも大きいんです」

シャツやパーカーなど、トリコロールのカモメがワンポイントで入っているだけのものもある。一見、F・マリノスのグッズとは分かりづらいが、評判が高まってくると第2弾、第3弾ができて、これまたファンの購買意欲をそそる。このサイクルが好循環を生み出していく。商品事業部だけの力ではない。社内横断の協力体制によるF・マリノス全体の組織としての底力であった。

日比野が、商品の企画を担当するようになったのは2010年から。そのメイン役を務めてきたが、今はフォローに回る役目となっている。コロナ禍もメインの担当者を陰で支えていた。

「10億円はずっと目標にしてきた数字でした。なかなかたどり着けるレベルでないことは分かっていても、そこに到達しないと部として評価されないと思ってきました。そのためにはどうしたらいいのかを、ずっと考えてきたことは確かです。10億円の売上を逆算しながら、物づくりをしていったところもあります。そうやって達成できたのは、私がここで働いてきた30年のなかで一番大きな出来事だったと感じています」

日比野は元々、日産自動車の開発部門で働いていた。日産自動車サッカー部を母体とした横浜マリノスが立ち上がるとあって、親しかった会社の先輩から「マリノスに来る人を探しているんだよね」と声をかけられた。

「まわりにはサッカー部の応援に行っている人が何人かいたんですけど、私は別に行ってなくて（笑）。ただ、サッカークラブには非日常の世界があるなっていうのは感じていました。その非日常の世界を自分も経験でき、みなさんに提供できる会社で働ける、そんなチャンスなかなかないなって思って、会社を辞めてマリノスに行きました」

Jリーグが開幕する1年前の１９９２年2月1日に入社。マリノスでは4人目の正社員となった。その日は会社がある新子安のグラウンドでトップチームが練習していたため、挨拶に出向くことができた。ナマで木村和司、水沼貴史、井原正巳らスター選手を見て、感動したことを覚えている。

会社は全員合わせても15人前後。そのなかで日比野は営業事務の担当になった。

「チケットの請求書を発送したり、管理したりとチケット関連とファンクラブ関連をメインにやってはいました。でも、当時は少ない人数でやっているわけですから、きょうは全員でこの業務をやりましょう、みたいなことも多かったです。早野（宏史）さん、樋口（靖洋）さんのような指導者も近くにいましたから、みんなアットホームだし、最初から楽しく仕事をやれた思い出しかありません」

とはいえ、何事も初めてのこと。ノウハウもない。年間チケットの席割りをどのようにしていくかも、手探りでやっていくしかなかった。Ｊリーグが開幕した当初、試合は週２のペース。今のようにパソコンもないため、ホワイトボードに座席表を書いて、そこを埋めていくなど地道な作業が多かった。

Ｊリーグが開幕してからの数年間、グッズは一括してソニー・クリエイティブプロダクツが製作していたため、クラブはほぼノータッチだった。そこからジェイリーグエンタープライズでグッズを管理する時代に入り、各クラブも絡めるようになっていく。そんな折、日比野がグッズ製作に携わることになるのは自然な流れでもあった。

「営業にいたので、グッズをソニクリさんから仕入れて、それをスポンサーさんに送るというようなこともやっていましたし、商品の管理などもやっていましたから。そういう意味ではずっとグッズにはかかわっていたんです。ジェイリーグエンタープライズさん以降になって、クラブでも段々と独自のグッズをつくれるようになっていきました。

２０１０年は、ちょうど中村俊輔選手が戻ってきたタイミングだったので、ラッキーでした。俊輔さん効果でユニフォームを含めてかなり売れましたから」

２００９年には30億円に届かなかったクラブ全体の売上は、２０１３年には50億円を突破する。企画をメインで担当するようになった日比野は、女性をターゲットにするグッズに力を入れていく。オシャレでカジュアルなトリコロールのバッグは人気アイテムとなり、狙いどおり「F・マリノス女子」のハートに刺さった。2012年から年に1回「ガールズフェス」が開催され、女性ファンを呼び込みたいとするクラブの戦略と連動できたことも大きかった。

日比野の頭からはグッズのことが離れなくなったという。

「日常でも町を歩いていて、なにかトリコロールのものが目に入るだけで〝あ、こういうのいいな〟とか参考にしていました。テレビや雑誌を見ても、トリコロールのものが出てくると思わず反応してしまう自分がいましたね」

日比野のヒット商品のひとつに、「ガチャガチャ（カプセルトイ）」がある。小銭を入れて回すと様々なF・マリノスのアイテムが出てくる、あれだ。日産スタジアムのコンコースでは行列をつくる子どもたちの光景を目にすることができる。両替が追いついていかないため、日比野もよくヘルプに回っているという。

「きっかけは、試合を見るのに飽きちゃった小さなお子さんがコンコースを走っていて、お母さんが追いかけていたんですね。試合中でも子どもが楽しめる空間は何かないのかなっていうことでガチャを始めたんです。そうしたら、子どもたちだけじゃなく大人の方も楽しんでくれて。サポーター同士が推しの選手のものを交換したり、コミュニケーションの場ともなっていきました」

Jリーグが始まって30年。ファン・サポーターの年齢層が高くなるなか、F・マリノスではファミリー層の観戦も多い。少額で手にできる「日産スタジアムに行った記念」として何かあればいいというニーズに応える形にもなった。

そしてマスコット人気もこのクラブの一つの特徴だ。マリノス君に加えて、２０００年からはマリノス君の〝甥っ子〟マリノスケが登場。「Ｊリーグマスコット総選挙２０２０」でマリノスケが1位に、そして、「総選挙２０２２」でマリノス君が1位に輝いた。スタジアムではマスコットのグッズを身につけたファン・サポーターの姿もよく目にする。

「マスコットのグッズは、当初まったく売れなかった」と日比野は言う。売れるようになったのはむしろ最近になってからだ。特にマリノス君は、１９９３年のリーグ開幕から登場して、ホームゲームは1日も休んだことがない。選手の記念撮影には必ず入ってきて、ベンチ横で試合を見守るのはいつもの光景。ゴールが決まったら昔は前方宙返り、今はでんぐり返しを繰り出し盛り上げる。最後のファン・サポーターが帰るまでスタジアムで見届けるなど、ずっと愛されてきた存在であった。

「マリノス君がいて、マリノスケがいて、２０２２年からはマリンがいます。マリノスケが総選挙で1位になったのも、クラブがマリノスケを人気にしたというよりも、ファン・サポーターの方が人気者にしてくれたと思っています。マリンの人気も今、すごいんです」

マスコットの価値をファン・サポーターが高めていき、キャラクターを商品に反映することでグッズも売れていく。Ｆ・マリノスを応援する人々の思いを乗せていくことが大切なのだと日比野は痛感させられている。

クラブ創設30周年、すなわち日比野にとっても入社30周年の節目になる。「昔と変わらず、仕事はとても楽しい」と彼女は言い切る。そして働きがいがある、とも。

「どの部署もどの人も、誇りを持って働いているところがすごくあるなって私は思っています。チームは30年間、一度もＪ２降格がなく、ずっとＪ１にいて、リーグ制覇も5度あります。会社としても、チケット収入、スポンサー収入、スクール事業収入などの分野が頑張っているなかで、グッズ収入も負けないようにしないといけませんし、そういったプライドは私だけじゃなく、社員のみんなが持っていると思います。あの人が頑張っているんだから私も頑張らなきゃと思わせるだけの雰囲気がこのクラブにはあります。

全員で全部のことをやっていた時期や、会社がうまくいっていない時期もありました。クラブの規模が大きくなり、分業の方向に進んでいくなかでも、各セクション横断的に情報も共有されています。つまり会社としては、いい感じになってきているのかな、と。だから私も、この環境にいるともっともっと頑張らなきゃなって思っています」

試合当日、日産スタジアムのコンコースのどこかに日比野の姿を見かけることができる。ファン・サポーターがどんなものを買ってくれているか、身につけているか、どんなことを話題にしているか。何かを観察するように、いろいろなところに視線と興味を飛ばしている。非日常を楽しんでもらうための日常を、日比野は今もなお楽しんでいる。

2020年

F・マリノス復帰。親子2代、伝統と革新のバトンをつなぐ

「F・マリノスは強いチームじゃないといけない。地域を盛り上げていくという意味でも、どんどん勝って、どんどんタイトルを獲りたい」

――水沼宏太

浦島太郎状態とは、まさにこういうことだと思った。

30歳になる２０２０シーズン、水沼宏太は10年ぶりにトリコロールのユニフォームに袖を通した。中澤佑二も、栗原勇蔵もスパイクを脱ぎ、10年前、ともにプレーしていた選手はいなかった。それに加えて、前年に優勝を遂げて注目を集めるアタッキングフットボールは「見る」のと「やる」のではまったく違っていた。

「前年、僕はセレッソ大阪で（ミゲル・アンヘル・）ロティーナさんのもと、ボールの位置と相手の位置とを見ながら自分たちのポジションを取っていくサッカーをしていましたが、アンジェ（・ポステコグルー）さんのサッカーはウイングの場合、サイドに張ってずっと待っておく。それなのに下がらなくてもいいところでどうしても下がってしまう。まわりが苦し

そうにしているからサポートに行きたいって思っても、ウイングの役割じゃないと割り切る必要があったので、そこはちょっと時間がかかりました。助けたいっていう気持ちがどうしても出てしまうので」

浦島太郎と異なるのは、戸惑いではなかったこと。新しい環境にアジャストさせる、そのワクワク感しかなかった。


かつてＦ・マリノスを飛び出した際には負の感情しかなかった。２０１０年７月に期限付き移籍したＪ２栃木ＳＣでの武者修行を終え、今度こそチームの力になれると自信を持って、次の２０１２シーズンに向けた話し合いが行なわれたものの、期待した言葉はもらえなかった。

「どっちでもいいって、そんな感じだったんです。少なくとも当時の僕は〝お前は要らない〟って解釈しました。選手は自分の立ち位置って大体分かるんです。もちろんショックでしたよ。当時、事情の分からない人たちのなかには〝クラブを捨てて出ていった〟とかそう見ている人もいましたけど、決してそんなんじゃない」

自分はもう必要とされていない――。海外挑戦に舵を切って欧州でテストを受けたものの、加入には至らなかった。八方ふさがりの状況で待ってくれていたのがＪ１初挑戦となるサガン鳥栖だった。

新天地の水に、思い切り溶け込んだ。

積極的な仕掛け、無尽のタフネス、そしてチームへの献身によって尹晶煥《ユンジョンファン》監督の信頼を早々に勝ち取っていく。レギュラーの座をつかみ、Ｊ１初ゴールで、サガンのＪ１初勝利をもたらした試合の相手がＦ・マリノスというのも、切っても切り離せない両者の関係を表してもいた。その後の活躍は言うまでもない。２０１３年に完全移籍に切り替わって、サガンの絶対的な存在となっていく。４シーズン過ごした後に、ＦＣ東京、そしてセレッソ大阪へ。サガン時代の恩師、尹晶煥のもと２０１７年のルヴァンカップ、天皇杯制覇にも貢献している。２０１９年に就任したロティーナにも重用された。

新しいチームとの出会いは、自分の可能性を広げていくチャンス。そんな〝キャリア訓〟を抱く彼に、二度と戻らないと誓っていた古巣から思いも寄らぬオファーが届いた。

「見返してやるっていう気持ちが段々薄れてきて、気づいたら負の感情みたいなものは何もなくなっていました。そんなときにオファーをもらったんです。まさか自分にと、想像したこともなかった。嬉しさが心の底からこみ上げてきました。僕にとって本当に大好きでたまらないチームだったんだなって思いましたね」

背番号は「18」。〝エイトマン〟の父・水沼貴史の背番号に、10年分の成長を乗せた番号であった。

アタッキングフットボールに自分をアジャストしていく作業は、やりがいしかなかった。言われたとおりにやるだけなら簡単だ。しかし、そこに自分の納得感を付帯させなければ己の進化を呼び込めない。ならば研究すればいいだけのこと。Ｆ・マリノスのアタッキングフットボールとは何か、求められるウイングの役割とは何か、前年2019シーズンの試合を映像で見まくって自分の頭のなかで整理しようとした。新型コロナウイルスの感染拡大によってチームが活動休止になると、自宅に閉じこもって映像とにらめっこの日々を送った。それもチームが3連敗した8月の試合を重点的に見たという。うまくいっていない試合のほうが、いろいろと気づきやすいというのが理由だった。自分も前年のチームの一員になったつもりで考え、苦しいときを共感する。チームづくりの過程を追体験しておくことで、飲みこみや納得も早くなる。

「やっぱり特殊なサッカーだなって、自分のこれまでの概念を一度覆さなきゃダメだなって。できるだけゴールに迫っていって、ゴールに直結するプレーだけを求められているんだなとは改めてよく理解できました。このチームのためにやるべきことは何かを考え、そこをしっかりとこなしたうえで自分の色を出していこう、と。はっきりと整理ができていきました」

途中出場と先発を繰り返しながら、ゴールに直結するチャンスをつくり出すことに意識を傾ける。自分の武器である正確なクロスを、チームの新たな武器にしようとする。

エンジェルパスならぬエンジェルクロス。

7月8日のホーム、湘南ベルマーレ戦のアシストは、まさにその表現がしっくりくる。後半途中から出場し、2－2で迎えた後半42分であった。右サイドからボールを受け取った彼はトラップで前に持ち出し、中央にオナイウ阿道《あど》がいることを確認。フワリと浮かせたボールはオナイウの前にいるディフェンダーの頭上を越えてピンポイントで落下する。強烈なへディングシュートがゴールネットに突き刺さり、コロナ禍による中断明け、シーズン初勝利となる決勝点を演出した。

「蹴りたい位置に阿道がポジションを取ってくれていました。そこはお互いに信頼関係がありますから。練習でもやってきているし、あとはヘディングしやすいボールを送るだけ。ただ、あそこで（待っているのが）阿道じゃなかったら、違う種類のボールを選択していたかもしれません。人の特長によってキックの種類を変えていきたいというのはいつもあるので」

日ごろのトレーニングで合わせてきたからこそ、お互いに「ここに来る」「そこへ出す」が通じ合った。チームメイトとの信頼を深める〝アジャスト作業〟は進んでいった。

コロナ禍での試合はスタンドの声出し応援が禁じられたことで、ピッチからの声がよく響く。指示の声、叱咤の声、鼓舞の声。いつも声を張り上げていたのが水沼であった。

「僕としてはいつもどおりやっていただけのことなんですけどね（笑）。自分がしゃべることでスタンドも盛り上がっているぞ、とか、拍手を大きくもらったなとか、実感がありました。ピッチとスタンドが一体感を持って戦うためにも、自分が声を出していったほうがいいよな、という気持ちにはさせられました」

２０２０年11月14日、日産スタジアム。

浦和レッズを迎えてのホーム最終戦は、〝宏太の日〟となった。3アシストした後にオナイウとのワンツーから左足でホーム初ゴールを挙げる。２００７年、ユース時代にデビューを飾って以来、実に13年越しでかなえた超待望の一発であった。

30歳は照れ臭そうに、ベンチ横で喜ぶマスコットのマリノス君と抱き合った。5歳のときに父の〝引退試合〟で抱っこしてくれた記憶がよみがえる。

「最初にプロになってからの2年半、F・マリノスではゴールを決めることができなかったし、勝利に貢献できたと思ったことさえなかった。チームに戻ってきて、その2年半のことは通り越しちゃって、子どものころの思い出がよみがえってきました。マリノス君が応援したり、転がったりする姿を小さいときにずっと見ていたから、僕にとっては憧れのチームの憧れのマスコット。ゴールを奪って一緒に喜べることができて、ここまで頑張ってきてよかったなって思いました」


遠い、遠い記憶――。

マリノス君と初めて写真を撮ったのは、1995年7月、三ツ沢公園球技場で開催された木村和司の引退試合だった。水沼貴史の最後の試合も兼ねていた。父に手を引かれて、初めて三ツ沢のピッチに足を踏み入れた。

「メチャクチャ緊張しましたよ。大人たちがいっぱい寄ってくるから、どうしようみたいな感じで（笑）。マリノス君も間近で見ると、顔がちょっと怖いなって。昔の写真を見てみると、僕の顔、ひきつっているんです」

運命に導かれるように小学生からサッカーを始め、自宅に戻って暇さえあれば父の試合のビデオを観ていたという。

「マリノス時代よりJSLの日産時代のほうが圧倒的に多かったですね。ゴールシーン、アシストシーンは、もうテープが擦り切れるくらい。コーナーキックを左足でも右足でも同じように蹴っていたし、父さんはすごいなって。だから当時、アニメとか一切観ていないんですよ。学校に行っても、話題に全然ついていけなかった（笑）」

　父に憧れた宏太少年は中学に入るとF・マリノスのジュニアユースでプレーするようになる。試合に出られないことも多く、なかなか活躍できないもどかしさもあった。ユース昇格も危ぶまれていた。

「ユースがダメならサッカーに打ち込める高校に行こうかなとか、寮があるところのほうがいいなとか、そういうところまで考えていました。ギリギリで昇格できたのは良かったんですけど、外から何となく言われている感じがありました。僕のなかでは見返してやるっていう思いが出てきました」

〝水沼貴史の息子〟と意地悪な視線を感じたことはあった。それが何よりも悔しかった。

「父のことは誇らしいし、大好き。思春期だからとか、〝水沼の息子〟と言われるからだとかで、嫌いになるなんてことは一切なかったです。父が有名なら、自分も頑張って有名になればいいじゃん、というマインドでしたね」

　すぐさま見返していく。ユースの中心となって世代別の代表にも名を連ねるようになる。2007年、高3の夏には韓国で開催されたU‐17ワールドカップにキャプテンとして出場。グループリーグ敗退に終わったものの、世界のレベルを肌で感じることができた。大会後にはトップチームの練習に参加を果たし、父はコーチとして息子は2種登録の選手として、一緒の時間を過ごすようになる。ちょっと気恥ずかしさもあった。

「高校の授業もあるので毎日練習に参加していたわけじゃないですけど、〝なんて呼んだらいいか問題〟があって、父さんと言うのは変だし、コーチと言うのもちょっと。貴史さんと言うのも違うなと。結局、話があるときは、ねえねえって言ってました（笑）」

緊張を隠せない高3の心をほぐしていたのが、松田直樹であった。松田はメンバーのなかで唯一、父と一緒にプレーした経験のある選手だ。

「マツさんは〝お前のお父さん、メチャクチャうまかったぞ〟とか〝お前とは全然タイプがちげえな〟とか言ってくれましたね」

このときサブ組にいた松田と一緒に出場した練習試合で水沼はゴール、アシストをマークして大活躍する。次の週、ヴァンフォーレ甲府戦（10月27日）の遠征メンバーに呼ばれた。試合前のアップではコーチの父と一緒にボールを蹴った。

雨の小瀬、水沼は残り8分の時間帯で呼ばれた。17歳8カ月でのプロデビューだった。

「どんなプレーをしたかほとんど記憶がないんですよね。チャンスが来たらいいなと思っていたら一本、流れてきたんですけど打てなかった。でもプロってこんな感じなんだなって分かることができたのは自分のなかで大きかった」

父と同じサッカー選手になる。一つの目標に手が届いたとはいえ、浮かれることなどなかった。父に負けないくらい有名になるには、これからが勝負になる。チームで絶対的な存在になって、いずれは日本代表にも入っていかないといけないのだ、と。

しかしながら、２００８年にトップチームに昇格してからは我慢を強いられた。18歳で10試合に出場したとはいえ、まったく納得できない。指揮官が桑原隆から木村浩吉、木村和司に交代しても自分の序列が上がっていかず、Ｊ２栃木ＳＣへの期限付き移籍を決断する。そしてそのままＦ・マリノスに別れを告げることになる。

あれから10年、二度と戻るつもりのなかった古巣に戻り、ホームの日産スタジアムで初ゴールを挙げてマリノス君と喜ぶ。横浜を背にした際には、こんなシーンが待っているとは想像すらしていなかった。このシーズン、チームは９位と上位に食い込めなかったものの、水沼個人としてはチーム１位の２ケタのアシスト数をマークした。

復帰２年目はもっとチームに貢献できると考えていた。だが２０２１シーズンは逆に出場機会が減り、ベンチが指定席となってしまう。

「悔しかったですよ。どうしてもっと出してくれないんだろうって。だけど、ずっとスタメンで出ていた選手が使われなくなってモチベーションを下げてしまった事例を僕はキャリアのなかで散々見てきましたから、そういうふうになりたくはなかった。とにかくやれることを全力でやる。それがきっと自分の未来につながるはずだと信じました。

昔なら〝見返してやるぞ〟っていう気持ちになると思うんでしょうけど、そういうんじゃないんです。自分の価値を高めるために、状況に応じてプレーをやっていこう、と考えました。試合を読む力とか状況に応じたプレーの選択とか、新しい武器を手に入れたなという感覚がありました」

8月21日、三ツ沢でのベガルタ仙台戦でＪ１通算３００試合出場を達成する。次のホームゲームとなった鹿島アントラーズ戦（28日、日産スタジアム）でセレモニーが行なわれ、父がプレゼンターを務めた。そして水沼親子とマリノス君の3ショット記念撮影に、スタンドからも選手たちからもリスペクトのこもった温かい拍手が送られた。

あの日の父のラストマッチの光景が心に広がったという。

「父に手を引かれながら入場して、そしてマリノス君に抱っこしてもらって……そんな自分が真ん中に入って記念写真を撮るって、クラブとしてもそうなのかもしれないけど、水沼家の歴史も感じられる、忘れられないセレモニーになりました」

父は日産、マリノスとワンクラブマンで引退した一方で、息子は多くのクラブを渡り歩いて戻ってきた。キャリアも違えば、プレースタイルも違う。父は息子を「すごくリスペクトしている」と語り、息子は父を「憧れの存在」といつも見上げている。

「あれだけ両足できれいに蹴れて、ドリブルもあれだけキレがあって、すごくうらやましいですよ。でも、僕は僕で積み上げてきたものがあるし、そこには自信がありますから。父に言われたことがあります。〝宏太らしくやれば、それは唯一無二だから。まわりは気にしなくていい〟と。自分のプレーをどれだけチームに活かすことができるかにこだわってきたし、フォーカスしてやってきたつもりです」

自分らしくやれば、唯一無二。どれだけこの言葉が励みになったか。

リーグ戦の出場数は「36」。だが、先発はわずか「1」にとどまった。合計667分という短い出場時間のなか、驚異的ともいえるチーム1位の9アシストを記録したのはせめてもの意地。むしろ途中から出てきて攻撃にまた違ったリズムを奏でるベテランの仕事で相手をひるませた。ポステコグルーがシーズン途中にクラブを離れ、監督にはケヴィン・マスカットが就任。アタッキングフットボールも継承された。

シーズン後には他クラブからいくつかオファーが舞い込んだ。まわりから評価されていることは素直にうれしかった。

「自分がやっていることは間違いないんだなって。ただ自信を持ってここに帰ってきたのに、全然自分を見せられていないという気持ちが強かったし、クラブ30周年ということで持てる力をすべて出し切ってやろうって心に誓いました。ケヴィンになってもサッカーのベースは同じ。ただ、その週で調子が良い選手をすごく見ていたので、これはチャンスだなって思いました」

ポステコグルーがメンバー固定傾向にあったのに対してマスカットは流動的。かつ、サッカーにも水沼に合ったアレンジが施されている。

「まわりがパスを出せそうだっていうところへのウイングのサポートがOKになったり、ポジショニングとか自分の武器としてあるものが、出せるようになりました。かなり中に入ってみたり、ちょっと下りてみたり。これまでどおりサイドで張って高い位置を取ることも含めて、相手を見ながら自分のポジションを変えていくことをチームとしてやるようになったのは、僕にとって大きかった」

復帰3年目にしてスタメンの回数が増えて、アシストのみならずゴールも奪っていく。背番号18の躍動に引っ張られるように、チームも首位を走る。

自分もチームも絶好調。すると7月、東アジアナンバー1を決めるE－1選手権に出場する日本代表に選出された。プロになる前からずっと目標にしていた日本代表に32歳にしてやっと手が届いたのだ。初戦の香港戦、第3戦の韓国戦に先発して優勝に貢献。親子2代にわたる国際Aマッチ出場という偉業を果たしている。

「どんなに遠回りしようが、どんなに苦しかろうが、あきらめずにやっていけば夢はかなうんだって、本当にあきらめないで良かったなって、思うことができました」

自分らしくやる、やれることを全力でやる、あきらめずにやる――。嘘偽りなく、真摯にやってきたことが報われた瞬間でもあった。

ついにそのときが訪れる。

2022年11月5日、ノエビアスタジアム神戸。最終節となるヴィッセル神戸戦に勝てば、水沼にとってプロ15年目にして初のJ1制覇が決まる。

ゴールはすべて背番号18から。前半26分、ワイドにポジションを取り直してからボールを受け取ってクロスを送り、相手の短いクリアによってバウンドしたボールをエウベルが頭で押し込んで先制点を挙げる。一度追いつかれながらも、引き離しに掛かったのが後半8分の直接ＦＫの場面。ちょうどペナルティーエリアの左角からゴールを狙い、ＧＫが弾いたところを西村拓真が押し込んだ。そしてこの20分後、右サイドの裏に出たボールに追いつき、深く侵入してからマイナスにパスを送って仲川輝人のゴールをアシストした。この1年を物語るような出色のパフォーマンスだった。

　優勝を告げるホイッスルが鳴り響くと、ベンチに下がっていた水沼はハイタッチでチームメイトを迎えた。だがもう我慢できなかった。感極まってひざから崩れ落ちると、誰からとなく水沼のもとに集まってくる。ポンポンと背中を叩かれ、喜びを噛みしめた。

　このクラブに憧れ、このクラブで悩み、このクラブで成長を遂げてきた。一度離れた分だけ、どれだけ好きなのかも確認できた。この優勝は、紆余曲折を経ながらも頑張ってこれた自分へのご褒美だと感じ取れた。

　親子2代にわたってプレーできているその重みも自分なりに受け止めてきたつもり。使命感がモチベーションになっていることもまた確かだ。

「僕が小さいころから育った横浜という町にこのような大きなクラブがあって、僕もそうですけど、いろんな夢を見せてもらったし、よし頑張ろうって勇気を持たせてもらった。父にも憧れを持たせてもらった。そしてF・マリノスの選手になって、今度は自分が逆の立場で、夢とか勇気とか憧れとかを持ってもらうためにやっていかないといけない。目の前の試合に全力で挑んでいって、見てくれる方に、子どもたちに、地域の方に、何か前向きなことを投げ掛けていけるんじゃないかと思って、やっているつもりではあります。そして何よりもF・マリノスは強いチームじゃないといけない。地域を盛り上げていくという意味でも、どんどん勝って、どんどんタイトルを獲りたい。そのために僕にやれることがあるなら何でもやろうと思っています」

オ、オオーオオーオオー、オオオ、水沼宏太――。

スタンドに流れるチャントは父と同じ。息子は率直に「うれしい」と感謝を述べる。

斬新だった日産の攻撃サッカーがマリノス版アタッキングフットボールの源流にある。昔は貴史がいて、今は宏太がいる。伝統と革新、そのバトンはしっかりと受け継がれている。

2022年

「超攻撃」と「堅守」両面を具現化したMVP

「献身性と一体感の2つで、誰が出てもしっかり結果を出していくことができるのが今のF・マリノスの強みです」

——岩田智輝

普段はまったく緊張しない人が、珍しく眠れない夜を過ごしていた。

2022シーズン、横浜F・マリノスは3年ぶりのJ1制覇に迫りながらも、残留争いに身を置くガンバ大阪（10月8日）、ジュビロ磐田（10月12日）にホームで2連敗を喫してよもやの足踏み。約2週間の中断明けのホーム最終戦、浦和レッズ戦（10月29日）に4－1と快勝して最終節を迎えるアウェイの地、神戸に乗り込んだ。

泣いても笑っても残りは1試合。猛追する2位川崎フロンターレとの勝点差は2だ。調子を上げてきたヴィッセル神戸を下せば自力で優勝を決められるという状況であった。

前泊するホテルの部屋で岩田智輝はベッドに横たわって目を閉じた。いつもならスッと眠りに入れるのだが、この日ばかりは急に緊張が襲ってきた。

「リーグ優勝は初めての経験になるし、ここでチャンピオンになれるかどうかで自分のこれからのサッカー人生が変わってくるぞって、なぜだか分からないですけど、自分にプレッシャーを与えてしまって。緊張して心臓がバクバクしてしまったんです」

岩田の経験上、緊張して臨む試合は「あまりいいプレーができない」。ほとんど眠れなかったこともあって不安を抱えながら、決戦の地へと向かった。

11月5日、ノエビアスタジアム神戸。秋が深まるなか20度を超える陽気に包まれ、緊張のなかにもリラックスする自分がいることに気づかされた。それは今まで味わったことのない感覚だった。

ゲームは前半26分、水沼宏太のクロスからこぼれてきたボールをエウベルが頭で押し込んで先制しながらも、前半終了間際、武藤嘉紀のヘディング弾で同点に追い付かれ1－1で折り返した。武藤と競り合ったのが岩田だったものの、尾を引くことなく、後半は圧倒的なフィジカルの強さと、冷静な読みで危険な場面をつくらせなかった。西村拓真、仲川輝人のゴールで計3点を奪って快勝し、待ちわびた歓喜の瞬間をついに迎えた。岩田もガッツポーズを繰り出して満面のスマイルでチームメイトと抱き合う。スタンドを見渡せば、ファン・サポーターが喜びを爆発させていた。嬉しすぎて泣いている人もいた。初めて目にする優勝という光景は、最高という言葉以外に見つからなかった。

「一生、忘れることのない景色だと思います。緊張したなかでも今までどおりのプレーができたし、始まったら始まったで試合はすごく楽しめた。そこは自分のなかでも成長したなって思うことができました」

ロッカールームに戻ってみんなでひと喜びした後、「健くん」を探した。地元、大分・宇佐市のご近所さんで、物心ついたときから一緒にボールを蹴って遊んでくれた、岩田にとっての〝お兄ちゃん〟的な存在、5学年上の松原健である。

「2人の兄のサッカー観戦についていったら健くんが可愛がってくれて。ドリブルしているのを追いかけていた思い出があります。（サッカーを始めたのは）もちろん兄の影響なんですけど、健くんが遊んでくれてサッカーの楽しさを知ったというのもあると思います」

大分トリニータから2021シーズン、F・マリノスに移籍してきてからもいろいろと面倒を見てもらった。「健くんと一緒にシャーレを掲げる」を目標の一つにしていた。本当にその瞬間がやってきたのだ。松原と一緒にシャーレを持ち、写真のフレームに収まった。

「4歳のころから遊んでもらっていた健くんと一緒に、J1で優勝できるなんて本当に夢のようでした。2人で〝小学校のときのコーチにこの写真送ったら泣いちゃうだろうな〟って言いながら（笑）」

〝夢のよう〟には、まだ続きがあった。優勝から翌々日のJリーグアウォーズにおいて、岩田はJリーグMVPに輝くことになる。F・マリノスでは中村俊輔（2000年、2013年）、中澤佑二（2004年）、仲川輝人（2019年）に続く4人目の快挙。J3出身選手としては初。センターバックとボランチの併用で起用され、ローテーション化を図るチームにおいてフィールドプレーヤー最長2715分のプレータイムも大きく評価された。

フィジカル能力を活かした守備、攻撃の起点となるテクニック、ゲームの流れを読む力。アタッキングフットボールの中心に彼がいた。

受賞スピーチでは「妻であるあなたもＭＶＰ」と支えてくれた妻への感謝を伝えたことが反響を呼んだ。トリニータ時代の２０２０年に結婚し、翌年には長女が、そしてこの年には長男が誕生している。家族の存在が何よりも励みになった。スピーチの最中、アウォーズの会場にいた妻はポロポロと涙を流していた。

「毎日美味しい料理をつくってくれて、１年を通して大きなケガなくやってこれたのも妻のサポートのおかげですから。１試合でも多く試合に出ることが妻への恩返しになるし、子どもたちにかっこいいところを見せたい気持ちもあって頑張れました。疲れて帰ってきても子どもの顔を見ると、疲れなんてゼロになってしまう。そこがたくさん試合に出ることができた一番の要因かもしれません」

感謝の気持ちを忘れない。多くの人の支えがあって今の自分がある。きちんと報告しようとしたところに、先にメッセージがやってきた。

「ＭＶＰ、本当におめでとう」

トリニータ時代の大先輩であるゴールキーパーの修行《しゅぎょう》智仁（ＦＣ今治）からだった。

「修行さんから〝一緒にサッカーをやれて良かった〟みたいな言葉もいただいて。〝いやいや、こちらこそです〟と。今の自分があるのも、トリニータ時代があるから。あのとき修行さんに言われたことが、今でも自分の柱になっています」

修行は、岩田にとって大恩人。トリニータU－18からトップチームに昇格し、3年目を迎えた2018年のことだった。片野坂知宏のもと1年目から主力を担ってきたが、ケガもあって試合にまったく絡めなくなった。

「自分のなかでも腐っていたところがありました。練習でヤル気ないときとか、ちょっと文句を言いながらとか、〝なんで出られないんだよ〟って思っていたのが周囲にも伝わっていたんだと思います」

目を覚ましてくれたのが、修行である。年齢ひと回り以上の先輩は、岩田の振る舞いを見かねて苦言を呈してくれたのだった。

「試合に出ることじゃなくて、チームの中心になるためにお前に足りないものを見つめ直してみろ。チームの中心になることを考えたら、行動が変わってくるはずだ」

心のど真ん中にズシリと響いた。

「試合に出ようが出まいが、毎日をやり切れているかどうか。チームの中心になるための行動を考えるようになりました。毎日、練習終わりに修行さんが聞いてくるんです。〝100パーセントで練習やれたか？〟と。〝ほかの人に矢印を向けるな。自分に矢印を向けろ〟と。プロとして大事なものを教わった気がします。その後、試合に出られるようになったのは本当に修行さんのおかげなんです」

7月下旬から先発をつかむと、残り全試合に先発してチームのJ1昇格に貢献していくことになる。チームの中心になるという自覚も生まれ、チームのことを真っ先に考えるようにもなった。自分の軸というものができあがった。わずか4年後、JリーグMVPに至る彼の爆発的な成長を呼び込む力にもなった。

「修行さんがいなかったら、今の自分はありません」

岩田はそうキッパリ言い切った。


F・マリノスから2年連続のオファーを受け取り、より成長していくため、将来、欧州でプレーする自分の夢をかなえるためにと横浜にやってきたのが2021年だった。

2月26日、等々力陸上競技場。前年覇者フロンターレとの開幕戦、岩田は右サイドバックで先発のチャンスを得ながらも、0-2とリードされたまま後半途中で交代を告げられて松原に後を託した。F・マリノスデビューは、ほろ苦い味がした。

「気合いはすごく入っていたんですけど、うまくいかずに何もできずに終わったっていうのがあの試合の印象として一番残っています。F・マリノスのサッカーに対する理解度がまだまだ全然足りないところがあったので、その部分でも悔しさがありました」

開幕から2試合連続で先発しながらも以降は先発と控えを繰り返していく。この環境は望んでいたものでもあった。うまくいっていないときにこそ、試合に出ないときにこそ、自分を見つめ直すことができる。矢印を自分に向ける大切さは修行が教えてくれたことだ。松原をはじめチームメイトから聞いたり、教わったりして、徐々にチームのスタイルに自分をフィットさせていく。

迷うことなくやっていれば、自ずとチャンスはやってくる。

5月26日に古巣のトリニータとアウェイで初対戦。「プロになって緊張とか一切しなかったんですけど、ワクワクしすぎて緊張しちゃったんです」と語るこの試合でボランチに入って1－0の勝利に貢献したことをきっかけに、先発に定着していく。フロンターレに大きく引き離されての2位ではあったものの、アタッキングフットボールに触れて自分がグングンと伸びてきていることは肌で感じ取れていた。

次の2022シーズンが、自分にとって勝負になる——。

岩田はオフを返上して、肉体改造に着手する。パーソナルトレーナーに師事し、自分が抱いていた筋トレへの常識を覆されたところもあって、のめり込むことができたという。

「トレーナーの方に〝今まで下半身の筋トレをしたことがないです〟と伝えたら、びっくりされちゃいまして（笑）。筋トレの三大種目と言われているスクワット、デッドリフト、ベンチプレスのうち、これまで2つをやっていなくて、〝それじゃ筋肉つかないですよ〟と。だから逆に言うと、すごく伸びしろがあったみたいです。シーズンオフの2カ月間、筋トレをがっつりやって結構しんどかった。それでも知識を得たことで、どういう鍛え方をすればスピードを出せたり、パワーを出せたりするのか、その原理を理解できたので、すごく大事な期間にもなりました」

正しく筋トレをした効果をすぐに感じ散る。1月から始まったキャンプでスプリントを計測すると時速で約2キロも伸びていた。体にはキレもパワーもあった。

ボランチ、センターバック、サイドバックと、どのポジションでも高いレベルでこなせるマルチロール。チーム事情によってポジションを託されることに抵抗はなかったのだが、シーズン前にケヴィン・マスカットには「ボランチで勝負したい」とは伝えていた。

だが、そのキャンプ中に、ディフェンスの大黒柱であるチアゴ・マルチンスの米ＭＬＳニューヨーク・シティへの移籍が決まったことで、そうも言っていられなくなった。

「割り切らないと仕方ない。でもチームのためにプレーして、試合に出るのが一番ですから、複雑な思いとかはまったくなかったです」

この切り替えの早さも岩田の長所と言えるのかもしれない。どのポジションであっても難なくプレーできるところに結びつくのだから。

岩田って、本当に「岩」みたいじゃない？

スタンドからはそんな感想がチラホラと漏れ始めていた。当たり負けないどころか、相手を弾き飛ばしてしまうほどのパワーなのだ。

第2節のアウェイ、柏レイソル戦（2月27日）だった。終盤、相手のカウンターからストライカーの細谷真大にボールが渡ったところで岩田が競り合った。結果的に手を使って倒したことがＶＡＲで確認されて一発レッドで退場処分となってしまうが、困った挙句に手を使ったというよりも、パワーをコントロールしきれずに倒してしまったという印象を抱くこともできた。

岩田の感想はこうだ。

「どうして相手は倒れているんだろうっていう感じではあったんですけど、後で映像のハイライトであのシーンを見たら確かに手が入っていたし、（レッドカードは）そうだよなって反省しました。ただ試合でも段々と（パワーがついている）実感みたいなものもありました」

反省しなければならない一方でフィジカルに対する自信はより深まっていくことになる。

ＡＣＬではグループリーグを突破し、Ｊ１リーグでも5月下旬から首位に立ったチームの評価とともに岩田の評価も上がっていく。7月には国内組で出場するＥ－１選手権の日本代表メンバーにＦ・マリノスから大量招集された一人として優勝に貢献。プレッシャーのかかる一つひとつの試合が確実に自分の肥やしになっていく手応えを得ていた。

ボランチでは失敗を恐れずにどんどん前に出ていこうとし、センターバックでは逆に失敗しないようにクレバーにプレーすることを心掛ける。移籍1年目に比べると、随分と頭のなかが整理されている感があった。

リーグ戦最初のヤマ場となったのがＥ－１選手権後、一発目のゲーム。2位鹿島アントラーズをホーム、日産スタジアムに迎えた一戦（7月30日）である。

ボランチで先発した岩田の〝トモキショー〟となる。相手のゴールキックをワンタッチでエウベルに渡し、先制点に導くと、追加点はセットプレーからのこぼれ球を右足ミドルで叩き込んだ。２－０の完勝だった。

「日本代表でたくさんの刺激をもらったことと、自分のパフォーマンスが１００パーセント良かったのかと言われたらそうでもなかったので、（再開する）次のゲームからしっかり取り返したいと思って臨みました。２点目のゴールは、普段セットプレーだと中に入るんですけど、このときは外にたまたまいて。〝チャンスがあったら打て〟とはまわりからも言われていたし、何となくボールが来そうな予感もありました。とりあえず、浮かさないことだけ意識して打ったら入ってくれました」

いいことばかりだけでは成長は加速しない。悔しい経験もセットであったほうがいい。その点、岩田は恵まれている。

翌週、アウェイのフロンターレ戦（８月７日）は逆に悪夢を見ることになる。今度はセンターバックで先発し、１－１で迎えた後半アディショナルタイムのラストプレーでＤＦジェジエウに決勝のヘディング弾を許してしまったのだ。

この悔しさはずっとつきまとうことになる。大事な最後の局面であのような失点をしてはいけない。そう心に誓って、へこむどころか負けじ魂に火をつけて翌日から筋トレをバンバンやった。

岩田はフィジカルが強いのみにあらず。ポジショニングや読み、駆け引きにも目を引く。つまりはインテリジェンスが高い。試合の映像を見返しては修正を繰り返す作業も続けていく。フロンターレ戦以降はセンターバックの起用が続くことになる。

「何かの能力がずば抜けている選手かと言われたら、絶対にそうではないので頭を使わないと守れないと思っています。常にボール保持者の顔の向き、ボールの持ち方は見ていますし、このタイミングだとフォワードは出てくる、出てこないというジャッジも経験と感覚で自分なりにつかんだところはあります。フロンターレ戦でジェジエウ選手に自分の上からやられてからは、もっとチームを助けるセンターバックになると心に決めたし、気持ち的にも大きな変化のあったゲームになりました」

守備におけるインテリジェンスを引き上げられたのはマスカットとの出会いも大きい。ポステコグルーが持ち込んだアタッキングフットボールを踏襲しつつ、ディフェンダー出身の指揮官によって守備のオーガナイズが整備された。

「ケヴィンさんは本当に細かいです。相手がこういうフォーメーションなら、自分たちがこうハメて守っていくというのは週のミニゲームでもしっかり落とし込まれますから。攻撃的なところばかりがフォーカスされがちですけど、いい守備があってのいい攻撃。ここはすごく徹底されているし、僕自身もかなり勉強になっています」

選手と一線を引いたポステコグルーのマネジメントとは真逆で、1対1のコミュニケーションを大事にする人でもある。

「お前がボランチをやりたいのは分かっている。でも今はセンターバックとしてやってくれ」

自分の気持ちを察したうえで言葉を掛けてくれると、それだけで自分の覚悟も決まりやすくなる。いいプレーをすれば、言葉にして伝えてくれる。無論、岩田だけではなく全員に。だからこそローテーションをしてメンバーを入れ替えても、みんなが同じ温度と強度で戦っていくことができた。

ガンバ、ジュビロ相手に2連敗を喫した後、指揮官は選手たちにこう伝えたという。

「自分たちが1位であることに何も変わりはない。だから何も変えることはない。自信を持ってやっていこう」

奮い立ったことは言うまでもない。自信を持ってやり切った結果が最後の力強い2連勝であり、勇敢に戦ってたどり着いた優勝であった。

岩田は言う。

「誰が出てもしっかり結果を出していくことができるのが今のF・マリノスの強みだと思います。誰かのために、チームのためにっていう気持ちもすごく表れている。献身性と一体感、この2つが結果につながったような気がします。個人的にはチームを勝たせないといけないっていう責任感が強くなりました。このことを結果として示すことができたのは、自分としてはかなり嬉しかったですね」

2022シーズン、70得点はリーグ最多、35失点はリーグ最少タイであった。攻撃でも守備でも圧倒するのがF・マリノスが目指すアタッキングフットボールのカタチだ。「超攻撃」を後方から支え、「堅守」の伝統も引き継ぐ、その両面を具現する岩田智輝のMVPはどこか運命めいてもいる。

チームの進化は、彼の進化でもある。献身性と一体感を持って重なり、共鳴し、歩みを進めようとする共同体のように映る。F・マリノスのなかに岩田智輝の姿があり、岩田智輝のなかにF・マリノスの姿がある——。

2022年

F・マリノスしか知らない 30年目の偉大なるキャプテン

「ファン・サポーターがクラブに共感してくれて、共鳴してくれて一緒に変わっていこうという姿勢を示していただいたのは本当に幸せ」

——喜田拓也

「F・マリノスのスクールに入ってみる?」

2001年、両親の何気ない一言が、運命の出会いを導いた。サッカーをやっていた2人の兄は関心を示さなかったが、三男の拓也だけは目を輝かせた。

まだ小学1年生。幼稚園児になってサッカーを始めたばかりで横浜に根づく伝統あるサッカークラブだなんて知るよしもない。一歩その世界に足を踏み入れると、大海原に飛び出していくような感覚があった。いろんなところからやってくるスクール生がいっぱいいる。指導者も熱心に教えてくれる。胸をときめかせながらサッカーボールを蹴る刺激的な日々が始まった。

プライマリー時代、小6の2006年にはキャプテンとして全日本少年サッカー大会3連覇を達成したチームを束ねた。仲は良くとも、意見はしっかりとぶつけ合う。ポジションはフォワードから始まり、サイドハーフもセンターバックもやった。どのポジションをやりたいかは二の次。仲間と一緒に試合に出て、勝ちたいという思いが何よりも上回った。プライマリーにはフィジカルコーチや栄養士もついている。最高の仲間と最高の環境があった。

「セレクションもしていて、横浜を中心にうまい人が集まってくるから（勝つのは）当たり前じゃんって言う人もいるとは思うんですけど、やっぱり日々の練習から高めあって、追求していった姿勢がチームとしてありました。ちゃんとした土台は持ちつつも個性を活かしてくれるプライマリーの川合（学）監督はじめ指導者の方にも恵まれましたし、すべてがかみ合って結果につながった気がします。みんなも絶対に（全日本を）獲りに行くんだぞという目的意識が強かったし、目標をブレず、見失わずやっていきました」

　ジュニアユースに昇格した２００７年に、マリノスタウンがオープンする。トップチームと育成組織のグラウンドは隣同士。松田直樹に呼ばれて、一緒にボールを蹴ったこともある。トップチームを身近に感じることで、将来プロになるという目標もどこか自然体で追い求めていくようになっていた。

「自信があったというわけじゃないし、慢心とかでもまったくない。いい意味で深く考えていなかったというか（トップチームへの昇格を）前提にして行動していったところはあったと思うんです」

　何年後かには「隣」のグラウンドでプレーするイメージを持ちながら、毎日を過ごした。ジュニアユースでもキャプテンを務めて順当にユースに昇格。サッカー漬けの6年間は、喜田を心身ともにたくましくした。

「学校に行って帰ったらすぐにマリノスタウンに行って、夜に練習。終わったらマリノスタウンの食堂に行ってみんなで夜ごはんを食べて、帰宅したらお風呂に入って寝るだけ。サッカー漬けというか、F・マリノス漬け（笑）。土日もほぼ練習や試合でしたから」

高2の2011年にはU－17ワールドカップにも出場。クラブ期待の逸材として注目を集めるようにもなっていた。だが意外なことに、ユースではキャプテンを務めていない。ここにはユースチームの指揮をとる松橋力蔵の思惑があり、喜田もきちんとその説明を受けている。

「高1、2年でも試合でキャプテンマークを着けさせてもらったことがあったので、最高学年のチームでもそんな空気感がありました。そんなときにリキさんから〝喜田がずっとこのチームを引っ張ってくれていることも、誰もが認めていることも分かっている。違う選手にキャプテンを託すのは、彼に背負わせることで新たな成長を呼び込みたいから。喜田はキャプテンマークがあろうがなかろうが、やってくれるのは分かっている〟と事前に言ってもらったのは、ありがたかった。もしそういった言葉がなかったら、自分のどこが足りなかったんだろうと考えてしまったと思うので。

リキさんにはサッカーはもちろんのこと、人としての振る舞い方、考え方というのを同時に養っていただきました。挨拶、礼儀は当然として、一人の人間としてどうあるべきかを問い続けていただきました。ユース時代、自分のなかではそれが一番大きかったなって感じます」

サッカーがうまくなることだけがプロへの下準備ではない。心もプロにならないと、その先通用しないのだとみっちりと教え込まれた気がした。

２０１３年、ユースからただ一人トップチーム昇格を果たす。樋口靖洋体制2年目のシーズン。中村俊輔、中澤佑二を筆頭に栗原勇蔵、齋藤学、ドゥトラ、マルキーニョスら多くのタレントを擁すチームに飛び込んだ。

喜田は自分を見るより、どうしても全体を見てしまう性分。このシーズン、開幕から白星を積み重ねて優勝争いを演じるチームを間近で感じようとした。

「あれだけの凄いメンバーが練習では（監督に）言われるだけじゃなくて、選手たち同士で戦術の細部を詰めていました。対戦相手の分析も含めて。言葉で表すのは難しいんですけど、〝強いチームはこういう雰囲気なんだな〟って実感を持つことができた。でもそれって、プロに入るまでに培ってきたものと感覚的にはズレていなかったんです。プロ1年目で再確認できたのは良かった。

僕自身の立場もそうだったので試合に出ない選手の振る舞いや取り組みもダイレクトに感じられて、一種の成功体験を得られました。（リーグタイトルは）最後つかめなかったにせよ、自分のなかで軸みたいなものが1年目のシーズンで確立できました。最初の2年間はほぼ公式試合に出られなかったけど、メチャクチャ濃くて、意味のある時間でしたね」

全体練習が終わっても遅くまで残ってボールを蹴った。コーチやスタッフが付き合ってくれ、育成組織の指導者たちからもよく声を掛けられた。試合に出られない事実は苦しかったが、一人じゃないと思えると前を向くことができた。

新監督にエリク・モンバエルツを迎えた２０１５シーズン、喜田にビッグチャンスが訪れる。４月４日、アウェイでの柏レイソル戦、３年目にしてついにＪ１リーグ初先発が決まる。ただし、中村がケガでメンバーから外れたことで本職のボランチではなく、トップ下での起用だった。

柏に向かうチームバスの中、気持ちの高揚を抑えられない自分がいた。そのとき携帯電話にショートメールが届いた。中村からだった。

『まずボールが来る前にまわりを見ること』『気合い入れすぎず、余裕かませ』

その文面を読むだけで不思議と余計な高ぶりを抑えられた。

「びっくりしました。俊さんのポジションに僕みたいな若造が入るわけですから、普通、そんなことしないと思うんですよ。普段からアドバイスしてもらっていたので、『まわりを見ろ』は、そうやっておけば大丈夫という意味があったと思うんです。でも、『余裕かませ』は正直、しびれました。やんなきゃいけないという気持ちばかりがありましたから。僕の性格も分かったうえで、俊さんは伝えてくれたんです。肩の力がスーッと抜けていきましたから、本当に」

中村は陰ながら喜田の頑張りを見ていた。認めている後輩だったからこそ、わざわざメッセージを送った。先輩たちからも「思い切りやってこい！」と背中を押された。ハーフタイムになるとベンチの藤本淳吾からも細かくアドバイスを受けた。

ガムシャラに戦った。まわりを見た、余裕もかました。ラストパスも送った。気がつけば、途中交代もなく90分間全力で走り切って、逆転勝利を収めた。

あのときがあるから今がある。本職じゃないポジションで初先発するのも、何だか喜田らしい。まわりが支え、それに目いっぱい応えようとする。チームのために体を張っていこうとする。彼がいるだけで、チーム全体が力を宿す。外せない存在になっていくまでにそう時間はかからなかった。

２０１８年に、その人はやってきた。元オーストラリア代表監督という肩書きを持つアンジェ・ポステコグルーだ。ハイプレス、ハイラインのアタッキングフットボールへの大転換という劇薬が投じられた。

点は取れるが、一方でハイラインの裏を突かれて失点も多い。ハイリスクハイリターンのスタイルはチーム内にも様々な反応があった。なかなか結果がついてこないという現実があった。浮上のきっかけをつかめないまま、残留争いに巻き込まれてしまう。それでも喜田がやろうとしたことはただ一つ。この魅力的な攻撃サッカーの可能性を信じて指揮官についていくことだった。

「ボス（ポステコグルー）が持ってきた熱量や哲学は、本当に素晴らしいと思ったし、あれだけ強烈なキャラクターじゃなかったら、チームは変わり切らなかっただろうなとは思います。僕自身が心に刻んだのは、ブレることなく、やり切ること。一瞬だけ持つなら誰でもできるけど、つらくても苦しくてもやり切ることでつながるというのはボスから教わりました。確かに２０１８年は結果としては出なかったし、伝統あるクラブが残留争いをしてしまったことは選手たちが一番納得していませんでした。ただ一方でこのサッカーの可能性を感じていて、変わらなきゃいけないときはこういうもんだって割り切りも必要でした」

指揮官の要求を受けて実際にプレーする選手たちがピッチ内で細部をすり合わせていく。1年目で体感したあの２０１３年のように、強くなるチームの土壌がここにあることを喜田は感じ取っていた。ファン・サポーターも、端境期《はざかいき》であることを理解して支えてくれた。苦しい1年をみんなで乗り切った成果は、必ずや次のシーズンにあらわれると信じた。いや、そうじゃないとおかしいとすら思えた。

２０１９年、喜田はポステコグルーから扇原貴宏、天野純とともに三人制キャプテンの一人に任命される。革新のアタッキングフットボールをチームとして追求するとともに、彼は先輩から受け継いできた伝統もプレーで表現しようとする。背番号も遠藤彰弘、柳想鐵、中町公祐ら歴代のボランチが着けていた「8」となった。

その決意を示したのが第3節3月10日、日産スタジアムでの2連覇中の王者・川崎フロンターレ戦だった。0－1とリードされていた前半途中、抜け出した家長昭博のシュートを飯倉大樹が弾き、後ろから走り込んでくるレアンドロ・ダミアンがこぼれ球に合わせようとした。ここで鬼ダッシュで追いかけてきた喜田が体を前に入れてクリアしたのだ。一瞬でも気を抜いていたら、シュートを許していた。

失点したら、次の失点をしないように切り替える。あきらめずに戻る。愚直に体を張る。これは２０１８シーズン限りで引退し、同年のキャプテンを務めた中澤からずっと学んできたことでもあった。

「佑二さんに限らず、先輩たちのそういう姿勢を見てきたからというのはあります。佑二さんで言えば、あきらめないし、こぼれ球に対する反応は速いし、自分たちのセットプレーから守備に変わるときでも真っ先に最終ラインに戻っている。勝つために、細かいところまで徹底していました。

僕はスペシャルな選手じゃない。だからこそ、当たり前のことを当たり前にやらなきゃいけないし、頑張らないといけない。それが得意なことだし、自分の役割だと思っています。みんなが得意なことを頑張ってやってもらうための、パワーを出していく。それがサッカーの面白さじゃないですか」

単に当たり前のことをやる、頑張るだけでは高いレベルの仕事をこなせない。チームの舵を取るボランチとして、攻撃ではボールをさばき、前に出ていってシュートチャンスもつくらなければならない。守備では球際で勝たなければならない。ポジショニングと読みがいいからこそ相手よりも先にボールを触ることができ、全体を把握できる俯瞰力があるからこそ必要なプレーを、味方が求めているプレーを選択することができる。

視野を広く持ち、チームメイトを助けるプレーをするのは何もピッチ内だけではない。

喜田の人間性を物語るエピソードがある。

このフロンターレ戦の2日前、プライマリー時代から同期の高野遼が練習中に大ケガを負った。右ひざ前十字靭帯損傷で全治8カ月。開幕2試合続けて先発し、好パフォーマンスを見せていただけにチームにも衝撃が走った。

高野はユースからトップに昇格できずに日体大を経て加入。ヴァンフォーレ甲府に期限付き移籍し、1年半プレーしたのちF・マリノスに戻っていた。２０１９シーズンに懸ける思いを、喜田は誰よりも理解していた。

「遼がケガの診断結果を聞くとき、たまたま居合わせたんです。遼の表情が忘れられなくて、ピンと来ていないというか、ちょっと目が泳いでいて、今まで見たことのない表情でした。僕、何も言えなかったんです。寄せつけない空気を出しているわけじゃないけど、遼の気持ちは遼にしか分からないし。でも帰るときにまた偶然会って、やっぱり何か言わなきゃなと思って、〝サッカーをやっていれば、こういうこともあるよ〟って一言だけ。そうしたら遼が〝気持ちを切り替えて頑張るよ〟とサラッと言ってくれたんですけど、そこから先は何も返せなかった。遼はその言葉どおり、翌日から気持ちを切り替えていきました」

3月17日のアウェイ、大分トリニータ戦では高野の背番号16が入ったTシャツをチーム全員で着た。胸には「We always on your side」(オレたちはいつもあなたの傍にいる)とのメッセージが入っていた。後日、チームのスタッフが全員のサインを入れて病室の高野に届けることになった。喜田がTシャツの内側に一言記したことは、あまり知られていない。

「何かアイツに書きたいと思いました。でも遼に対する思いって、みんな同じじゃないですか。その思いでサインを書いてくれているわけですから。だから僕だけ違うのは気が引けて、内側に〝待ってる〟と書いたんです。普通は飾るものだからきっと洗濯もしないし、Tシャツの内側なんて見ないでしょうけど(笑)」

出しゃばらず、さりげなく。彼の優しくて、ちょっと熱い人柄がのぞく。

喜田はキャプテンの一人としてチームを束ねていく。みんなで意見をぶつけ合って、まとまり合っていくオトナの集団になったチームは徐々に順位を上げていった。

ミーティングのたびにポステコグルーは、ファミリーとしてつながる大切さを呼び掛けた。選手とは一線を画す監督のポリシーを理解したうえで、ここの価値観も重なっていた。〝仲間を大切にする、ファミリーになる〟。それこそ喜田が大切にしてきていることだった。練習がいくらきつかろうが、笑みを浮かべる彼がいた。みんなで一緒になってきつい練習を乗り越えていくのがたまらなく好きだと公言してはばからなかった。

8月によもやの3連敗を喫して5位まで順位を下げた。チームが試されているときだと感じていた。アウェイの第24節、名古屋グランパス戦(8月24日)、前泊したホテルで、23日に25歳になった喜田の誕生日パーティーがささやかに催された。みんなで写真を撮り、しつこいくらいに「おめでとう！」といじられまくった。いつになくリラックスした雰囲気がチームからマイナスの空気を吸い取った。それもまた喜田の力であった。チームはグランパス戦からの11試合を10勝1分け。一敗もすることなく、15年ぶり4回目のリーグ制覇を成し遂げた。

「本当に苦しいときを共有できているから、強い信頼関係が生まれると思うんです。それも日々の練習から積み上げていったものがあるから」

まわりと一緒にというスタンスが決して抜け落ちることはない。この優勝は喜田キャプテンの導く方向性こそが、これからのF・マリノスにとって正しい道なのだと知らしめることにもなった。


川崎フロンターレから大きく引き離されて2位にとどまった２０２１シーズン最終戦のセレモニーで喜田はサポーターへの挨拶でマイクの前に立っていた。

三人制から単独キャプテンとなり、シーズン途中にはポステコグルーからケヴィン・マスカットに指揮官が交代した。チームを束ねてきた彼の声に、スタンドにいる誰もが耳を傾けた。一人ひとりに届けるように、落ち着いた口調で語り掛けた。

「必ずタイトルを獲ろうとスタートしてリーグ戦の結果は2位でした。2位で満足できるチームではなくなっている、これはすごくポジティブな変化だと思います。マリノスは変わりつつある。少しずつかもしれないけど、マリノスにかかわる人たちが誇れるクラブになってきている、そう感じます。だからこそ歩みを止めてはいけない。もっともっと追い求めていかないといけない。マリノスにかかわるすべての人たちがそれぞれの立場や状況で、チームがもっと強くなっていくために、横浜F・マリノスの価値がより上げられるように、考え、行動していければ、必ずやれるポテンシャルがこのクラブにはあると思っています」

コロナ禍で人数制限もあり、声も出せない日産スタジアムのスタンドから、沸き上がるような拍手が起こった。

ポジティブに変わりつつある――。全体を見てきた人だからこそ、真摯にクラブのことを考えてきた人だからこそ、マイクから伝わるキャプテンの言葉には説得力があった。

このメッセージを伝えた背景に、どのような思いがあったのか。

「〝F・マリノスはいいチームだね〟〝魅力的なサッカーをやってるよね〟などと言われることが本当にいろんな場面で増えました。まわりの見る目が変わってきたという事実が紛れもなくある。それは、このクラブにかかわるすべての人の根気強さによるものだと思うんです。ただクラブが変わり切るには、僕らだけの力じゃ絶対に無理だし、ファン・サポーターの方の力を借りないと、変わり切れないことってたくさんある。共感してくれて、共鳴してくれて一緒に変わっていこうという姿勢を示していただいたのは本当に幸せで、ありがたいこと。選手同士でたくさん話をして、クラブの人たちも一緒に頑張ってきて、そこにファン・サポーターの愛が重なる。こういう形で歩み始めているので、僕らとしてはしっかり結果で証明したいなって強く思うことができました」

喜田は、そう自分に言い聞かせるように語った。

２０２２シーズン、先頭に立って結果で証明しようとするキャプテンの姿があった。

バランスを見ながらポジションを取って、ピンチの芽を摘むときには思い切って体を張って飛び込んでいく。その代償を支払わなければならないリスクとも隣り合わせだ。

5月25日、ニッパツ三ツ沢球技場での京都サンガ戦で負傷交代し、右股関節内転筋肉離れで全治8週間と診断された。

懸命なリハビリを続けて、2カ月ぶりにピッチに戻ったのが7月30日、日産スタジアムでの鹿島アントラーズ戦だった。優勝争いを占う大事な1、2位対決にキャプテンは岩田智輝とボランチのコンビを組んで激しい球際の戦いを制していく。2－0の勝利を陰で支えるとともに、「へそ」に彼がいる安心感によってチームの躍動が呼び込まれた。

苦しいときにこそ、やはり喜田は必要だ。

優勝に王手をかけたなか、ガンバ大阪、ジュビロ磐田相手にホーム2連敗。圧倒的に攻めてはいても、ゴールが遠い。選手たちの動きがどうしても硬い。そもそもこの年はホームで一度も負けていないのに、残留争いの渦中にある下位チーム相手に勝点を続けて取りこぼしてしまった。あと一歩で優勝を逃がしたあのプロ1年目に味わった「２０１３年の悪夢」がチラついたはずだ。

ジュビロに負けた後、スタンドからはブーイングではなく、声援と拍手が飛んだ。

「下を向くな」「次、勝とう」「オレたちがついている」

誰よりも奮い立ったのが、他ならぬ喜田だった。誰もが誇りにしているクラブになっているからこその反応であった。ここが変わり切れる最大のチャンス。そう、歩みを止めちゃいけない――。

ホームで浦和レッズに4－1と快勝し、そして最後はアウェイに飛んでヴィッセル神戸に3－1と、アタッキングフットボールをさく裂させてF・マリノスらしく優勝をもぎ取ってみせた。喜田は光り輝くシャーレを堂々と、そして力強く掲げた。

「マリノスが誕生して30年。その間に数えきれないくらいの人がかかわって、つくってくれて今がある。それを絶対、忘れちゃいけないし、今、この素晴らしいクラブにいられる幸せというものは、それまでの方がつくってくれたものでもあると思うので。自分たちの役割としては、より素晴らしいクラブにして、次につないでいくことは外せないと思っています」

彼が持つまばゆいばかりのシャーレは、羅針盤にも見えてくる。

かかわるすべての人たちでつくる横浜F・マリノス。たくさんの思いと希望を乗せて、堂々と、力強く。それはきっと、輝かしい未来と希望へとつながっている――。

2022
明治安田生命 J1 LEAGUE
YOKOHAMA F·MARINOS
NISSAN
2022 明治安田生命 J.LEAGUE
CHAMPIONS
明治安田生命
J.LEAGUE
Yokohama F·Marinos

DRAFT
DRAFT
Yokohama F·Marinos
1992 - 2022
NISSAN

DRAFT
NISSAN
24
NISSAN
Oillio
27
Owltech

終章

2023年〜
横浜F・マリノスの未来航路

黒澤良二

2023年～

2度の優勝を経てつなぐ未来

「魅力あるアタッキングフットボールと地域のための社会貢献。この2つの柱をきちんと押さえて価値を上げていけばクラブは発展を続けていける」

——黒澤良二

ワンポイントリリーフかもしれないと思いつつ、不安もあったが、サッカークラブの経営に携われることでヤル気に満ち溢れていた。

２０１８年7月30日、アンジェ・ポステコグルーを招聘した古川宏一郎に代わり、黒澤良二が横浜マリノス株式会社の代表取締役社長に就任した。サッカー好きのレベルを超えた、もはやサッカーマニアであることは日産自動車内でも一部の人によく知られていた。生産技術畑に軸を置きつつ、バイスプレジデントを務めたスペイン・バルセロナにある日産モトール・イベリカに6年間の駐在経験がある。このとき現地でＦＣバルセロナの魅力にどっぷりと浸かった人が、アタッキングフットボールへの移行期に合わせてまったくと言っていいほど偶然、トップになるのだから面白い。

　この時期、チームはバンバンと点を取ってもバンバンと失点を許してしまい、下位から浮上できないでいた。就任早々、残留争いに巻き込まれそうな空気も漂うなか、もしＪ２に降格したら短期での社長交代も覚悟していた。

「私はアメリカ、スペインでの駐在期間も長かったものですから、マリノス、ヴェルディの２強時代以降は、Ｊリーグをほとんど観ていなかったんです。だからＪ２に降格するっていうことがどれほどのことなのか真に理解しているとは言えなかったですし、逆に言えば、怯えみたいなものもあまりありませんでした。多少なりとも（Ｊリーグを）知っていたら、すぐに誰かを補強したり、監督を替えたりするなどして批判を回避するようなことも考えたかもしれません。私の場合は、せっかく社長になったんだから、思うようにやってみよう、と」

　筆頭株主の企業から社長として赴任する場合、サッカーの現場のことは現場に任せるという人も多い。ビジネスや組織マネジメントは得意としても、サッカーそのものは門外漢という理由からだ。だが黒澤は違った。根っからのサッカー好きで、本場のサッカーを肌で感じ、面白いサッカーに価値があると信じていることを現場に伝えていこうと思っていた。

　商品がサッカーなのだから、それを知らないでは何も始まらない。就任後ほどなくしてポステコグルーと挨拶を兼ね、じっくりと話し合いを持つ機会を設けた。情報として持っていたのは元オーストラリア代表監督として２０１５年のアジアカップを制したことくらい。どんな哲学があるのか、どんなプランを持っているのか直接聞いておきたかった。

「最初はちょっとお互いに遠慮がちだったんですけど、〝私のヒーローはヨハン・クライフなんだ〟という話をしたら、じつは彼もそうで、ことごとく波長が合いました。ただ単に勝つだけじゃなくて、人々をワクワクさせなきゃダメ。そこもアンジェと私の考え方は一致していました。確かにそのときはあまり勝てていない。それでも彼に賭けたいと私は心から思えました」

アンジェに賭けたい――。

そう思った理由はもう一つある。「俺に任せてくれ。絶対にやり遂げる」と目を見て語るポステコグルーの熱意は、本物だと思えたからだ。

「アンジェは負けた日、一睡もできなかったと語っていました。サッカーに対して、チームに対して、すごく真摯で真面目。そしてサッカーが本当に好きなんだなと思えるこの姿勢こそが大切だと感じました」

黒澤がサッカーにハマったきっかけは小学生時代、銅メダルを獲得した１９６８年のメキシコオリンピックまでさかのぼる。野球少年からサッカー少年に切り替わり、欠かさずチェックしていた東京12チャンネルの「三菱ダイヤモンドサッカー」で目に飛び込んできたクライフのプレーに衝撃を覚えた。

「１９７４年、西ドイツワールドカップのクライフは凄かった。２次リーグでアルゼンチンに4点奪って勝つわけですけど、クライフが奪った4点目なんてほとんどワンタッチでバスケットボールのようにパスをポンポンとつないでゴールまで行ってしまう。そこからオランダオタク、クライフオタクになっていきました」

兄の影響でずっとソフトテニス部だったため、部活でのサッカー経験はないが、アマチュアでサッカーをやり続け、東京農工大を卒業して１９８１年に日産自動車に入社してからも座間工場サッカー部に入った。もちろん攻撃サッカーを展開していた日産自動車サッカー部の試合も、よく見ていたという。

「Ｊリーグが始まったころまでは子どもを連れて、三ツ沢（公園球技場）で応援していましたよ。日産自体、結構アタッキングフットボールだったので好きでした。木村和司のシュートやフリーキック、水沼貴史のドリブル、守護神・松永成立のセービングなど見どころもいっぱいあったし、マリノスにもその流れが受け継がれていました」

１９９６年にアメリカへ転勤することになってＪリーグこそ見なくなったが、サッカーボールを蹴ることはやめなかった。現地の「ミドルテネシーフットボールリーグ」に所属するボロストライカーズ（外国人混合チーム）のキャプテンとしてプレーするなど、仕事とサッカーはいつもセットだった。

そして２００５年から日産モトール・イベリカへの転勤が決まり、バルセロナに渡ることになる。黒澤が愛してやまないクライフがプレーヤーとして、そして監督として一時代を築いたＦＣバルセロナを愛するようになったのは自然の流れでもあった。

幸運もあった。会社がＦＣバルセロナのホームスタジアム「カンプ・ノウ」のパルコ（貴賓席）を持っていたり、当時のジョアン・ラポルタ会長と日産モトール・イベリカの会長が親族とあって、貴賓席に入れることもあった。憧れのクライフも近くにいて、記念写真をお願いしたり、何度か話をすることもできた。黒澤の住居もカンプ・ノウから徒歩10分。２０１１年までの６年間、カンプ・ノウでのゲームはほとんど観たと言っても過言ではなかった。

「フランク・ライカールトが監督をやっていて、ロナウジーニョの活躍やリオネル・メッシのデビュー戦もこの目で観たし、伝説となった２００７年４月18日、国王杯準決勝ヘタフェ戦の５人抜きからのゴールも観ました。ジョゼップ・グアルディオラが監督になってからのサッカーもまた凄かった。ワクワクするようなサッカーを直に味わわせてもらったのは本当にラッキーでした」

ポステコグルーにもバルセロナの話をすると喜んでくれた。意気投合もし、黒澤の目から見てもまだまだ粗いながら、そのアタッキングフットボールは魅力的に映った。

定期的に話し合いの場を設けた。すぐに結果が出なくとも支持を伝えていた一方で、「もう少し守備の練習に力を入れたら？」と言ったことがある。

「アンジェからは〝あんまり言うなら俺をクビにしてくれていい〟とハッキリ言われたこともあります。真のプロフェッショナル監督の彼に任せたんだから、それ以降は私もあまり言わないことにしました」

アタッキングフットボールをクラブとしてどうバックアップしていけばいいか。黒澤はノートにやるべきことを書き記して、自分なりに考え、監督・チーム統括の意見をしっかりと聞いた。

一つが補強。黒澤は手を打つタイミングと判断してチアゴ・マルチンス、畠中槙之輔の獲得にGOサインを出す。そしてFC東京から久保建英を期限付き移籍で獲得した。

トレーニングにも社長自ら顔を出し、現状を把握しようとした。選手ともコミュニケーションを図る一方で、「選手とは携帯の電話番号の交換はしない」など、距離感だけには気をつけた。

2018シーズンは何とか残留争いを乗り切って12位でフィニッシュする。次に向けてひと息つく間などない。アタッキングフットボールに添った補強を指令し、マルコス・ジュニオール、エジガル・ジュニオ、朴一圭、ティーラトンらがやってくる。

2019シーズン開幕を告げる2月23日、3－2で勝利したアウェイのガンバ大阪戦。黒澤はスタンドからチームの戦いを眺めていた。前年よりも間違いなく強くなる、よりスペクタクルになるという確信があった。

「特に3点目のカタチが好きでしたね。マルコスがエジガルに縦パスをズバッと入れて、テル（仲川輝人）とのパス交換からエジガルが前に出てきたGKの上をポーンと通すシュートで決めて。縦パスが優先というのはグラウンドでもずっとやっていたし、こういうプレーが多くなれば勝っていけるんじゃないかとは感じました。それにやっぱりサッカー自体が面白い。いいサッカーがやれるんじゃないかっていう期待感が膨らみました」

周囲からの反応も良かった。シティ・フットボール・グループ（CFG）関係者からはメディアの記事が貼りつけられたメッセージをもらった。

「確か4月ごろでした。〝今年のF・マリノスは最高に面白い〟といった記事を送ってくれて、これは自分たちだけじゃなくて、メディアを含めて評価されてきたなって。しっかりと手応えを感じるようにもなりました」

CFGの最高経営責任者であるフェラン・ソリアーノはかつてバルセロナで副会長を務めており、バルサ好きがここでもつながるという偶然があった。

「うちのチーム統括のスカウティング能力は非常に高いレベルにありますが、外国籍、特にブラジル人選手についてはCFGのスカウティングチームとしっかり信頼関係を築いています。メディカルも含め最先端の情報交換などができるのも大きいですね。ただ、F・マリノスのサッカー自体は100パーセントうちの監督、コーチ、チーム統括、スタッフが独自に作り上げていきます」

依存はしないが、「良いものは良い」と有効活用を進めていく。兎にも角にも、サッカーの現場が何を必要としているのか、何を課題にしているのか、自らがアンテナを張ってパッパと行動に移していく。一方、事業面においては、細かい指示は出さずに、〝サッカークラブの事業である〟という大きな方向性を示すことに特化した。集客、スポンサー、スクールなど全面的にスタッフに任せた。

「私が優秀なビジネスマンであれば、マーケティングのほうに力を注ぐんですけど、ずっと生産部門でモノづくりをやってきたので、自分で言うのも何ですが全然得意じゃない（笑）。ならば得意なサッカーのほうに注力したほうがいいと考えたんです。幸いにもパッションを持った優秀なスタッフがたくさんいて、みんながファンエンゲージメントを大切にしているので（任せても）大丈夫だなと思いました。ただ、サッカーの中身そのものが一番の商品。アタッキングフットボールを標榜することによって、それが魅力につながってマーケティングのツールにもなる。マーケティングを担当するスタッフも〝大事な柱になっています〟と言ってくれました」

　事業を軽視しているのではない。魅力あるサッカーを提示して強くなっていけば、好循環が生まれて、新たな観客も、新たなスポンサーも集まってくる。グッズも売れるし、F・マリノスのサッカーに触れたいとスクール事業だって活気を帯びる。そういう考え方だ。夏にはエリキ、マテウスらを補強して優勝争いに食い込み、リーグ終盤に7連勝をマークして15年ぶりのJ1制覇を成し遂げる。結果が出ない移行期に急きょ日産からやって来て、現場にどんどん絡んでいった社長が成し遂げたちょっとした奇跡でもあった。

　腰の低いトップは、自分の手柄とは思ってもいない。CFGも、ポステコグルーも、自分が招いたわけではないからだ。観たいサッカーを一緒になって追いかけていった先に、優勝があったという認識である。

　タイトルを手にした後、ポステコグルーともガッチリと握手を交わした。この人に賭けて良かった、と心から思えた。再びクライフの話になった。

指揮官は笑顔でこう切り出したという。

「我々はあのときのオランダと一緒で、とてもいいサッカーをしている。だけど、F・マリノスのほうが上ですよ。クライフのオランダはワールドカップで準優勝だった。我々はこうやって優勝したわけですから」

黒澤は思わず頷いていた。もちろん、戦いの場が違うことは十分理解したうえでのポステコグルーの言葉だったが、優勝というものの素晴らしさを考えると、武者震いとともに達成感が全身を走り抜けた。


次にやるべきことは分かっていた。ポステコグルーがもたらしてくれたアタッキングフットボールを定着させ、クラブのスタイルとすることだった。フットボールフィロソフィーをクラブで完成させ、アタッキングフットボールはクラブ自体の合言葉になった。

そんな折、ポステコグルーに対してスコットランドの名門セルティックからのオファーが届く。彼にとってはまたとないチャンス。その気持ちを汲んだ黒澤は快く送り出すことを決めた。２０２１年6月10日に正式発表され、功労者は旅立っていった。

一人のカリスマ指揮官がいなくなったことで、チームづくりをやり直さなければならなかった事例はヤマほどある。だが黒澤は慌てなかった。ポステコグルーが築き上げてくれた3年半で下地は揺るがないものになっていると思えたからだ。

「アンジェには長く続けてほしかったし、とても感謝していますが、彼にしがみついてはいけないとも思っていました。逆に言えばステップアップする時期に来たんだ、と。監督が代わっても、アタッキングフットボールを見せていくことを示していかなきゃいけない。Jリーグの監督がセルティックの監督になったら、F・マリノスの価値だって上がる。彼をここに食い止める理由はありませんでした」

アカデミーダイレクターの松永英機をワンポイントでつなぎ、ポステコグルーのもとでアシスタントコーチを務めたキャリアを持つケヴィン・マスカットを招聘。新指揮官が非常に情熱的な指導者で、日本に合っているとの確信もあった。マスカットはアタッキングフットボールを進化させ、2022シーズンに3年ぶりとなるリーグ制覇を成し遂げる。

優勝から一夜明けた11月6日、代表取締役社長からの退任が発表された。異なる監督で2度リーグ制覇を果たしたのは黒澤が初めて。短い任期になるかもしれなかった人は、きちんと最後まで任期を走り切って己に課せられた役割を果たした。

クラブの未来を、彼はどのように思い、どのように期待しているのか。

「日産自動車サッカー部からの財産があって、今の横浜F・マリノスがあります。30周年を契機に作った横浜F・マリノスのフィロソフィー、そしてフットボールフィロソフィーもしっかり出来上がったので、継承し、成長させてもらいたい。魅力あるアタッキングフットボールでJリーグを引っ張っていってほしいと思います。

そしてまたJリーグの百年構想にあるように、地域のために存在感を示して社会貢献をしっかりとやっていく。この2つの柱を、きちんと押さえていけばクラブの価値が上がり発展を続けていけるのではないでしょうか。ＡＣＬ（ＡＦＣチャンピオンズリーグ）、ひいてはＣＷＣ（クラブワールドカップ）の優勝まで目標を高く持って、クラブとして努力を続けていくことが大切。最終的にはバルセロナのように、バレーボールやアイスホッケーなどいろんなスポーツのチームを持つ総合型スポーツクラブのようになってもらえたらいいなと思っています」

バルセロナの赴任時代、カンプ・ノウで彼には忘れられない光景がある。

ソシオ（クラブ会員）が代々引き継がれ、スタンドでは年配の女性がピッチ上のサッカーを観ないで編み物をしていたり、ずっとおしゃべりしている人たちもいた。スタジアムは社交場でもあったのだ。サッカー文化が異なる日本人には衝撃でもあった。キックオフの前まで7割くらいしかスタンドが埋まっていないのに、キックオフ後しばらくすると満員に膨れ上がる。大切なのは集まる場所があるということ。フットボールをツールにした偉大なる文化がそこにはあった。

魅力あるサッカーで人を集め、代々受け継がれ、みんなが集まるのが当たり前の光景に——。

決して夢なんかじゃない。黒澤にはそんな未来が見えている。

おわりに

まだまだ書き足りない。

やっとフィニッシュだというのに、そんな思いがこみ上げてくる。というのも登場させたい人、描きたい人は、ほかにもヤマほどいるからだ。

ここに登場した人たちのみならず、クラブにかかわってきたすべての人にF・マリノスとのストーリーがある。

本書では紹介できなかった一人に、たとえば〝マムシ〟こと小椋祥平がいる。彼は、上野良治の背番号「6」を受け継いだ河合竜二がクラブを離れたタイミングで背負うことになった。河合は恩人であった。J2の水戸ホーリーホックから移籍してきた際、チームの輪に溶け込ませようと気を利かせてくれたのだ。ようやく3バックのストッパーで出場機会を得ることができると、「お前はやれることをやってくれればいい。あとは俺らでやるから」との河合の言葉にどれほど奮い立たされたか。「6」を手にしたときの重みが伝わってくる。このようなエピソードがきっと数えきれないほどある。もっともっと掘り出したかったが、可能な限り多くの人を登場させ、ページ数まで随分と延ばしてもらったことには感謝しかない。

本書の出発点は、２０１７年から横浜Ｆ・マリノスオフィシャルサイトで始まった「まりびと」にある。クラブに携わる人のストーリーを、動画コンテンツとノンフィクション記事で扱ったクラブ独自のコンテンツだ。当時広報だった内田智久さんがリーダーとなり、動画コンテンツを元ｔｖｋアナウンサーの佐藤亜樹さんが、記事コンテンツを私が担当した。

チームバスの運転手、スタジアムＤＪ、電動車椅子サッカー、知的障がい者チームのフトゥーロ、公式チアリーディングチーム「トリコロールマーメイズ」、ボールパーソン指導者、イラストレーター、通訳……。みんな心のなかにＦ・マリノスがあり、その人生はとても味わい深かった。

斬新かつ野心的なコンテンツゆえに、表現にもいろいろ挑戦しようというのが「まりびと」チームの考えであった。私の好きな回がある。育成組織からトップチーム昇格までずっと一緒の遠藤渓太と和田昌士を取り上げたいと3人で話し合って決め、映像は遠藤を、記事は和田を描くことにした。

両者のストーリーを別々に映し出しながらも、両方を観て、読むことで2つがシンクロしていくという作品になったと自負している。

そして何より「まりびと」がすごいのは、クラブからお墨付きのコンテンツゆえに登場する人の協力がハンパない。外国籍選手でも小さいころの写真などを引っ張り出して提供してもらえるし、みんなでつくり上げている感があった。栗原勇蔵の「番長伝説」回では、最も味方のゴールを手荒く祝福したという〝山瀬幸宏押さえ込み祝福シーン〟の写真まで探し出してきたのには恐れ入った。

「まりびとに、出たかったんですよ」「えっ、自分がまりびとに出ていいんですか」

そんなありがたい感想もいただいた。今、「トリコロールプラス」にて記事のみ不定期で展開しているが、私にとって「まりびと」はスポーツライター冥利につきる、やり甲斐のある仕事である。

「まりびと、本当に面白いですよ」と常々、嬉しい感想をいただいていた集英社の宮崎幸二さんの発案によって企画された本書は、「まりびと」の拡大版と言ってもいい。一部内容が重複している部分もあるが、ご了承いただきたい。

基本的には「まりびと」に一度出ていただいた方にも改めてインタビューさせてもらっている。ご登場いただいたすべてのみなさま、ご協力いただいたすべての関係者のみなさまに深く、深く感謝を申し上げたい。

多くの取材をアテンドしていただいた横浜F・マリノス広報の井上兼行さん、川又聖也さん、ドゥトラに関する情報を提供していただいたチーム統括本部チーム編成戦略部の細川パブロ大さん、「まりびと」チームの内田さん、佐藤さん、そして情熱を持って本書の制作にあたっていただいた宮崎さんにもこの場を借りて感謝を伝えたい。

そして最後に。

私がかつてスポーツ新聞の記者時代、サッカー担当になって初めて番記者を任されたのがF・マリノスであった。２００３年、ちょうど岡田武史監督が就任し、久保竜彦や佐藤由紀彦らがやってきた。リーグ2連覇を見届ける幸運にも恵まれた。数えきれないくらい話を聞いた松田直樹、奥大介が天国に旅立ち、みんなの兄貴分として慕われていた柳想鐵までこの世を去った。日産スタジアムに足を運ぶと、あのころのことが自然と思い出される。

3人を指導した岡田さんに今回、改めて彼らのことを語ってもらい、本書に記せたことを心から嬉しく思う。

２０２２年12月　二宮寿朗

Yokohama F.Marinos

Squad Number

【1992年～2022年】

歴代背番号一覧表

※次ページからの一覧表は1997年以降「固定背番号制」となったものです。
※1993年から1996年までの4シーズンは、試合ごとにポジションに応じてスタメン選手が「1から11」、控え選手が「12から16」をつけるという「変動背番号制」だったため、所属選手リストを記載します。（登録ポジション別）

1992年の所属選手

【GK】松永成立、横川泉、浦上壮史、上田勲、高桑大二朗
【DF】勝矢寿延、佐野達、平川弘、井原正巳、小泉淳嗣、広間義則、松下豊、小村徳男、鈴木正治、永山邦夫、鈴木健仁、木村浩昭
【MF】木村和司、エバートン、水沼貴史、阿井達也、財前恵一、松橋力蔵、マリオ・セザール、野田知、小池直文、宮下幹生、岡崎ツネイ、村重淳一郎、磯野修久
【FW】レナト、神野卓哉、河上哲也、吉田悟、加藤正浩、山田隆裕

1993年の所属選手

【GK】松永成立、横川泉、浦上壮史、上田勲、高桑大二朗
【DF】勝矢寿延、平川弘、井原正巳、小泉淳嗣、松下豊、小村徳男、鈴木正治、鈴木健仁、木村浩昭、堀内聡
【MF】木村和司、エバートン、水沼貴史、サパタ、阿井達也、財前恵一、松橋力蔵、ビスコンティ、野田知、宮下幹生、古賀正人、三浦文丈、斉木和人、永山邦夫、岡崎ツネイ、村重淳一郎、磯野修久、寺川能人
【FW】ラモン・ディアス、神野卓哉、吉田悟、加藤正浩、山田隆裕、西川慎也

1994年の所属選手

【GK】松永成立、横川泉、浦上壮史、高桑大二朗、川口能活
【DF】平川弘、井原正巳、小泉淳嗣、小村徳男、鈴木正治、伊藤哲也、鈴木健仁、木村浩昭、堀内聡、大森健作
【MF】木村和司、エバートン、水沼貴史、サパタ、松橋力蔵、ビスコンティ、野田知、古賀正人、三浦文丈、斉木和人、永山邦夫、上野良治、村重淳一郎、磯野修久、寺川能人、守谷光信、遠藤彰弘
【FW】ラモン・ディアス、メディナベージョ、神野卓哉、吉田悟、加藤正浩、山田隆裕、西川慎也

1995年の所属選手

【GK】松永成立、中河昌彦、山田栄一郎、高桑大二朗、川口能活、伊藤卓弥
【DF】井原正巳、小泉淳嗣、小村徳男、鈴木正治、伊藤哲也、鈴木健仁、大森健作、小井土佳央、秦文康、松田直樹
【MF】水沼貴史、マサチェッシ、サパタ、財前恵一、松橋力蔵、ビスコンティ、野田知、古賀正人、三浦文丈、永山邦夫、上野良治、寺川能人、守谷光信、遠藤彰弘、牧野真二、島田周輔、窪田龍二、筒井紀章
【FW】ラモン・ディアス、メディナベージョ、神野卓哉、山田隆裕、西川慎也、安永聡太郎

1996年の所属選手

【GK】中河昌彦、山田栄一郎、高桑大二朗、川口能活、伊藤卓弥
【DF】井原正巳、小村徳男、鈴木正治、伊藤哲也、鈴木健仁、大森健作、小井土佳央、秦文康、松田直樹、草柳聡、田中政俊、宮澤将之、御厨景
【MF】ゴロシート、サパタ、ビスコンティ、野田知、古賀正人、三浦文丈、永山邦夫、上野良治、寺川能人、守谷光信、遠藤彰弘、島田周輔、窪田龍二、筒井紀章、村松直人、中丸貴之、平間智和、深澤仁博、フィゲロア
【FW】アコスタ、山田隆裕、安永聡太郎、深瀬庸介、松木秀樹

1997年～2022年歴代背番号一覧表［1-10］

<table>
<tr><th></th><th>1</th><th>2</th><th>3</th><th>4</th><th>5</th><th>6</th><th>7</th><th>8</th><th>9</th><th>10</th></tr>
<tr><td>1997</td><td rowspan="5">川口能活</td><td>賀谷英司</td><td rowspan="2">鈴木健仁</td><td rowspan="3">井原正巳</td><td rowspan="5">小村徳男</td><td rowspan="11">上野良治</td><td rowspan="2">フリオ・サリナス</td><td rowspan="2">野田知</td><td rowspan="2">城彰二</td><td rowspan="2">バルディビエソ</td></tr>
<tr><td>1998</td><td rowspan="2">神田勝夫</td></tr>
<tr><td>1999</td><td rowspan="12">松田直樹</td><td rowspan="2">永井秀樹</td><td rowspan="2">柳想鐵</td><td rowspan="2">三浦淳宏</td><td rowspan="4">中村俊輔</td></tr>
<tr><td>2000</td><td>井手口純</td><td rowspan="5">波戸康広</td></tr>
<tr><td>2001</td><td>丸山良明</td><td>リパティン/ナザ</td><td rowspan="3">遠藤彰弘</td><td>レアンドロ/ブリット</td></tr>
<tr><td>2002</td><td rowspan="5">榎本達也</td><td>ドゥトラ</td><td>井手口純</td><td>ナザ</td><td>ウィル</td></tr>
<tr><td>2003</td><td>柳想鐵</td><td rowspan="4">ドゥトラ</td><td rowspan="2">佐藤由紀彦</td><td rowspan="4">久保竜彦</td><td>—</td></tr>
<tr><td>2004</td><td rowspan="3">中西永輔</td><td>柳想鐵</td><td>遠藤彰弘</td></tr>
<tr><td>2005</td><td rowspan="3">那須大亮</td><td rowspan="4">田中隼磨</td><td>遠藤彰弘</td><td rowspan="6">山瀬功治</td></tr>
<tr><td>2006</td><td>マグロン</td></tr>
<tr><td>2007</td><td rowspan="10">榎本哲也</td><td>エウチーニョ</td><td rowspan="2">—</td><td>マルケス</td><td>鈴木隆行</td></tr>
<tr><td>2008</td><td rowspan="2">—</td><td>栗原勇蔵</td><td rowspan="3">河合竜二</td><td>ロペス</td><td>ロニー</td></tr>
<tr><td>2009</td><td>—</td><td rowspan="2">田中裕介</td><td>栗原勇蔵</td><td>—</td><td rowspan="3">渡邉千真</td></tr>
<tr><td>2010</td><td>藤田優人</td><td rowspan="10">栗原勇蔵</td><td rowspan="7">兵藤慎剛</td><td rowspan="2">長谷川アーリアジャスール</td></tr>
<tr><td>2011</td><td rowspan="3">天野貴史</td><td rowspan="12">（永久欠番）</td><td>金根煥</td><td rowspan="4">小椋祥平</td><td rowspan="2">小野裕二</td></tr>
<tr><td>2012</td><td rowspan="3">ドゥトラ</td><td rowspan="7">中町公祐</td><td rowspan="2">大黒将志</td></tr>
<tr><td>2013</td><td>—</td></tr>
<tr><td>2014</td><td>—</td><td rowspan="2">矢島卓郎</td><td rowspan="3">中村俊輔</td></tr>
<tr><td>2015</td><td>天野貴史</td><td rowspan="2">ファビオ</td><td rowspan="2">三門雄大</td></tr>
<tr><td>2016</td><td rowspan="2">朴正洙</td><td>ラフィーニャ/カイケ</td></tr>
<tr><td>2017</td><td rowspan="2">—</td><td rowspan="2">喜田拓也</td><td rowspan="5">扇原貴宏</td><td rowspan="2">ウーゴ・ヴィエイラ</td><td>—</td><td>齋藤学</td></tr>
<tr><td>2018</td><td>ミロシュデゲネク/ドゥシャン</td><td>大津祐樹</td><td>—</td></tr>
<tr><td>2019</td><td rowspan="2">朴一圭</td><td>ドゥシャン</td><td rowspan="3">ティーラトン</td><td rowspan="2">大津祐樹</td><td rowspan="4">喜田拓也</td><td rowspan="2">マルコス・ジュニオール</td><td>天野純</td></tr>
<tr><td>2020</td><td>山本義道</td><td>—</td><td>—</td></tr>
<tr><td>2021</td><td rowspan="2">高丘陽平</td><td>—</td><td rowspan="2">畠中槙之輔</td><td rowspan="2">エウベル</td><td rowspan="2">レオ・セアラ</td><td rowspan="2">マルコス・ジュニオール</td></tr>
<tr><td>2022</td><td>永戸勝也</td><td>エドゥアルド</td><td>渡辺皓太</td></tr>
</table>

11→30

<table>
<tr><th>21</th><th>22</th><th>23</th><th>24</th><th>25</th><th>26</th><th>27</th><th>28</th><th>29</th><th>30</th><th></th></tr>
<tr><td>伊藤卓弥</td><td>山田隆裕</td><td rowspan="2">平間智和</td><td>御厨景</td><td rowspan="2">中村俊輔</td><td>丸山良明</td><td>草柳聡</td><td>中丸貴之</td><td>田中政俊</td><td>松木秀樹/
岡山一成</td><td>1997</td></tr>
<tr><td>吉原慎也</td><td rowspan="2">古賀誠史</td><td rowspan="2">井手口純</td><td>小島良輔</td><td>バトコビッチ</td><td>ゴイコエチェア</td><td>安永聡太郎</td><td>—</td><td>1998</td></tr>
<tr><td rowspan="2">小澤英明</td><td>田沢浩之</td><td>原田慎太郎</td><td>村上和弘</td><td>星大輔</td><td>森陽一</td><td rowspan="2">深澤仁博</td><td>木島良輔/
バウベル</td><td>1999</td></tr>
<tr><td>鏑木豪</td><td>森陽一</td><td>原田慎太郎</td><td>藏川洋平</td><td>大西昌之</td><td>大橋正博</td><td>石川直宏</td><td>ハッダ/
エジミウソン</td><td>2000</td></tr>
<tr><td>吉原慎也/
佐藤浩</td><td rowspan="2">金子勇樹</td><td rowspan="2">田原豊</td><td>本橋卓巳</td><td rowspan="3">小原章吾</td><td rowspan="2">數馬正浩</td><td rowspan="3">後藤大輔</td><td rowspan="3">飯田紘孝</td><td rowspan="2">坂田大輔</td><td>下川健一</td><td>2001</td></tr>
<tr><td rowspan="5">榎本哲也</td><td>レオ</td><td>久永辰徳</td><td>2002</td></tr>
<tr><td rowspan="16">中澤佑二</td><td rowspan="3">大橋正博</td><td>本橋卓巳</td><td rowspan="2">那須大亮</td><td rowspan="2">阿部祐大朗</td><td rowspan="5">栗原勇蔵</td><td>2003</td></tr>
<tr><td>—</td><td rowspan="3">後藤裕司</td><td rowspan="2">山崎雅人</td><td rowspan="2">原信生</td><td>2004</td></tr>
<tr><td rowspan="3">塩川岳人</td><td rowspan="4">田中裕介</td><td rowspan="2">狩野健太</td><td>2005</td></tr>
<tr><td>田ノ上信也</td><td>—</td><td rowspan="2">天野貴史</td><td>2006</td></tr>
<tr><td rowspan="2">高桑大二朗</td><td rowspan="4">田代真一</td><td rowspan="2">山本郁弥</td><td rowspan="4">斎藤陽介</td><td rowspan="3">長谷川アーリア
ジャスール</td><td>2007</td></tr>
<tr><td rowspan="5">金井貢史</td><td rowspan="3">浦田延尚</td><td rowspan="3">小椋祥平</td><td>2008</td></tr>
<tr><td rowspan="11">飯倉大樹</td><td>—</td><td>山本郁弥</td><td>2009</td></tr>
<tr><td rowspan="4">中村俊輔</td><td>松本怜</td><td>—</td><td>2010</td></tr>
<tr><td rowspan="2">松本翔</td><td rowspan="2">青山直晃</td><td>—</td><td>—</td><td rowspan="2">谷口博之</td><td>—</td><td>2011</td></tr>
<tr><td rowspan="4">富澤清太郎</td><td>熊谷
アンドリュー</td><td rowspan="3">六反勇治</td><td>2012</td></tr>
<tr><td>田代真一</td><td rowspan="3">奈良輪雄太</td><td>丁東浩</td><td rowspan="4">喜田拓也</td><td>—</td><td>2013</td></tr>
<tr><td rowspan="5">下平匠</td><td rowspan="2">藤本淳吾</td><td>三門雄大</td><td rowspan="3">天野純</td><td>2014</td></tr>
<tr><td rowspan="3">中島賢星</td><td rowspan="2">田口潤人</td><td>2015</td></tr>
<tr><td>金井貢史</td><td rowspan="2">前田直輝</td><td>—</td><td>2016</td></tr>
<tr><td rowspan="2">山中亮輔</td><td rowspan="6">松原健</td><td>高野遼</td><td rowspan="3">—</td><td rowspan="2">鈴木彩貴</td><td>2017</td></tr>
<tr><td>ユン・
イルロク</td><td>イッペイ・
シノヅカ</td><td>和田昌士</td><td>2018</td></tr>
<tr><td rowspan="4">—</td><td rowspan="4">仲川輝人</td><td>—</td><td>—</td><td>イッペイ・シノヅカ
/渡辺皓太</td><td>マテウス</td><td rowspan="2">エジガル・
ジュニオ</td><td>2019</td></tr>
<tr><td rowspan="2">梶川裕嗣</td><td>前貴之</td><td rowspan="3">小池龍太</td><td rowspan="2">渡辺皓太</td><td>諏訪間幸成</td><td>池田航</td><td>2020</td></tr>
<tr><td rowspan="2">岩田智輝</td><td>—</td><td>—</td><td>平井駿助</td><td>2021</td></tr>
<tr><td>—</td><td>小池裕太</td><td>山根陸</td><td>池田航</td><td>西村拓真</td><td>2022</td></tr>
</table>

1997年〜2022年歴代背番号一覧表[11-30]

<table>
<tr><th></th><th>11</th><th>12</th><th>13</th><th>14</th><th>15</th><th>16</th><th>17</th><th>18</th><th>19</th><th>20</th></tr>
<tr><td>1997</td><td rowspan="2">三浦文丈</td><td>橋本研一</td><td rowspan="7">永山邦夫</td><td rowspan="2">松田直樹</td><td>鈴木正治/ペトコビッチ</td><td>中河昌彦</td><td>安永聡太郎</td><td rowspan="4">遠藤彰弘</td><td rowspan="2">寺川能人</td><td>窪田龍二</td></tr>
<tr><td>1998</td><td>深澤仁博</td><td rowspan="2">丸山良明</td><td rowspan="4">榎本達也</td><td>路木龍次</td><td>岡山一成</td></tr>
<tr><td>1999</td><td>城彰二</td><td>波戸康広</td><td>佐藤一樹</td><td>路木龍次/木島良輔</td><td>吉田孝行</td><td>岡山一成/ヨビチェビッチ</td></tr>
<tr><td>2000</td><td>吉田孝行</td><td>マルドナード/安藤正裕</td><td rowspan="2">古賀誠史</td><td>村上和弘</td><td rowspan="3">木島良輔</td><td>外池大亮</td><td>岡山一成</td></tr>
<tr><td>2001</td><td>城彰二</td><td>原田慎太郎</td><td>平間智和</td><td>石川直宏</td><td>外池大亮/安永聡太郎</td><td rowspan="2">田中隼磨</td></tr>
<tr><td>2002</td><td rowspan="2">清水範久</td><td>佐藤一樹</td><td>外池大亮</td><td>大橋正博</td><td rowspan="3">佐藤浩</td><td>石川直宏/平瀬智行</td><td rowspan="3">安永聡太郎</td></tr>
<tr><td>2003</td><td rowspan="20">サポーターナンバー</td><td rowspan="4">奥大介</td><td>三上和良</td><td>佐藤一樹</td><td>坂田大輔</td><td rowspan="2">金子勇樹</td></tr>
<tr><td>2004</td><td rowspan="7">坂田大輔</td><td>—</td><td>—</td><td>田中隼磨</td><td rowspan="7">清水範久</td></tr>
<tr><td>2005</td><td>熊林親吾</td><td rowspan="4">大島秀夫</td><td>飯倉大樹</td><td>アデマール/マグロン</td><td>安貞桓/グラウ</td><td>—</td></tr>
<tr><td>2006</td><td>平野孝</td><td>—</td><td rowspan="2">吉田孝行</td><td>マルケス</td><td rowspan="2">ハーフナー・マイク</td></tr>
<tr><td>2007</td><td rowspan="3">小宮山尊信</td><td rowspan="6">狩野健太</td><td>吉村光示</td><td rowspan="2">乾貴士</td></tr>
<tr><td>2008</td><td rowspan="2">山瀬幸宏</td><td rowspan="2">兵藤慎剛</td><td rowspan="3">水沼宏太</td></tr>
<tr><td>2009</td><td>金根煥</td><td rowspan="2">齋藤学</td></tr>
<tr><td>2010</td><td>—</td><td>—</td><td>—</td><td rowspan="2">バスティアニーニ</td></tr>
<tr><td>2011</td><td>大黒将志</td><td rowspan="6">小林祐三</td><td>端戸仁</td><td>武田英二郎</td><td>松本怜</td><td rowspan="2">森谷賢太郎</td><td>波戸康広</td></tr>
<tr><td>2012</td><td rowspan="5">齋藤学</td><td>—</td><td rowspan="2">比嘉祐介</td><td>松本怜</td><td rowspan="2">マルキーニョス</td><td>—</td></tr>
<tr><td>2013</td><td rowspan="3">熊谷アンドリュー</td><td rowspan="2">ファビオ</td><td rowspan="3">端戸仁</td><td rowspan="2">藤田祥史</td><td rowspan="3">佐藤優平</td></tr>
<tr><td>2014</td><td rowspan="5">伊藤翔</td><td rowspan="2">ラフィーニャ</td></tr>
<tr><td>2015</td><td>比嘉祐介</td><td rowspan="4">仲川輝人</td></tr>
<tr><td>2016</td><td>和田昌士</td><td rowspan="2">新井一耀</td><td rowspan="2">富樫敬真</td><td rowspan="2">遠藤渓太</td><td rowspan="2">マルティノス</td></tr>
<tr><td>2017</td><td>—</td><td>金井貢史</td><td rowspan="2">天野純</td></tr>
<tr><td>2018</td><td rowspan="3">遠藤渓太</td><td>金井貢史/チアゴ・マルチンス</td><td>久保建英</td><td>—</td><td>—</td><td>オリヴィエ・ブマル</td></tr>
<tr><td>2019</td><td rowspan="3">チアゴ・マルチンス</td><td>山田康太</td><td rowspan="3">伊藤槙人</td><td rowspan="3">高野遼</td><td>ユン・イルロク/エリキ</td><td>広瀬陸斗</td><td>中川風希</td><td>李忠成</td></tr>
<tr><td>2020</td><td>—</td><td>エリキ</td><td rowspan="3">水沼宏太</td><td rowspan="3">實藤友紀</td><td>杉本竜士</td></tr>
<tr><td>2021</td><td>—</td><td>天野純</td><td rowspan="2">宮市亮</td><td>—</td></tr>
<tr><td>2022</td><td>アンデルソン・ロペス</td><td>—</td><td>吉尾海夏</td><td>—</td><td>藤田譲瑠チマ</td><td>ヤン・マテウス</td></tr>
</table>

<table>
<tr><th>41</th><th>42</th><th>43</th><th>44</th><th>45</th><th>46</th><th>47</th><th>48</th><th>49</th><th>50</th><th></th></tr>
<tr><td rowspan="6">—</td><td rowspan="7">—</td><td rowspan="7">—</td><td rowspan="7">—</td><td rowspan="19">—</td><td rowspan="19">—</td><td rowspan="19">—</td><td rowspan="19">—</td><td rowspan="19">—</td><td rowspan="23">—</td><td>1997</td></tr>
<tr><td>1998</td></tr>
<tr><td>1999</td></tr>
<tr><td>2000</td></tr>
<tr><td>2001</td></tr>
<tr><td>2002</td></tr>
<tr><td>塩田仁史</td><td>2003</td></tr>
<tr><td>天野貴史</td><td>加藤広樹</td><td>藤川祐司</td><td>佐藤由将</td><td>2004</td></tr>
<tr><td rowspan="6">—</td><td rowspan="6">—</td><td rowspan="6">—</td><td rowspan="11">—</td><td>2005</td></tr>
<tr><td>2006</td></tr>
<tr><td>2007</td></tr>
<tr><td>2008</td></tr>
<tr><td>2009</td></tr>
<tr><td>2010</td></tr>
<tr><td>鈴木椋大</td><td>宮本和輝</td><td>鈴木雄斗</td><td>2011</td></tr>
<tr><td rowspan="2">—</td><td rowspan="4">—</td><td rowspan="4">—</td><td>2012</td></tr>
<tr><td>2013</td></tr>
<tr><td>田口潤人</td><td>2014</td></tr>
<tr><td rowspan="2">—</td><td>2015</td></tr>
<tr><td>常本佳吾</td><td>吉尾海夏</td><td>佐多秀哉</td><td>塚田裕介</td><td>山田康太</td><td>堀研太</td><td>椿直起</td><td>坂本寛之</td><td>2016</td></tr>
<tr><td>山田康太</td><td rowspan="2">—</td><td rowspan="3">—</td><td>堀研太</td><td>椿直起</td><td>西山大雅</td><td rowspan="3">—</td><td>—</td><td rowspan="2">—</td><td>2017</td></tr>
<tr><td>—</td><td rowspan="3">畠中槙之輔</td><td>—</td><td>—</td><td></td><td>2018</td></tr>
<tr><td>三好康児</td><td>オビ・パウエル・オビンナ</td><td>ブラウンノア賢信</td><td>池田航</td><td></td><td>泉澤仁</td><td>2019</td></tr>
<tr><td>仙頭啓矢</td><td>植田啓太</td><td>松田詠太郎</td><td rowspan="2">オナイウ阿道</td><td>津久井匠海</td><td rowspan="2">西田勇祐</td><td>平井駿助</td><td>樺山諒乃介</td><td>寺門陸/田川知樹</td><td>2020</td></tr>
<tr><td>杉本健勇</td><td rowspan="2">—</td><td rowspan="2">—</td><td rowspan="2">—</td><td>木村凌也</td><td>細川楓</td><td>—</td><td>—</td><td>2021</td></tr>
<tr><td>—</td><td>—</td><td>松村晃助</td><td>島田春人</td><td>内野航太郎</td><td>畑野優真</td><td>オビ・パウエル・オビンナ</td><td>2022</td></tr>
</table>

1997年～2022年歴代背番号一覧表[31-50]

<table>
<tr><th></th><th>31</th><th>32</th><th>33</th><th>34</th><th>35</th><th>36</th><th>37</th><th>38</th><th>39</th><th>40</th></tr>
<tr><td>1997</td><td>吉原慎也</td><td>榎本達也</td><td>冨田学</td><td>深澤仁博</td><td rowspan="5">—</td><td>河野和正</td><td rowspan="3">—</td><td rowspan="5">—</td><td rowspan="5">—</td><td rowspan="5">—</td></tr>
<tr><td>1998</td><td>小澤英明</td><td>—</td><td rowspan="3">—</td><td rowspan="2">—</td><td rowspan="4">—</td></tr>
<tr><td>1999</td><td>鏑木豪</td><td>大橋正博</td></tr>
<tr><td>2000</td><td>ユーリッチ/
城彰二</td><td>田中隼磨</td><td>金子勇樹</td><td>申乗皓</td></tr>
<tr><td>2001</td><td>榎本哲也</td><td>ドゥトラ</td><td rowspan="2">森陽一</td><td>—</td><td>—</td></tr>
<tr><td>2002</td><td rowspan="5">下川健一</td><td>三上和良</td><td>東崇史</td><td>栗原勇蔵</td><td>那須大亮</td><td>奥大介</td><td>中澤佑二</td><td>阿部祐大朗</td><td>加藤慎也</td></tr>
<tr><td>2003</td><td rowspan="5">山瀬幸宏</td><td rowspan="3">北野翔</td><td rowspan="3">尾本敬</td><td rowspan="5">河合竜二</td><td>マルキーニョス</td><td rowspan="3">—</td><td>—</td><td>—</td><td>—</td></tr>
<tr><td>2004</td><td>安貞桓</td><td>坂井洋平</td><td>三浦旭人</td><td>加藤健太</td></tr>
<tr><td>2005</td><td>天野貴史</td><td rowspan="2">—</td><td rowspan="2">—</td><td rowspan="5">—</td></tr>
<tr><td>2006</td><td>—</td><td>—</td><td rowspan="3">秋元陽太</td><td>小宮山尊信</td></tr>
<tr><td>2007</td><td rowspan="2">飯倉大樹</td><td>マルクス</td><td rowspan="2">石原卓</td><td>富永康博</td><td>水沼宏太</td><td>金井貢史</td></tr>
<tr><td>2008</td><td rowspan="2">古部健太</td><td rowspan="2">梅井大輝</td><td rowspan="3">天野貴史</td><td>齋藤学</td><td>金根煥</td><td>—</td></tr>
<tr><td>2009</td><td rowspan="3">秋元陽太</td><td rowspan="2">丁東浩</td><td rowspan="3">阿部陽輔</td><td rowspan="2">端戸仁</td><td rowspan="9">—</td><td>ハーフナー・
マイク</td></tr>
<tr><td>2010</td><td>波戸康広</td><td rowspan="4">—</td><td rowspan="5">—</td><td>小野裕二</td></tr>
<tr><td>2011</td><td rowspan="3">—</td><td rowspan="4">—</td><td rowspan="6">—</td><td rowspan="2">—</td><td>熊谷
アンドリュー</td></tr>
<tr><td>2012</td><td rowspan="4">鈴木椋大</td><td rowspan="6">—</td><td>喜田拓也</td></tr>
<tr><td>2013</td><td>長澤和輝</td><td rowspan="2">—</td></tr>
<tr><td>2014</td><td>松本翔</td><td rowspan="2">北谷史孝</td><td>—</td></tr>
<tr><td>2015</td><td rowspan="2">—</td><td>新井一耀</td><td>富樫敬真</td><td>アデミウソン</td><td>和田昌士</td></tr>
<tr><td>2016</td><td>高橋拓也</td><td>—</td><td>—</td><td>—</td><td rowspan="2">—</td><td>高野遼</td></tr>
<tr><td>2017</td><td rowspan="3">杉本大地</td><td rowspan="3">原田岳</td><td rowspan="2">ダビド・
バブンスキー</td><td>ミロシュ・
デゲネク</td><td rowspan="2">吉尾海夏</td><td>イッペイ・
シノヅカ</td><td>—</td></tr>
<tr><td>2018</td><td>西山大雅</td><td>生駒仁</td><td>堀研太</td><td>山田康太</td><td>町野修斗</td><td rowspan="2">椿直起</td></tr>
<tr><td>2019</td><td rowspan="3">和田拓也</td><td rowspan="4">中林洋次</td><td rowspan="2">—</td><td>—</td><td>—</td><td>山谷侑士</td><td>—</td></tr>
<tr><td>2020</td><td rowspan="2">オビ・パウエル・
オビンナ</td><td>高丘陽平</td><td rowspan="2">角田涼太朗</td><td>ジュニオール・
サントス</td><td rowspan="2">前田大然</td><td>天野純</td><td>山根陸</td></tr>
<tr><td>2021</td><td rowspan="2">田川知樹</td><td rowspan="2">樺山諒乃介</td><td>南拓都</td><td>村上悠緋</td><td rowspan="2">—</td></tr>
<tr><td>2022</td><td>—</td><td>角田涼太朗</td><td>西田勇祐</td><td>—</td><td>—</td><td>ンダウ・ターラ</td></tr>
</table>

Yokohama F.Marinos
All Record
【1992年～2022年】
年度別成績表
(1992-1998＝横浜マリノス　1999-2022＝横浜F・マリノス)

※1：1993年など順位が2つあるのはシーズンが1stステージ、2ndステージに分かれていたことを表す
※2：略称の正式名称は以下。ACWC(アジアカップウィナーズカップ) ACC(アジアクラブ選手権) ACL(AFCチャンピオンズリーグ)
※3：2020年の天皇杯は新型コロナウイルスの影響で開催中止

年度	所属	監督	リーグ戦					Jリーグ杯	天皇杯	その他公式戦
			順位		勝	分	負			
1992	—	清水秀彦	—	—	—	—	—	予選7位	優勝	—
1993	J	清水秀彦	4位	3位	11	—	7	グループ5位	ベスト8	ACWC92-93優勝
				3位	10		8			
1994	J	清水秀彦	6位	9位	8		14	ベスト4	ベスト4	ACWC93-94 途中棄権
				3位	14		8			
1995	J	ソラリ →早野宏史	優勝	優勝	17		9		2回戦	—
				3位	15		11			
1996	J	早野宏史	8位		14		16	グループ4位	3回戦	ゼロックス杯準優勝／ 三和銀行杯準優勝
1997	J	アスカルゴルタ	3位	5位	11		5	ベスト4	4回戦	ACC96-97 グループリーグ敗退
				3位	12		4			
1998	J	アスカルゴルタ	4位	4位	11		6	グループ4位	3回戦	—
				4位	11		6			
1999	J1	デラクルス	5位	7位	8	1	6	ベスト8	ベスト8	—
				3位	10	2	3			
2000	J1	アルディレス	2位	優勝	10	0	5	ベスト8	ベスト8	—
				5位	8	1	6			
2001	J1	アルディレス →下條佳明 →ラザロニ	13位	15位	3	2	10	優勝	3回戦	—
				10位	6	3	6			

年度	所属	監督	リーグ戦					Jリーグ杯	天皇杯	その他公式戦
			順位		勝	分	負			
2002	J1	ラザロニ→下條佳明	2位	2位	11	3	1	グループ3位	4回戦	—
				6位	8	1	6			
2003		岡田武史	優勝	優勝	10	2	3	ベスト8	ベスト8	—
				優勝	7	5	3			
2004			優勝	優勝	11	3	1	ベスト8	5回戦	ゼロックス杯準優勝／ACL2004グループリーグ敗退／A3カップ準優勝
				6位	6	5	4			
2005			9位		12	12	10	ベスト4	5回戦	ゼロックス杯準優勝／ACL2005グループリーグ敗退／A3カップ3位
2006		岡田武史→水沼貴史	9位		13	6	15	ベスト4	ベスト8	—
2007		早野宏史	7位		14	8	12	ベスト4	5回戦	—
2008		桑原隆→木村浩吉	9位		13	9	12	ベスト8	ベスト4	—
2009		木村浩吉	10位		11	13	10	ベスト4	4回戦	—
2010		木村和司	8位		15	6	13	グループ4位	4回戦	—
2011			5位		16	8	10	ベスト8	ベスト4	—
2012		樋口靖洋	4位		13	14	7	グループ4位	ベスト4	—
2013			2位		18	8	8	ベスト4	優勝	—
2014			7位		14	9	11	ベスト8	3回戦	ゼロックス杯準優勝／ACL2014グループリーグ敗退
2015		エリク・モンバエルツ	7位	6位	7	5	5	グループ5位	4回戦	—
				5位	8	5	4			
2016			10位	11位	6	4	7	ベスト4	ベスト4	—
				7位	7	8	2			
2017			5位		17	8	9	グループ4位	準優勝	—
2018		アンジェ・ポステコグルー	12位		12	5	17	準優勝	4回戦	—
2019			優勝		22	4	8	グループ3位	4回戦	—
2020			9位		14	5	15	ベスト4	—	ゼロックス杯準優勝／ACL2020ベスト16
2021		アンジェ・ポステコグルー→松永英機→ケヴィン・マスカット	2位		24	7	7	プレイオフステージ	2回戦	—
2022		ケヴィン・マスカット	優勝		20	8	6	ベスト8	3回戦	ACL2022ベスト16

※本書は、書き下ろしです。
取材は２０２２年5月から11月にかけて行いました。
一部は、横浜F・マリノス公式サイト「まりびと」、
二宮寿朗『闘争人─松田直樹物語』（三栄書房）取材時の内容を
許可を取り、使用、加筆修正しています。

二宮寿朗

Ninomiya Toshio

スポーツライター。１９７２年生まれ、愛媛県出身。
日本大学卒業後、スポーツニッポン新聞社に入社。
横浜F・マリノス担当も経験。
退社後、文藝春秋「Ｎｕｍｂｅｒ」の編集者を経て独立。
「松田直樹を忘れない。」（三栄書房）、
「中村俊輔　サッカー覚書」（文藝春秋、共著）、
「鉄人の思考法」（集英社）など、著書多数。

ブックデザイン　後藤正仁
帯・文中写真　横浜マリノス株式会社
文中写真　ゲッティ イメージズ
産経新聞社
校正　鷗来堂
協力・監修　横浜マリノス株式会社
取材協力　株式会社ジャパン・スポーツ・プロモーション
有限会社シュート
株式会社スポーツコンサルティングジャパン
株式会社日立柏レイソル
株式会社ＯＫＡ８
株式会社コンサドーレ
株式会社カターレ富山
株式会社レノファ山口
株式会社横浜フリエスポーツクラブ
（掲載順）
スペシャルサンクス　井上兼行（横浜マリノス株式会社）
細川パブロ大（横浜マリノス株式会社）
内田智久（横浜マリノス株式会社）
佐藤亜樹（想映のまち株式会社）
編集　宮崎幸二（集英社）

我《わ》がマリノスに優《まさ》るあらめや

横《よこ》浜《はま》F・マリノス30年《ねん》の物語《ものがたり》

2023年1月30日　第1刷発行
2023年2月28日　第2刷発行

著　者　二《に》宮《のみや》寿《とし》朗《お》
発行者　樋口尚也
発行所　株式会社　集英社
〒101-8050
東京都千代田区一ツ橋2-5-10
電話　編集部　03-3230-6143
　　　読者係　03-3230-6080
　　　販売部　03-3230-6393（書店専用）

印刷所　凸版印刷株式会社
製本所　株式会社ブックアート

ISBN978-4-08-788080-9　C0075